Im Angesicht des Herrn

Papst Franziskus
herausgegeben von Antonio Spadaro SJ

Franciscus

Im Angesicht des Herrn

Gedanken über Freiheit,
Hoffnung und Liebe

Herausgegeben von Antonio Spadaro

Aus dem Italienischen von Gabriele Stein

HERDER

FREIBURG · BASEL · WIEN

Titel der Originalausgabe:
Nei tuoi occhi è la mia parola
Omelie e discorsi di Buenos Aires 1999–2013
Introduzione e cura di Antonio Spadaro S.I.
Copyright © 2016 Rizzoli Libri S.p.A. / Rizzoli, Milan

MIX
Papier aus verantwor-
tungsvollen Quellen
FSC® C083411

Für die deutschsprachige Ausgabe:
© Verlag Herder GmbH, Freiburg im Breisgau 2017
Alle Rechte vorbehalten
www.herder.de

Als deutsche Bibelübersetzung ist zugrunde gelegt:

Die Bibel. Die Heilige Schrift
des Alten und Neuen Bundes.
Vollständige deutschsprachige Ausgabe DIE BIBEL
© Verlag Herder GmbH, Freiburg im Breisgau 2005

Satz: Rainer Moers, Mönchengladbach
Herstellung: CPI books GmbH, Leck
Printed in Germany

ISBN Print 978-3-451-37726-6
ISBN E-Book 978-3-451-81135-7

Inhalt

Die Spuren eines Hirten
Ein Gespräch mit Papst Franziskus
Antonio Spadaro SJ

Es ist der Morgen des 9. Juli. Ich bin zu früh, doch an der Pforte sagt man mir, ich solle direkt hinaufgehen, ohne zu warten. Im zweiten Stock steht die Tür bereits offen.

Vor seiner Armenienreise hatte ich dem Papst gesagt, dass ich alle seine Predigten und Ansprachen herausgeben wolle, die er als Erzbischof in Buenos Aires gehalten hat. Ich hatte schon lange über dieses Projekt nachgedacht. Meiner Meinung nach waren diese Texte von einer derartigen spirituellen und pastoralen Tiefe, dass sie nicht in der Schublade liegen bleiben oder für thematische Anthologien herhalten durften. Es galt, den Fluss seiner pastoralen Inspiration, seiner lebendigen Erfahrung im Kontakt mit dem Volk Gottes nachvollziehbar zu machen. Und es galt zu zeigen, wie Franziskus' Petrusamt im Lauf der Zeit im Mutterleib der Kirche herangewachsen war. Der Verlag Rizzoli Libri hatte sich nun entschieden, das Projekt auf den Weg zu bringen. Ich hatte mit dem Papst darüber gesprochen und ihn auch um einen Beitrag zu diesem Band gebeten. Er hatte mir gesagt, er wolle darüber nachdenken.

Auf dem Rückflug von Jerewan, nach einer intensiven Reise, hatte mich der Papst zu sich gerufen und eingeladen, ein bisschen bei ihm zu sitzen. Wir sprachen über dies und das, und dann kam er auf das Thema des Predigtbuchs zurück. Er sagte mir, er habe darüber nachgedacht und, ja, er sei mit diesem Sammelband einverstanden und stehe für eine Gesprächsniederschrift bereit. Ein Gespräch war ihm lieber als ein Vorwort im traditionelleren Sinne. Es erschien ihm »lebendiger«. Ich hatte den deutlichen Eindruck, dass seine Zustimmung nicht bloß ein »Zugeständnis«, sondern das Ergebnis einer präzisen Entscheidung war. Er hatte ›die Geister unterschieden‹. Das ist seine Art, Entscheidungen zu treffen. Überdies enthält unsere Vergangenheit die lebendigen Spuren des hindurchgehenden Gottes: Vom Heute aus betrachtet, hat sich die Spur dieses Hindurchgangs tief in jenen Predigten eingedrückt. Sie haben dem Heute etwas zu sagen.

Ich wusste nicht so recht, wie ich mich auf dieses Gespräch vorbereiten sollte. Ich war davon überzeugt, dass ich mich nicht auf die Themen der Predigten, sondern auf ihre tiefere Bedeutung, auf die Erfahrung des Predigens selbst als Erfahrung eines reichen und vielschichtigen Lebens zu konzentrieren hatte. Ich bereitete einige Fragen vor, war aber nicht darauf fixiert, auf alle eine Antwort zu erhalten. Ich wollte dem Gespräch und den Erinnerungen ihren Lauf lassen. Allerdings hatte ich mich im Vorfeld mit einigen jesuitischen Mitbrüdern unterhalten, die ihn während der Jahre in Argentinien gut gekannt haben.

* * *

Der Papst fordert mich auf, Platz zu nehmen, wo ich möchte. Ich nehme den üblichen Sessel, in dem ich auch bei den vorherigen Gesprächen gesessen habe. Die linke Armlehne ist schon etwas abgewetzt. Der Heilige Vater setzt sich links von mir aufs Sofa. Ich fühle mich umringt von den Bildern, die an den Wänden hängen und den Raum gleichsam umarmen: zwei Mosaiken von Pater Marko Rupnik: eine Muttergottes mit Kind und ein schlafender heiliger Josef, dem ein Engel etwas ins Ohr flüstert; auf der gegenüberliegenden Seite eine Ikone des heiligen Franziskus und des heiligen Dominikus und darüber eine Ikone von Mose und dem brennenden Dornbusch. Die hätten ihm syrische Ordensfrauen geschenkt, sagt er mir. Vor dieser Ikone bete er immer und denke an den Nahen Osten. Auf einem Möbelstück steht eine kleine Statue der Muttergottes von Luján. Mir ist klar, dass ich ihn während unseres Gesprächs nach dem Wallfahrtsort Luján werde fragen müssen.

Zunächst sprechen wir über dies und das. Ich zeige ihm die neueste Ausgabe der »Civiltà Cattolica« und wir sprechen darüber. Anschließend bewegt sich das Gespräch wie von selbst direkt auf das Thema der Begegnung zu.

* * *

»Erinnern Sie sich an Ihre erste Predigt als Priester? Worüber haben Sie gesprochen? Was haben Sie empfunden?«, frage ich ihn. Ich erwarte eine lebhafte Antwort, doch der Papst sagt mir, er könne sich nicht erinnern. Dann fügt er hinzu:»Ich erinnere mich in der Regel nicht an gehaltene Predigten. Eine Predigt ist in meinen Augen so eng an die konkrete Geschichte des Augenblicks gebunden, dass man sie danach vergessen kann. Sie ist nicht dazu gemacht, dass sich der Prediger an sie erinnert; es drängt ihn vielmehr, weiterzugehen.« Diese Aussage überrascht mich, denn ich weiß, was für ein gutes Gedächtnis er hat, aber ich ahne den spirituellen Aspekt und werde nachdenklich. Ich hatte erwartet, dass er zumindest noch an die eine oder andere Predigt zurückdachte, die besonders wirkungsvoll gewesen war oder die er zu einem besonderen Anlass gehalten hatte. Doch jetzt begreife ich, dass ihm selbst dieser kleine Anflug von Eitelkeit fernliegt. Wenn seine Worte jemandem nützen, dann freut es ihn, dass man sich an sie erinnert und über sie nachdenkt. Er selbst aber ist bereits weitergegangen.

9

Dann fügt er doch noch eine Erinnerung hinzu; sie stammt aus der Zeit vor seiner Priesterweihe: »Als sie uns am Seminar Homiletik beigebracht haben, hatte ich schon eine ausgeprägte Abneigung gegen die geschriebenen Blätter, auf denen schon alles steht. Daran erinnere ich mich genau. Ich war und bin davon überzeugt, dass nichts zwischen dem Prediger und dem Volk Gottes stehen darf. Da darf kein Blatt Papier dazwischenpassen. Ein paar schriftliche Notizen, das ja, aber nicht alles. Daran erinnere ich mich gut: Und das habe ich damals auch im Unterricht gesagt. Der Lehrer war erstaunt. Er hat mich gefragt, warum ich so dagegen sei, die Predigt komplett vorzubereiten. Und ich habe ihm geantwortet: ›Wenn man liest, kann man den Leuten nicht in die Augen sehen.‹ Daran erinnere ich mich noch wie heute. Das war, bevor ich zum Priester geweiht worden bin.«

Das ist der Punkt: Das eigentliche Problem der geschriebenen Predigt ist, dass sie von den Leuten ablenkt, an die der Prediger sich wendet. Der Papst fährt fort: »Das versuche ich noch heute: den Leuten in die Augen zu sehen. Auch hier auf dem Petersplatz.« Ich frage den Papst, wie er das macht, auf einem so großen Platz mit so vielen Menschen den Blickkontakt mit den Leuten zu suchen. »Ja«, antwortet er, »wenn ich grüße, ist da die Masse. Aber ich sehe sie nicht als Masse: Ich versuche wenigstens eine Person, ein bestimmtes Gesicht anzusehen. Manchmal ist das wegen der Entfernung tatsächlich nicht möglich. Es ist nicht schön, wenn ich so weit weg bin. Manchmal versuche ich es vergeblich, aber ich versuche es. Wenn es mir gelingt, dann sehe ich, dass da etwas ist, dass etwas überspringt. Wenn ich einen ansehe, dann fühlen sich vielleicht auch die anderen angesehen. Nicht als ›Masse‹, sondern als Einzelne, als Personen. Ich sehe Einzelne an, und alle fühlen sich angesehen. Auf den Philippinen zum Beispiel war die Predigt in der Abschlussmesse vor Millionen von Menschen vielleicht nicht so warmherzig, wie ich es mir gewünscht hätte. Ich liebe diese Menschen so sehr, und es waren so viele. Aber in Tacloban, mitten im Regen und unter wirklich schwierigen Verhältnissen habe ich gespürt, dass ich die Leute ansehen und von Herzen zu ihnen sprechen konnte. Es war eine direkte Kommunikation. Die Situationen sind unvorhersehbar, die Kommunikation ist etwas, das passiert, wenn es eben passiert.«

»Allerdings«, sage ich zu ihm, »haben Sie jetzt fast immer einen vorbereiteten Text, außer in Santa Marta, wo Sie ohne Aufzeichnungen predigen.« – »Ja, hier muss ich die Predigten jetzt oft ablesen«, antwortet er. »Und dann fällt mir wieder ein, was ich als Student gesagt habe. Deshalb weiche ich oft vom vorbereiteten schriftlichen Text ab, füge Wörter und Formulierungen hinzu, die da nicht stehen. Auf diese Weise sehe ich die Leute an. Wenn ich spreche, muss ich zu jemandem sprechen. Ich mache das, so gut es eben geht, aber es ist mir ein tiefes Bedürfnis. Es stimmt, in Sankt Peter muss man gut vorbereitet sein. Aber ich habe immer dieses tiefe Bedürfnis, das über den formellen Rahmen hinausgeht. Manchmal gelingt es mir wegen der Umstände nicht, und dann bin ich unzufrieden. Ich habe diesen Drang, vom Text abzuweichen, in die Augen zu sehen ...« Während er das sagt, sehe ich, wie sich der Papst bewegt und wie der Wunsch, von dem er mir erzählt, auch in der Gestik seiner Hände und der Mimik seines Gesichts greifbar wird. Als wolle er es nicht nur »sagen«, sondern mich »sehen« lassen. Da verstehe ich, wie schwer es für ihn sein muss, sich an einen Text zu halten. Die Predigt ist kein Text, sondern eine Situation, die Sprache erzeugt. Die Beschäftigung im Vorfeld, die Vorbereitung des Texts kann diesen ureigenen Moment des Kontakts zu den Menschen nicht ersetzen. Kirche im Aufbruch bedeutet auch, die Starre eines gedanklichen Produkts aufzubrechen.

»Auf Ihren Reisen müssen Sie zuweilen übersetzt werden. Wie empfinden Sie die Notwendigkeit der Übersetzung? Fühlen Sie

Unbehagen, Distanz? Oder fühlen Sie, dass die Botschaft ankommt, dass sie ›funktioniert‹?«, frage ich ihn. Er antwortet: »Ich möchte nicht übersetzt werden, sondern die Sprache sprechen. Aber ich habe mich daran gewöhnt. Msgr. Mark Miles zum Beispiel übersetzt mich gut. Er übersetzt fast simultan.«

Ich frage weiter: »In den Schriften und Predigten aus Ihrer Ordenszeit spürt man einen Reichtum, eine Kreativität, eine Kühnheit … wie haben Sie damals gepredigt? Gibt es einen Unterschied zwischen Ihrer Predigttätigkeit als Jesuit und der als Erzbischof und als Papst?« – »Ich weiß es nicht«, antwortet er etwas irritiert; offenbar interessiert ihn die Frage nur wenig. »Nein, ich nehme keinen Unterschied wahr. Natürlich ist die Vorbereitung in manchen Fällen formeller und komplexer, wenn man Erzbischof oder Papst ist.« – »Sie verwenden oft ein Drei-Punkte-Schema. Warum nehmen Sie ein Schema mit drei Ideen oder drei Punkten, statt ein Thema einfach zu entfalten?«, frage ich ihn. »Das kommt aus den *Exerzitien*: Das ist die jesuitische Ausbildung«, gibt er zur Antwort. »Aber hilft Ihnen denn die ignatianische Spiritualität, die Sie als Jesuiten geprägt hat, beim Entwurf Ihrer Predigten?«, hake ich nach. »Immer«, so die Antwort. »Die *Exerzitien* kommen mir immer ganz spontan in den Sinn. Sie haben mich geformt. Doch seit damals, seit den Anfängen kann ich, verglichen mit den Predigten, die ich als Pfarrer gehalten habe, keine grundsätzlich andere Herangehensweise erkennen. Alle – Pfarrer, Bischöfe und Päpste – müssen das Herz eines Hirten haben, darauf kommt es an.« – »Gibt es Prediger, die Sie besonders schätzen«, frage ich ihn. »Ja, viele Pfarrer vor allem.«

* * *

»Worin besteht der Unterschied zwischen einer Predigt und einem Vortrag?«, frage ich. »Eine Predigt ist die Verkündigung des Wortes Gottes, ein Vortrag ist die Erklärung des Wortes Gottes. Predigen heißt verkündigen, als Engel auftreten. Einen Vortrag halten heißt, als Lehrer auftreten.« Ich fahre fort: »Was ist die Predigt für Sie? Wie sollte ein Seelsorger da herangehen?«, will ich wissen. »Das hängt von seinem Seelsorger-Sein ab«, antwortet er, »von den Leuten in der Gemeinde, die zuhören. Und es hängt vom Beten des Seelsorgers und vom Wort Gottes ab. Wenn diese Dinge fehlen, dann ist die Predigt keine Predigt«, antwortet der Papst. »Wie bereiten Sie also Ihre Predigten in Santa Marta vor?«, frage ich weiter. »Woher kommen diese Worte?« – »Ich fange am Tag vorher an. Am Mittag des Vortages. Ich lese die Texte des folgenden Tages und suche in der Regel eine der beiden Lesungen aus. Dann lese ich das Stück, das ich ausgesucht habe, laut. Ich brauche das, ich muss den Klang hören, den Worten lauschen. Anschließend unterstreiche ich in dem kleinen Buch, das ich benutze, die, die mich am meisten beeindrucken. Ich kreise die Wörter ein, die mich beeindrucken. Dann, den restlichen Tag über, kommen und gehen die Worte und die Gedanken, während ich tue, was ich tun muss: Ich betrachte die Dinge, überdenke sie, schmecke sie … Es gibt aber auch Tage, da ist mir bis zum Abend rein gar nichts eingefallen und ich habe keine Ahnung, was ich am nächsten Tag sagen soll. Dann mache ich, was der heilige Ignatius sagt: Ich schlafe darüber. Und dann, ganz plötzlich, wenn ich aufwache, kommt die Eingebung, kommen richtige Dinge: Manchmal sind sie stark, manchmal schwächer. Aber so ist es: Ich fühle mich bereit.« Der Papst gibt mir zu verstehen, dass frei sprechen nicht bedeutet, dass man nicht vorbereitet ist. Ganz im Gegenteil: für eine kurze Predigt braucht es eine spirituelle Vorbereitung und Unterscheidung, die beinahe einen ganzen Tag dauern kann.

* * *

Ich lasse nicht locker und komme wieder auf die Vergangenheit zurück, weil ich will, dass der Papst von seinen Erlebnissen aus der Zeit in Buenos Aires erzählt. »Erinnern Sie sich von all den Predigten an eine bestimmte?«, frage ich ihn. Doch der Papst besteht darauf, dass er sich so spontan nicht erinnern kann. Ich sehe aber, dass er sich Mühe gibt, doch noch etwas aus dem Gedächtnis hervorzukramen, denn natürlich sind die Erinnerungen irgendwo abgespeichert, es scheint nur, als mäße er ihnen keine besondere Bedeutung bei. Er kneift die Augen zusammen, als müsse er sein Gedächtnis förmlich auswringen, und sagt mir dann, er erinnere sich an eine Predigt zum goldenen Priesterjubiläum von Kardinal Quarracino. Es sei besonders feierlich gewesen, am Fronleichnamsfest, mit all den Menschen auf dem Platz …

Ich bringe die Rede auf Luján. Ich erzähle dem Papst, dass ich dort gewesen bin, und spreche über meine Erinnerungen, über die Messe, die ich dort gefeiert habe. Ich sage ihm, dass ich in der Kirche des heiligen Kajetan gewesen bin, wo er jedes Jahr das Fest des Heiligen für all die vielen Menschen gefeiert hat, die vertrauensvoll zu dem Heiligen kamen, um ihn um Arbeit und Brot zu bitten. Ich spreche auch über die *Villas Miserias*, wo ich mit dem Priester Pepe De Paola gewesen bin … Ich sage zu ihm: »Ich habe mir vorgestellt, wie Sie dort bei den Leuten waren und gepredigt haben … Hat es Ihnen gutgetan? Inwiefern? Haben Sie sich wohlgefühlt, als Sie vor den Leuten gepredigt haben?«. Er antwortet: »Immer, das Predigen hat mir immer gutgetan. Es hat mich immer glücklich gemacht. Unglücklich wäre ich nur, wenn ich bei einer Beerdigung predigen und eine Lobrede auf den Verstorbenen halten müsste. Ich versuche immer, auf das Wort Gottes zu verweisen, darüber zu sprechen. Wenn ich außerdem noch etwas sagen muss, dann tue ich das vor dem Abschlusssegen.« Doch dann lässt er das Thema der Begräbnisreden wieder fallen. Seine

Worte haben mir aber gezeigt, dass für ihn als Prediger kein Weg am Wort Gottes vorbeiführt, das unweigerlich im Zentrum steht. In jedweder Situation.

»Sprechen wir wieder von den Leuten«, fährt er fort, und bei der Erinnerung hellt sich seine Miene auf.

»In Luján, während der Wallfahrt, wenn innerhalb von zwei Tagen zwei Millionen Menschen ankommen, predigte man früh am Morgen. Ich habe immer um sieben Uhr morgens gepredigt, und die Messe war voll. Ich habe zelebriert, nachdem ich am Abend vorher die Beichte gehört hatte. Ich habe von sieben bis zehn Uhr abends im Beichtstuhl gesessen. Dann bin ich eine Kleinigkeit essen gegangen, habe ein bisschen geschlafen und bin dann wieder in die Kirche zurückgegangen, um bis sechs Uhr die Beichte zu hören. Dann kam die Messe. Es kam vor, dass ich keine zwei Rosenkranzgesätze beten konnte, weil ich einfach nicht die Zeit dazu hatte: Die Menschenschlange riss manchmal einfach nicht ab! Dabei waren wir dreißig Beichtväter in der Basilika! Was ich da zu hören bekam, waren Lebenserfahrungen. Das ist es, was einen auf das Predigen vorbereitet: sich das Leben der Menschen anzuhören. Wenn man den Menschen nicht zuhört, wie soll man dann predigen?«

Ich sehe, dass er sich konzentriert, als wolle er sich an ein bestimmtes Gesicht erinnern. Dann redet er weiter: »Ich erinnere mich an einen Jugendlichen. Ich sah ihn auf und ab gehen, während ich die Beichte hörte, hierhin und dorthin … er schaute zu, beobachtete … und dann, zu einem Zeitpunkt, als niemand mehr in der Warteschlange war, kam er auf mich zu und fragte mich: ›Was tut man hier?‹ – ›Ich höre die Beichte‹, antwortete ich ihm. Und dann fragte ich ihn: ›Hast du noch nie gebeichtet?‹ – ›Doch‹, sagte er, ›bei meiner Erstkommunion, aber ich erinnere mich nicht.‹ Und dann hat er angefangen zu reden, zu reden, zu reden … und hat gebeichtet! Natürlich hat die Begegnung mit diesem Jungen meine Predigt an jenem Tag geprägt: Ich konnte ja nicht so tun, als hätte ich ihn nicht getroffen. Er hatte meine Seele berührt. Das sind Erfahrungen, die dir das Herz auffüllen und dir helfen, zu predigen!«

Dann blickt der Papst ins Leere und beschwört ein anderes Erlebnis herauf. Wieder ist es so, als versuche er sich an ein Gesicht zu erinnern. Und dann spricht er über diesen Menschen. Er beginnt sich zu bewegen und ihn nachzuahmen, beschreibt mit einer Handbewegung sein hüftlanges Haar. Nie hatte ich Franziskus so theatralisch erlebt, von einem so lebhaften Wunsch beseelt, die Menschen, die plastisch aus seinem Gedächtnis hervortraten, gegenwärtig werden zu lassen.

»Er war ein kräftiger Bursche«, sagt er und tut so, als lasse er die Muskeln spielen. Ich muss lachen, als ich sehe, wie er den Mann nachmacht, aber ich begreife, dass seine Beschreibung ernsthaft und liebevoll ist. Er sagt: »Er war so um die 23 Jahre alt und trug Ohrringe. Er hat sich hingesetzt und zu mir gesagt: ›Ich bin hier, weil ich eine Antwort suche. Ich habe ein Problem, ein Problem, das mich belastet.‹ Und dann hat er von seinem Problem erzählt. Er konnte nicht mehr. ›Meine Mutter‹, fuhr er fort, ›ist allein, sie war noch ganz jung und hat mich alleine großgezogen, sie arbeitet als Putzfrau. Ich habe an der technischen Hochschule studiert und bin Facharbeiter.‹« Er war nicht verheiratet, erklärt der Papst, und hat auch nicht von einer Frau oder einer Verlobten gesprochen. Das Problem war ein anderes. »›Eines Tages‹, fährt er fort, konnte ich nicht mehr und habe zu meiner Mutter gesagt: Ich habe dieses Problem. Meine Mutter hat mir gesagt, ich soll zur Muttergottes von Luján gehen, die würde mir sagen, was ich tun soll. Bevor ich hergekommen bin, war ich also bei der Muttergottes und habe gespürt, dass ich das und das und das tun muss … Jetzt beichte ich …‹ Und dann hat er sein Herz geöffnet. Also, siehst du«, sagt der Papst zu mir, »wie soll man am Tag danach so tun, als hätte man diesen Jungen nie getroffen? Das konnte ich nicht. Bei aller Liebe, ich konnte ihn nicht ignorieren. Was will ich dir damit sagen? Dass du, je näher du den Leuten bist, desto besser predigst und das Wort Gottes in ihr Leben hineinträgst. So verbindet sich das Wort Gottes mit einer menschlichen Erfahrung, die dieses Wort braucht. Je mehr du dich von den Leuten und ihren Problemen entfernst, desto mehr flüchtest du dich in eine eingekastelte ›Man-muss-und-man-darf-nicht‹-Theologie, die nichts zu sagen hat, die leer ist, abstrakt, im Nichts verloren, in den Gedanken… Manchmal antworten wir mit unseren Worten auf Fragen, die sich niemand stellt.« Mir wird bewusst, dass der Papst sich für das Thema erwärmt hat, dass das, was er gerade sagt, direkt von Herzen kommt.

»Ich habe eine Nichte, die jeden Sonntag mit ihrer Familie zur Kirche geht. Sie haben zwei Gemeinden in der Nähe, aber sie nehmen nicht am Gemeindeleben teil. Sie treffen sich mit katholischen Freunden, das schon, aber sie gehören keiner Gruppe an. In der einen Gemeinde gibt es einen Priester, der gut predigt. In der anderen gibt es einen Priester, der theologische Vorlesungen hält. Und wenn sie bei dem Pfarrer mit den Vorlesungen war, dann erzählt sie mir, über welchen Theologen er gesprochen hat. Das passiert in unseren Kirchen. Aber die Leute bringen dich mit der Wirklichkeit in Berührung. So hat der Herr gesprochen: im Kontakt mit den Leuten. Die Predigten des Herrn sind direkt, konkret: Er hat über die Dinge gesprochen, die die Bauern und die Hirten aus eigener Erfahrung genau kannten. Er hat nicht über abstrakte Begriffe gesprochen.«

»Und wie waren diese Predigten in Luján?«, frage ich. »In Luján, nach einer durchwachten Wallfahrtsnacht, konntest du keine lange und abstrakte Predigt halten. Die Leute waren müde, manche schliefen sogar in der Basilika im Stehen ein. Die Predigt musste… scharf sein…« Bei diesen Worten machte der Papst mit der Hand eine Bewegung wie eine geschliffene Klinge, die schneidet und eindringt, und richtet sich gleichzeitig im Sessel auf. Die Geste könnte nicht wirkungsvoller sein. Er wiederholt sie dreimal mit der Intensität eines Pantomimen. »Die Predigt musste aufmunternd sein. In Luján. An Sankt Kajetan war es nicht so anstrengend, aber danach war es anstrengend, wenn ich noch im Messgewand an die Kirchentür ging und die Leute begrüßte, die kamen und gingen. Manchmal dauerte das Begrüßen mehr als zwei Stunden. Dort hat einmal eine Frau zu mir gesagt: ›Pater, ich lebe in Sünde!‹ Ich sage spontan: ›Dann geh beichten!‹ Und sie antwortet: ›Ich habe sieben Kinder, und kein einziges ist getauft.‹ Und ich: ›Warum?‹ Und sie: ›Sie haben mir gesagt, ich müsste den Kurs machen.‹ Und ich: ›Wie alt ist denn das Älteste?‹, habe ich sie gefragt. Darauf sie: ›Neunzehn.‹ Da habe ich ihr gesagt, dass sie mich anrufen soll. Sie hat mich angerufen, und wir haben uns geeinigt. Ich habe ihr gesagt, was sie ihren Kindern beibringen soll, welche Gebete … also ich habe ihr erklärt, wie sie sie vorbereiten soll. Sie kannte die Gebete, den Katechismus. Mir wurde klar, dass sie Unterricht gehabt hatte. Und dann habe ich sie alle sieben in der Kurie getauft. An Sankt Kajetan war die Predigt für diesen präzisen historischen Augenblick gedacht, für die Arbeiter, um den Heiligen um Brot und Arbeit zu bitten. Darauf habe ich mich gründlich vorbereitet. Sie war wirklich wichtig.«

* * *

»Ehe Sie Erzbischof geworden sind, waren Sie Pfarrer an St. Josef der Patriarch, am *Máximo*. Woran erinnern Sie sich noch aus dieser Zeit? Wie war es, Pfarrer zu sei?«, frage ich ihn. »Ich war Rektor der Fakultät des *Colegio Máximo* und gleichzeitig Pfarrer dort. Ich war also Rektor der jesuitischen Studenten, der ›Scholastiker‹, und ich war Pfarrer. Ich habe beides gleichzeitig gemacht. Und deswegen habe ich den auszubildenden Jesuiten gesagt, sie sollen die Arbeit voranbringen. Ich habe die Richtung vorgegeben. Die Pfarrei war voller Kinder. Die Studenten gingen durch das ganze Viertel, um die Kinder zu holen, und viele kamen. Sie sind ins *Colegio Máximo* gekommen, wo es sehr große Räume gibt, und haben dort gespielt. Ich habe immer die Kindermesse gefeiert, und an den Samstagen habe ich sie im Katechismus unterrichtet. Nicht jede Woche, weil ich nicht konnte, aber oft. So habe ich das Gelübde erfüllt, das der heilige Ignatius die jesuitischen Professen ablegen lässt, die Kinder zu lehren.«

Der Papst lächelt, weil die Erinnerung in ihm aufsteigt. Er sagt zu mir: »Die Kindermesse war das Schönste. Ich erinnere mich noch an den ersten Fastensonntag. Über 300 Kinder waren gekommen …« An diesem Punkt macht er mir vor, wie er mit den Kindern umgegangen ist, er imitiert sogar den Tonfall seiner Stimme: entschieden, aber liebevoll: »›Du da, sei still … und du, ja, du, komm mal her …‹ Und dann fing ein regelrechtes Theaterstück an!«, sagt er zu mir. »Ich habe deklamiert. Das war meine Predigt. Am ersten Fastensonntag habe ich zum Beispiel gefragt: ›Was hat der Teufel mit Jesus gemacht? Er hat das gemacht, weil er wollte, dass Jesus sich unterwirft … er wollte herrschen, er, der Teufel …‹ – ›Versteht ihr, wer der Teufel ist?‹, habe ich sie einmal sehr hitzig gefragt. Und die Kinder waren ganz aufgeregt und haben durcheinandergerufen und mit Worten und Tönen sehr gut deutlich gemacht, wie böse er ist und dass man sich von ihm fernhalten muss.

›Kinder, passt gut auf‹, habe ich zu ihnen gesagt, ›mit euch wird er dasselbe machen!‹ Damit habe ich geendet. Ein anderes Mal, an Pfingsten, habe ich gepredigt und die Kinder gefragt: ›Wer kommt an Pfingsten?‹ Die Kinder haben sich gegenseitig angesehen und gesagt: ›Der Heilige Geist!‹ Damit war ich aber nicht zufrieden, also habe ich weitergefragt: ›Und wer ist der

Heilige Geist?‹ Ich fragte ein Kind in der hinteren Reihe. Und es antwortete: ›El paralítico‹ – der Gelähmte! Es hatte *paralítico* mit *Paráclito*, Tröster, verwechselt! Das war sehr lustig. Ich habe herzlich gelacht. Pfarrer war ich vor allem für die Kinder! Ganz zu schweigen vom Kinderfest! An diesem Fest haben wir den Teufel verbrannt. Das war unsere Art, mit den Kindern über die beiden Banner des heiligen Ignatius nachzudenken. Auf der einen Seite war der Teufel und auf der anderen ein Engel. Ich habe einen großen Teufel aus Stoff gemacht und Knallkörper hineingetan. Zuerst wurde Katechese gehalten. Wir zeigten den Kindern einen Film, und dann gingen sie spielen. Dann gab es einen Imbiss… und dann sind wir vom *Colegio Máximo* zur Pfarrkirche gezogen. Wir gingen wie in einer Prozession. Wir waren alle sehr ernst. Die Kinder wussten genau, worum es ging, und schrien: ›Wir verbrennen den Teufel!‹ Dann wurde das Feuer angezündet. Alle schrien. Die Knallkörper explodierten! Die Kinder hatten Spaß. Es war eine Inszenierung, bei der sie etwas lernen konnten. Für mich war es eine Art, mit ihnen die dritte Übung der ersten Woche aus den *Geistlichen Übungen* zu machen. Mit dieser Übung will der heilige Ignatius die Fähigkeit stärken, das Böse zu verurteilen und Hass auf die Sünde zu empfinden.

Aber damit war es noch nicht zu Ende. Jeder hatte ein Zettelchen bei sich und etwas darauf geschrieben, worum er Gott bitten wollte. Die Zettelchen wurden in einen kleinen Beutel getan. Und dann hatten wir einen großen Engel aus Styropor mit ganz vielen Helium-Ballons. Der Engel trug ein Schild mit der Adresse der Pfarrei. Es wurde gebetet. Wir sagten: ›Wir haben den Teufel besiegt, und jetzt beten wir zu Gott, der unser Vater ist.‹ Dann banden wir den Engel los, der mithilfe der Ballons in den Himmel schwebte, hoch und immer höher. Und alle haben gebetet… während der Engel davonschwebte. Am Sonntag danach haben wir herumgefragt, ob irgendjemand den Engel gefunden hätte.

Ich erinnere mich, dass er einmal bis nach Uruguay geflogen war, sie haben uns von dort aus angerufen! So habe ich meine Arbeit als Pfarrer gemacht. Und ich habe viel Beichte gehört. Ich war glücklich. Ich wollte Seelsorger sein. Vor allem für die Kinder.«

Gemeinsam erinnern wir uns an das Buch mit Antworten an die Kinder, das wir herausgegeben haben … »Wenn ein Kind dir eine Frage stellt, dann ist da etwas, was es beunruhigt. Wenn es dir gelingt, ein gewisses Interesse zu wecken und diese Unruhe der Kinder zu fassen zu kriegen, dann ist das Predigen einfach. Und die Predigt muss kurz sein«, sagt er mir.

* * *

Die Einfachheit der Kinder lässt mich auch im Hinblick auf die Erwachsenen an einen direkten, von intensiver Beteiligung getragenen Ritus und an Gemeindemessen denken, die mit großer Frömmigkeit miterlebt werden. Mir kommen Vorstöße in den Sinn, die die Priester drängen, den Gläubigen den Rücken zuzukehren, das Zweite Vatikanische Konzil zu revidieren, die lateinische Sprache zu verwenden. Und zwar nicht nur für kleine Gruppen, sondern für alle. Ich frage den Papst, wie er darüber denkt. Der Papst antwortet: »Es war eine richtige und großherzige Geste von Papst Benedikt, dass er einer gewissen Mentalität mancher Gruppen und Personen entgegengekommen ist, die sich zurücksehnten und entfernt haben. Aber das ist eine Ausnahme. Deshalb spricht man von einem ›außerordentlichen‹ Ritus. Das ist nicht die Regel in der Kirche. Man muss dem, der an einer gewissen Art zu beten hängt, großmütig entgegenkommen. Aber das ist nicht die Regel. Das Zweite Vatikanische Konzil und *Sacrosanctum Concilium* müssen weitergeführt werden, wie sie sind. Es ist ein Irrtum, von einer ›Reform der Reform‹ zu sprechen.«

»Kann dieser Wunsch, wenn man einmal von denen absieht,

die aufrichtig sind und aus Gewohnheit oder Frömmigkeit um diese Möglichkeit bitten, auch etwas anderes ausdrücken? Gibt es Gefahren?«, frage ich. Der Papst antwortet: »Das frage ich mich auch. Ich versuche zum Beispiel immer noch zu verstehen, was Menschen antreibt, die zu jung sind, um die vorkonziliare Liturgie erlebt zu haben, und die sie dennoch wollen. Manchmal bin ich auf sehr rigide Menschen getroffen, auf eine Haltung der Starrheit. Und ich frage mich: Woher kommt diese Starrheit? Man muss graben, graben, diese Starrheit verbirgt immer irgendetwas: Unsicherheit, manchmal sogar anderes … Die Starrheit ist defensiv. Wahre Liebe ist nicht starr.«

Und die Tradition? Manche verstehen sie als etwas Starres, hake ich nach. »Aber nein: die Tradition blüht!«, antwortet er. »Es gibt einen Traditionalismus, der ein rigider Fundamentalismus ist, das ist nicht gut. Treue dagegen bedeutet auch Wachstum. Die Tradition wächst und festigt sich mit der Zeit, indem man das Depositum des Glaubens von einer Epoche an die nächste weitergibt, wie der heilige Vinzenz von Lérins in seinem *Commonitorium Primum* gesagt hat. Das lese ich immer in meinem Brevier: ›*Ita etiam christianae religionis dogma sequatur has decet profectuum leges, ut annis scilicet consolidetur, dilatetur tempore, sublimetur aetate*‹ (Auch das Dogma der christlichen Religion muss diesen Gesetzen folgen. Es schreitet voran, festigt sich mit den Jahren, entwickelt sich mit der Zeit und vertieft sich mit dem Alter).«

* * *

»*Pater*, Sie sagen, dass der, der predigt, das Herz seiner Gemeinde kennen muss, um herauszufinden, wo die Sehnsucht nach Gott lebendig ist. Aber wie macht man das: das Herz einer christlichen Gemeinde kennen?«, frage ich ihn. Er antwortet trocken: »Durch den Kontakt, indem man mittendrin ist. Der Seelsorger ist mittendrin. Mit Büchern gelingt das nicht. Ich erinnere mich noch an ein *Ad-audiendas*-Examen für die Berechtigung zum Beichtehören. Der Prüfling war ein Freund von mir. Sie hatten ihm einen derart komplizierten und völlig abstrakten Fall vorgelegt, dass er zum Prüfer sagte: ›Aber so etwas passiert nie im Leben!‹ Er war ein normaler Mensch. Die Antwort des Prüfers lautete: ›Nein, aber es steht in den Büchern!‹ So lernt man das Herz der Gemeinde, der Leute nicht kennen. Man braucht den Kontakt. Ja, man muss die Leute sogar berühren, sie streicheln. Der Tastsinn ist der religiöseste der fünf Sinne. Es tut gut, den Kindern, den Kranken die Hand zu geben: ihnen die Hand zu drücken, sie zu streicheln … Oder ihnen schweigend in die Augen zu sehen. Auch das ist Kontakt. Aber die Leute sind es, die dir helfen.«

Das weiß ich, das weiß ich gut. Das wissen alle, die sehen, wie sich der Papst unter den Leute bewegt: Er geht nie einfach so hindurch. Manchmal verliert er sogar das Gleichgewicht. Kontakt, Berührungen … »Manchmal«, fährt er fort und denkt dabei an seine jetzige Situation, »verspüre ich den Wunsch, vom Papamobil herunterzusteigen. Das geschieht oft vor den alten Damen. Ich habe eine Schwäche für alte Damen, vor allem, wenn sie gewitzt sind. Sie sprechen mit den Augen zu dir. Es ist schön, wenn die Menschen in Begeisterung geraten, weil der Papst vorbeifährt. Ich könnte das nicht. Vielleicht fehlt mir etwas von dieser volkstümlichen Begeisterung, von dieser Warmherzigkeit. Aber sie haben das. Und das ist schön.«

»Manche sagen, dass sie in ihren Predigten ›Prügel austeilen‹. Andere dagegen sind der Ansicht, dass ihr Wort wachrütteln, anspornen, in einem Klima des Trosts zur Gewissenserforschung ermuntern will. Wie denken Sie darüber?«, frage ich ihn. »Ja, es stimmt«, antwortet er ohne Zögern. »Manchmal teile ich Prügel aus. Manchmal muss man Prügel austeilen, manchmal muss man Mut zusprechen, und manchmal muss man beides gleichzeitig tun. Jesus hat das auch so gemacht. Lies die Seligpreisungen bei Lukas: ›Selig, selig, selig … wehe, wehe, wehe …‹.«

* * *

Er nimmt auf dem Sofa eine nachdenkliche Pose ein. Nachdem wir so viel über das Volk gesprochen haben, spüre ich das Bedürfnis, eine Sache zu klären, die ich für wichtig halte. Er antwortet: »Es gibt ein viel strapaziertes Wort: Man spricht so oft von Populismus, von populistischer Politik, von populistischen Programmen. Aber das ist falsch. Volk ist keine logische Kategorie, es ist auch keine mystische Kategorie in dem Sinne, dass alles, was das Volk tut, gut wäre oder dass das Volk eine engelsgleiche Kategorie wäre. Aber nein! Es ist bestenfalls eine mythische Kategorie. Ich wiederhole: ›mythisch‹. Das Volk entsteht in einem Prozess, durch den Einsatz für ein gemeinsames Ziel oder Projekt. Die Geschichte besteht aus diesem Prozess von Generationen, die innerhalb eines Volkes aufeinanderfolgen. Es braucht einen Mythos, um das Volk zu verstehen. Wenn du erklärst, was ein Volk ist, dann benutzt du logische Kategorien, weil du es eben erklären musst: Natürlich, die braucht man. Aber dann erklärst du nicht, was das für ein Gefühl ist, zu einem Volk dazuzugehören. Das Wort »Volk« hat noch etwas an sich, das man nicht logisch erklären kann. Teil des Volkes zu sein heißt, Teil einer gemeinsamen Identität aus sozialen und kulturellen Bindungen zu sein. Und das geschieht nicht automatisch, im Gegenteil: es ist ein langsamer, schwieriger Prozess … auf ein gemeinsames Projekt zu.«

»Und das Volk Gottes?«, will ich wissen. »Das Volk Gottes ist in der Lage, zu feiern und zu weinen. Und das ist keine Idealisierung. Sieh dir doch die Leute an, die Jesus nachfolgen! So viele sind ihm nachgefolgt, weil sie begeistert waren, weil er mit Vollmacht sprach. Jesus brachte frischen Wind. Er war nicht wie die Schriftgelehrten, die den Leuten so viele Pflichten auferlegten. Um zum Volk zu predigen muss man hinsehen, hinsehen können und zuhören können, an dem Prozess teilnehmen können, den es durchlebt, eintauchen. Aber das kann selbst der dümmste oder der korrupteste Priester.«

Ich bitte ihn um Erklärungen, um ein Beispiel. Wer? »Ich hege eine gewisse Verehrung für einen korrupten Priester. Eli, den Vater der Priester Hofni und Pinhas. Er war alt, ließ den Dingen ihren Lauf, war nachlässig. Seine Priestersöhne beuteten die Leute aus.« Der Papst erinnert an die Episode aus dem *Ersten Buch Samuel.* Die Protagonisten sind Hanna – eine Frau, die unter ihrer Unfruchtbarkeit leidet und Gott unter Tränen anfleht, ihr einen Sohn zu schenken – und der Priester Eli, der auf einem Stuhl im Tempel sitzt und sie zerstreut aus der Ferne beobachtet. Eli sieht, dass Hanna flüstert, aber er kann nichts verstehen. Also denkt er, dass die Frau betrunken ist und fantasiert. »Das ist der Mut einer gläubigen Frau, die mit ihren Tränen den Herrn um eine Gnade bittet. Ihr Gebet war ein Wetteinsatz. Sie hat gebetet, wie es viele Mütter tun. Eli, der Priester, war ein armseliger Kerl. Ich fühle mich oft wie er. Ich verstehe ihn. Wie leicht urteilen wir über andere! Eli sagt zu ihr: ›Wie lange willst du dich noch wie eine Betrunkene aufführen?‹ Und hier zeigt sich wieder Hannas Demut; sie antwortet nicht: ›Was weißt du alter Mann denn schon?‹ Im Gegenteil, die Frau sagt: ›Nein, Herr!‹ Und dann erklärt sie ihm: ›Ich bin eine unglückliche Frau. Ich habe nicht getrunken, ich habe nur dem Herrn mein Herz ausgeschüttet.‹ Eli hatte trotz seiner Fehler etwas in sich, einen Funken priesterlichen Feuers. Er hat ihr zugehört und sie gesegnet. Diese Fähigkeit, die das Priesteramt dir verleiht, die Fähigkeit, den Leuten zuzuhören, kannst du verlieren – aus ideologischen Gründen, aus

Bequemlichkeit, Machtgier, Geldgier, aus vielen Gründen. Du kannst sie verlieren. Aber man muss immer darum bitten, dass dir wenigstens etwas bleibt, das dich die richtigen Worte finden und dann einen Segen sprechen lässt. Dieser alte Mann erfüllt mich mit Zärtlichkeit. Er war ein Sünder, aber er war in der Lage, mit seinem Segen einer Frau zur Fruchtbarkeit zu verhelfen.«

Die Geschichte ist schön und verrät etwas über das Innerste des Papstes. Doch er fügt noch eine Überlegung hinzu... »Und trotzdem«, sagt Franziskus, »bleiben wir oft verschlossen. Das Wirken Gottes in unserem Leben ist komplex, es mischt sich mit unseren Armseligkeiten. Gott handelt, er ist in uns am Werk. Ich verstehe, dass das, was ich sage, falsch verstanden werden kann, aber einmal, als der Weltjugendtag in Rom stattfand, habe ich einige sagen hören: ›Diese Jugendlichen, sie beten und beten und dann, ausgerechnet auf der großen Wiese, wo sie mit Johannes Paul II. zusammengetroffen sind..., haben sie es doch tatsächlich fertiggebracht, sich auf alle Arten zu vergnügen...‹ Siehst du? Natürlich, natürlich, es stimmt. Aber Vorsicht! Man muss vorsichtig sein. Die Empörung von jemandem, der so etwas sagt, kommt manchmal daher, dass er sich nicht auf die Armseligkeiten der Menschen einlassen kann! Und die gibt es: Armseligkeiten. Es geht nicht darum, alles zu rechtfertigen, das will ich nicht sagen, das muss klar sein. Aber man muss auch ganz klar wissen, dass Gott nicht vor unseren Armseligkeiten zurückschreckt. Und deshalb darf der Priester nicht verzagen, sondern muss sich an den menschlichen Armseligkeiten die Hände schmutzig machen, muss sich auf die menschlichen Armseligkeiten einlassen, weil er weiß, dass der Herr in ihnen wirkt. Wer es nicht schafft, sich auf die menschlichen Armseligkeiten einzulassen, sieht auf der einen Seite Gott und auf der anderen Seite die Gottesleere, das Nichts. Aber so ist es nicht. Man muss sich auf die menschlichen Armseligkeiten einlassen. Gott wirkt in ihnen.«

* * *

»Beim *Te Deum* haben Sie vor den Politikern gepredigt. In der Kathedrale von Buenos Aires kamen die wichtigsten politischen Autoritäten zusammen. Ihre Predigten sollen eine starke Wirkung gehabt haben. Ich weiß, dass Sie Dostojewski lieben: Das haben Sie mir schon beim ersten Interview 2013 gesagt. Ich habe gelesen, dass Sie bei der Heiligsprechung der Märtyrer vom Rio de la Plata im Auditorium der *Universidad del Salvador* am 27. Mai 1988 aus *Die Brüder Karamasow* zitiert haben: ›Wer nicht an Gott glaubt, wird auch nicht an das Volk Gottes glauben.‹ Am 25. Mai 1999 haben Sie vor Menem und de la Rúa eine deutliche und prophetische Ansprache gehalten. Kann eine Predigt politische Wirkung haben?«

»Ja«, antwortet er ohne Zögern und mit einer Entschiedenheit, die mich die Frage kaum hat zu Ende stellen lassen. »Die Predigt ist immer politisch«, fährt er fort, »weil sie in der *polis*, inmitten des Volkes gehalten wird. Alles, was wir tun, hat eine politische Dimension und betrifft den Aufbau der Zivilisation. Man kann sagen, dass du sogar im Beichtstuhl, wenn du die Absolution erteilst, am Gemeinwohl mitbaust. Das ist große Politik. Man muss eine große, eine weite Politik im Sinn haben: nicht die ideologische Politik oder die kleine Konjunkturpolitik, so wichtig sie auch sein mag. Die große Politik ist die, die aus christlicher Sicht das Reich Gottes erbaut. Man kann nicht sagen, dass die Christen unpolitisch seien. Die Christen dürfen nicht unpolitisch sein. Um das zu verstehen, muss man nur den *Diognetbrief* lesen. Der Bürger ist aufgerufen, sich mit Blick auf das Gemeinwohl im Dialog mit allen lebendigen Kräften der Gesellschaft zusammenzutun. Wir müssen neue Formen des Dialogs und des Miteinanders in unseren pluralistischen Gesellschaften finden. Wir müssen die Unterschiede akzeptieren und respektieren und für

Begegnung und Nähe Raum lassen. Wie viele Christen setzen sich Seite an Seite mit so vielen anderen für das Gemeinwohl ein: mit Brüdern und Schwestern aus anderen Konfessionen und religiösen Gruppierungen, politischen und sozialen Bewegungen ... Es braucht neue Bindungen, ein neues Solidaritätsbewusstsein über alle religiösen, ideologischen oder politischen Grenzen hinweg. Das Verhältnis zwischen der Kirche und dem öffentlichen Platz muss also überdacht und neu gedacht werden, aber das Predigen gehört mit hinein: Es abstrahiert nicht vom Gemeinwohl. In diesem Sinne ist eine Predigt immer politisch.«

Ich erinnere ihn an die Predigt, die er zum Gedenken an Néstor Kirchner gehalten hat, und er sagt sofort: »Ja, der konnte mich wirklich nicht leiden. Das Verhältnis war sehr gespannt. Als ich hörte, dass er gestorben war, um drei Uhr nachmittags, habe ich zwei Stunden später eine Gedenkfeier in der Kathedrale gehalten. Die Predigt war improvisiert: Ich hatte den Text nicht schriftlich vorbereitet. Ich habe das Volk eingeladen, und die Kirche war voll. Von der Regierung war niemand da. Die Atmosphäre war angespannt: Während der Messe hat mich einer laut beschimpft. Daraufhin habe ich gesagt, dass wir zusammengekommen seien, um für ihn zu beten, weil er in den Wahlen von seinem Volk dazu gesalbt worden sei, das Land zu regieren. Das Volk hatte ihn gewählt, und jetzt sollte es für ihn beten.«

»Sie haben auch ökumenische Predigten und Ansprachen gehalten, vor allem gemeinsam mit den Pfingstlern. Was hat Sie dazu bewogen?« – »In dem Stadion, wo diese Begegnungen stattfanden, kamen katholische und evangelische Charismatiker zusammen. Es gab einen katholischen und einen evangelischen Prediger. Pater Cantalamessa ist dreimal hingegangen. Ich habe am Ende gepredigt, vor dem Abschlusssegen. Aber ich habe viele von ihnen gut gekannt. Der Verwalter der erzbischöflichen Kurie von Buenos Aires war evangelisch. Vorher war er Bauarbeiter gewesen, aber dann ist er gestürzt. Er hat sich gut erholt, aber er konnte seine frühere Arbeit nicht mehr machen und hat angefangen, im Büro zu arbeiten. Er war wirklich tüchtig. Mit der Zeit ist er Verwalter geworden. In seiner Kirche war er Hilfspastor. Wir haben oft zusammen gebetet. Der Dialog mit der Pfingstbewegung ist wichtig. Eine Sache, auf die man achten muss, ist, nicht in eine ›Wohlstandstheologie‹ zu verfallen, wie sie von einigen propagiert wird. Ich spreche gerne mit ihnen, und ich verlasse mich auf einige Freunde, die evangelische Pfingstler sind und die wissen, wie die Dinge laufen. Sie helfen mir, mit den richtigen Leuten zu reden.«

* * *

Unser Gespräch neigt sich dem Ende zu. Es ist Zeit fürs Mittagessen. Ein Thema ist aber noch übrig geblieben, über das ich mit dem Papst sprechen möchte: die Kreativität. »Sie arbeiten manchmal mit Gegensätzen: ›Der Beichtstuhl ist keine Wäscherei und auch keine Folterkammer‹, oder: ›Es gibt keinen Heiligen ohne Vergangenheit und auch keinen Sünder ohne Zukunft.‹ Warum? Ist das nur eine effektvolle Art, sich auszudrücken?« – »Nein, das hat etwas damit zu tun, Räume für den Geist zu öffnen, damit man miteinander weitergehen kann, statt sich gegenseitig Vorstellungen aufzuzwingen«, erwidert er. »Der Gegensatz eröffnet einen Weg, eine Straße, auf der man gehen kann. Allgemeiner gesprochen muss ich zugeben, dass ich die Gegensätze liebe. Hier hat mir Romano Guardini mit seinem Buch *Der Gegensatz* geholfen, das für mich sehr wichtig ist. Er spricht darin von einem polaren Gegensatz, bei dem die beiden Pole einander nicht aufheben. Und sie zerstören einander auch nicht. Zwischen ihnen besteht weder Gleichheit noch Widerspruch. Für ihn löst sich der Gegensatz auf einer höheren Ebene auf. Dennoch bleibt auch in dieser Auflösung die bipolare Spannung weiter bestehen. Die Spannung bleibt, sie löst sich nicht. Die Grenzen werden überwunden, indem man sie nicht negiert. Die Gegensätze helfen. Das menschliche Leben ist gegensätzlich strukturiert. Und das passiert jetzt gerade auch in der Kirche. Die Spannungen müssen nicht unbedingt aufgelöst und angeglichen werden, sie sind nicht wie die Widersprüche.«

Mir scheint, dass diese polaren Gegensätze zuweilen eine neue, nicht starre und mithin kreative Sprache erfordern. Ich frage den Papst, ob der Prediger kreativ sein muss. »Wenn er nicht kreativ ist, ist er steril«, antwortet er trocken.

»Kann es dem Prediger also helfen, Romane zu lesen, Gedichte...? Inwiefern? Es scheint beinahe, als hätten Sie eine poetische und volkstümliche Sprache ... besser gesagt, poetisch, weil volkstümlich...«, frage ich. »Ja, das hilft sehr«, antwortet er. »Dostojewski hat mir sehr beim Predigen geholfen. Wenn er zum Beispiel in den *Brüdern Karamasow* von einem Kind erzählt, es ist gerade mal acht Jahre alt und der Sohn einer Magd. Er wirft einen Stein und trifft einen der Hunde des Herrn am Bein, und deswegen hetzt der Herr alle Hunde auf ihn. Das Kind läuft davon und versucht sich vor der rasenden Meute zu retten, aber am Ende wird es unter den befriedigten Blicken des Generals und den verzweifelten Blicken der Mutter zerrissen. Und dann *Aufzeichnungen aus dem Kellerloch*, ein echtes Juwel. Aber auch die Dichtung hat mir in puncto Inspiration sehr geholfen. Nino Costa liebe ich sehr. *Rassa nostrana*, das er *Ai piemontèis ch'a travajo fòra d'Italia* gewidmet hat, und seinem Vater, der auf der Suche nach Arbeit nach Argentinien ausgewandert und dort verschollen ist. Und *La Consolà*. Wo der Campanile den Klang der Glocken verbreitet wie eine Stimme, die für alle menschlichen Nöte betet. Dante habe ich auch ein paarmal zitiert. Natürlich, seine Liebe zu Maria: ›Jungfrau und Mutter, Tochter deines

Sohnes, bescheidenstes und höchstes der Geschöpfe‹. Aber auch Paolo und Francesca: ›Liebe will wieder Liebe von uns haben …‹ Siehst du? Der Roman, die Literatur liest das Herz des Menschen, hilft, seine Sehnsucht, seine Herrlichkeit und sein Elend zu erfassen. Sie ist keine Theorie. Sie hilft zu predigen, das Herz zu kennen …« Dann fügt er noch hinzu: »Aus *Die Verlobten* habe ich Pater Cristoforo zitiert. Aus der argentinischen Literatur habe ich *Don Segundo Sombra* von Güiraldes zitiert. Es ist schön, wenn er sagt, dass das Leben am Anfang wie ein frischer Gebirgsbach ist, der von oben herabstürzt. Die Reife ist wie ein fließender Strom. Und am Ende ist das Leben wie ein friedlicher und heiterer See. Aber auch Hölderlin!« Er zitiert ihn auf Deutsch, und ich bitte ihn, es mir zu übersetzen. Und das tut er: »›Das Alter ist ruhig und milde.‹ Und dann die *Ode* über die Großmutter: ›Vieles hast du erlebt.‹ Das sind die Sachen, die mir jetzt einfallen …«

* * *

»Jetzt bin ich dran«, sagt der Papst und nimmt sich ein Tütchen. Dann ist er es, der das Gespräch führt und die Rede auf andere Themen bringt. Ich schaffe es gerade noch rechtzeitig, die drei Tonbandgeräte zu stoppen, die ich habe mitlaufen lassen – in der üblichen Angst, dass eines vielleicht nicht funktionieren könnte. Mir ist bewusst geworden, dass in diesem Gespräch auf ganz einfache und unmittelbare Weise die Erfahrung eines Seelsorgers zum Ausdruck gekommen ist. Doch das in seinen Worten enthaltene Leben ist vielschichtig und voller »polarer Gegensätze«, wie er es nennt.

Am Ende steht er auf und bringt mich zum Aufzug. Die Tür des Aufzugs, der mich nach unten fährt, schließt sich vor seinem lächelnden Gesicht, und er flüstert: »Wir gehen immer weiter!«

Einleitung

Antonio Spadaro SJ

Alle Predigten und Ansprachen des damaligen Erzbischofs von Buenos Aires und – seit 2001 – Kardinals Jorge Mario Bergoglio in einem Band zusammenzustellen, heißt, sich auf die Weite und Tiefe eines pastoralen Diensts einzulassen, der das Leben, das Herz und das Denken von Papst Franziskus als Hirten der katholischen Weltkirche geformt hat. Der Leser, der sich an diese Seiten heranwagt, mag sich also nicht nur einen Bischof vorstellen, der zu Fuß oder mit der Straßenbahn die Straßen seiner Stadt und seiner Diözese durchquert, sondern sich auch das spätere Bild vor Augen halten, wie er von der *Loggia delle Benedizioni* herabwinkt. Einer der Gründe, dieses Buch zu lesen, ist nämlich, dass es uns einführt in die Welt des Jorge Mario Bergoglio, Hirte einer Orts- und jetzt der Weltkirche. Doch Vorsicht: nicht in sein »Denken«, sondern in seinen Blick, in seine Art, die Wirklichkeit zu sehen und mit ihr umzugehen. Am 13. März 2013 wurde die Erfahrung der argentinischen und, allgemeiner, der lateinamerikanischen Kirche zur Erfahrung einer Kirche, die »Quelle« ist und nicht mehr nur »Widerschein«.

Kann die Wahl eines Papstes die weltweite Bedeutung einer Ortskirche verändern? Es ist schwierig, auf diese Frage eine grundsätzliche und absolute Antwort zu finden. In unserem Fall aber sicherlich ja. Ein Papst »vom anderen Ende der Welt« hat eine strategische und charismatische Bedeutung, weil die lateinamerikanische Kirche insbesondere dank der fünf Generalkonferenzen der lateinamerikanischen Bischöfe, die zwischen 1955 und 2007 in Rio de Janeiro, Medellín (Kolumbien), Puebla (Mexiko), Santo Domingo und Aparecida (Brasilien) stattgefunden und den Kirchen des Kontinents ein klares Bewusstsein ihrer Identität und Sendung gegeben haben, die reifste der jüngeren Kirchen ist. Papst Franziskus ist ein Kind dieser zuweilen begeisternden kirchlichen Erfahrung. Sie hat in seinen Predigten und Ansprachen viele Spuren hinterlassen, weil sie aus ihr hervorgegangen sind.

Ein Fotolabor, ein Seelenmagen

Dieser Band ist keine Anthologie, wie sie in den letzten drei Jahren so zahlreich erschienen sind, und auch keine Sammlung vielfältiger und heterogener Schriften: Er enthält sämtliche Predigten und Ansprachen von Erzbischof Bergoglio, die in geordneter und gesicherter Form vorliegen. Das *Corpus* wird in chronologischer Reihenfolge und nicht unter thematischen Gesichtspunkten oder in improvisierten und flüchtigen Zusammenstellungen dargeboten. Und es muss – meiner Ansicht nach – so gelesen werden, wie es entstanden ist: sukzessive. Denn das ist die einzige Möglichkeit, die pastorale Erfahrung nachzuvollziehen, die Papst Franziskus auf sein Amt als Hirte der Weltkirche vorbereitet hat. Andere Lesarten (nach Thema, nach Gattung, nach Anlass ...) sind nützlich und interessant, aber kranken allesamt an Funktionalismus und zielen darauf ab, Gedanken zu gruppieren. Das aber hieße, die Gesamtschönheit eines offenen Feldes aufzugeben und sich wie mit Scheuklappen auf das Sammeln von Brombeeren oder Himbeeren zu konzentrieren. Man verliert den Sinn für die Landschaft und den Kontext.

Niemand leugnet den Nutzen eines solchen Vorgehens, aber der vorliegende Band will zu einer freieren und spirituelleren und tieferen Lektüre einladen, wie sie nur der zeitliche Prozess zu vermitteln vermag.

Ich möchte diese *opera omnia* mit zwei Metaphern beschreiben. Die erste ist die des Fotolabors: Wer sich auf die Lektüre einlässt, kann die Bilder sehen, die Bergoglio in den vielen Jahren seines bischöflichen Dienstes gesehen hat. Besser gesagt, die Bilder, die auf seinen Pupillen haften geblieben sind und ihn zu einer verbalen Antwort, das heißt einer Predigt, einer Ansprache oder einer Botschaft veranlasst haben. Die Lektüre dieser Seiten ist überdies wie ein Eintreten in die »Dunkelkammer«, aus der das Pontifikat von Papst Franziskus – in jedem Sinne – hervorgegangen ist. Und dieses Fotolabor hilft uns verstehen, hilft uns, diesen kirchlichen Frühling, den wir erleben, besser zu begreifen. Wenn wir außerdem bedenken, dass Franziskus nicht nur katholischer Papst, sondern zudem eine der bedeutendsten moralischen und spirituellen Führungspersönlichkeiten der Welt ist – womöglich die, die weltweit am meisten Gehör findet, wie eine Umfrage von *Gallup International* ergeben hat –, dann begreifen wir die Bedeutung dieses Patrimoniums an Leben und Worten.

In der zweiten Metapher, die ich gerne verwende, wird dieses *Corpus* aus öffentlichen Worten zu einem Magen, der die Funktion einer »verdauenden« Verarbeitung übernimmt. Ein Mystiker, den Bergoglio sehr liebt, der Jesuit Jean-Joseph Surin (1600–1665), folgte der Tradition, der zufolge die Betrachtung ein Akt der *ruminatio* ist: Deshalb sprach er vom »Seelenmagen«. Die Worte aus Bergoglios pastoralem Dienst sind eine Sprache, die sich die Welt und die Erfahrungen anzuverwandeln vermag. Sie ernähren sich von gelebtem Leben, offenen Fragen, überschrittenen Grenzen, durchwanderten Peripherien, Herausforderungen, die ein Gesicht und einen Namen haben. Das heißt, es sind keine pastoralen Übungen, Schulüberlegungen oder Betrachtungen aus dem geschlossenen Raum einer Kapelle, die, um sich vor der Welt mit ihrem Licht und ihrem Schatten zu schützen, keine Türen und Fenster hat. Bergoglios pastorale Worte, die auf den vorliegenden Seiten gesammelt sind, sind wie ausgegrabene Pflanzen, wo die Erde noch an den Wurzeln klebt. Zwar hören wir sie, was dies betrifft, nicht in dem Kontext, in dem sie entstanden sind: Das ist unmöglich. Doch wer sie liest, riecht den Duft der Wurzeln und des Erdbodens. Er spürt die menschliche Erfahrung, auf die sie Bezug nehmen.

In diesem Sinne verliert der Hirte hier sämtliche Eigenschaften des »Ideologen«, des Ideenverbreiters, und tauscht sie ein gegen die Züge des Menschen mit seiner Biologie (Junge, Alte, Kranke, Gesunde…) und seiner Bestimmung. Kurz: wer sich entschließt, diese zahlreichen Seiten Stück für Stück und eine nach der anderen zu durchmessen, wird ein Abenteuer erleben, eine Reise, eine Expedition, einen Versuch, die Welt zu entziffern, und zuweilen sogar einen kraftvollen, existenziellen Akt der Umarmung oder des Kampfes. Dieses Buch ist ein *Ring*: Kein einziges Wort von Bergoglio, das nicht aus dem Schweigen des Jesuiten heraus geboren wäre, der betrachtet und handelt, ohne das eine vom anderen chronologisch zu unterscheiden – getreu dem ignatianischen Motto *in actione contemplativus*.

Die Augen des Volkes

»Mit dem ganzen Sein: den Händen, dem Herzen, dem Wort«: das sind die zentralen Worte der ersten der in diesem Band zusammengestellten Predigten. Und es kommt nicht von ungefähr, dass sie auch der natürliche Leseschlüssel, der *Passepartout* des gesamten Bandes sind. Bergoglios Art zu predigen, ist Teil einer *Totalität* und einer *Intensität*. Der Gestus des Predigens ist »Gestus der Ganzhingabe, ein Gestus, der fruchtbar und vital sein will«. Das heißt ein »väterlicher Gestus«. Franziskus' Wort ist nach außen gestülpt. Es ist nicht die Ausarbeitung eines Begriffs, den er im Kopf hat und außerhalb seines Kopfes ausdrücken will. Es ist keine bloße Erklärung. Es ist ein Wort, das sein eigenes Menschsein und das seines Kommunikationspartners umfasst. Genau genommen könnten wir sagen, dass es in dem Moment, in dem es ausgesprochen wird, selbst eine Sprache der Kommunikation erschafft.

Denn für Bergoglio hat die Predigt eine dialogische Sprachstruktur: Sie ermöglicht den Dialog zwischen Gott und seinem Volk. Der Papst bringt diese Dimension der Predigt mit der warmherzigen Sprache der Begegnung zum Ausdruck und spricht von der spezifischen Sendung des Predigers, die einander liebenden Herzen zusammenzubringen: das Herz des Herrn und die Herzen seines Volkes, die sich während der Zeit der Predigt in Schweigen hüllen und ihn sprechen lassen. Damit geht ihre Bedeutung über die »Mitteilung einer Wahrheit« hinaus: Der Dialog ist viel mehr als das. Er vollzieht sich aus der Freude am Sprechen und um des Guten willen, das darin besteht, dass Personen einander näherkommen. So entfaltet Gott seine Macht durch das menschliche Wort. Der Prediger ist ein Vermittler, er ermöglicht die Begegnung zwischen Gott und seinem Volk.

Natürlich sprechen der Herr und sein Volk auch jenseits des durch eine Predigt eröffneten Begegnungsraums auf tausenderlei Weise direkt und ohne Vermittler miteinander. Dennoch bedienen sie sich in der Predigt eines Vermittlers, der die Gefühle beider Seiten zum Ausdruck bringt, sodass anschließend jeder selbst bestimmen kann, auf welche Weise er sein persönliches Gespräch mit Gott fortsetzen will. Deshalb lässt eine rein moralistische oder exegetische Predigt die Kommunikation der Herzen ärmer werden,

36

die für Bergoglio einen geradezu sakramentalen Charakter hat, weil »der Glaube aus dem Gehörten, das Gehörte aber durch das Wort Christi« kommt (Röm 10,17). Wenn die Predigt keine Sprache zwischen Gott und dem Volk erschafft, auf deren Grundlage sodann jeder seine persönliche Beziehung zu Gott weiterentwickeln kann, dann ist sie wahrhaft vergeudete Zeit.

Der italienische Titel des Bandes (*Nei tuoi occhi è la mia parola*) – das leuchtet unmittelbar ein – ist also nicht zufällig. Er stammt aus einer Formulierung, die der Pontifex in unserem hier abgedruckten Gespräch verwendet hat, aber er ist noch mehr. Als ich dem Heiligen Vater den Titel in der ursprünglichen Formulierung vorgeschlagen habe (*Mein Wort ist in deinen Augen*), war er im ersten Moment konsterniert. Grund hierfür war, dass »*Mein* Wort« am Anfang stand. Ich spürte sein Unbehagen, das sofort, gleichsam intuitiv, auf mich übersprang. Nein, nicht auf »*mein* Wort«, sondern auf »*deine* Augen« kam es an. Auf die Augen des gläubigen Körperglieds, des *Santo Pueblo fiel de Dios*, das das väterliche, fruchtbare, vitale Wort hervorbringen muss. Doch Bergoglios Wort ist eher mütterlich als väterlich, ist vollwertiger Ausdruck der »Muttersprache« und ihre ganz eigene Frucht. Seine Fruchtbarkeit besteht darin, dass eine persönliche und gemeinschaftliche Beziehung zu Gott geboren wird. In diesem Sinne gebiert die Predigt im Glauben und in der Gemeinschaft. Sie ist generativ.

Die warmherzige Strenge der Fruchtblase

Auch der Dialog des Herrn mit seinem Volk entwickelt sich in einem »mütterlichen Rahmen«. Bergoglio hat einmal gesagt: »Ich glaube, das Bild einer Mutter mit ihrem Kind veranschaulicht am besten, was es heißt, jemanden zu lehren, der schon weiß. Da die

Kirche unser aller Mutter ist, predigt sie zum Volk, wie Eltern zu ihrem Kind sprechen: in dem Vertrauen darauf, dass das Kind, gestärkt durch die Liebe derer, die es gezeugt haben, weiß, dass alles, was Vater und Mutter ihm mitgeben, nur zu seinem Besten ist.« Und »außerdem weiß die gute Mutter alles anzuerkennen, was Gott in ihr Kind hineingelegt hat, hört seine Sorgen an und lernt von ihm. Der Geist der Liebe, der in einer Familie herrscht, leitet die Mutter ebenso wie das Kind in ihren Gesprächen, wo gelehrt und gelernt wird, wo man korrigiert und das Gute würdigt; und so geschieht es auch in der Homilie« (EG 139).

Für Bergoglio begünstigen und pflegen die herzliche Nähe des Predigers, der warme Tonfall seiner Stimme und seine Gesten den »mütterlichen und kirchlichen Rahmen«, in dem sich der Dialog des Herrn mit seinem Volk entwickelt. Wer predigt, schafft eine Art Fruchtblase, das heißt eine kommunikative und liebevolle Umgebung, damit der Herr mit seinem Volk spricht. Die pastorale Sprache erwächst also aus der lebendigen Beziehung. Die Stellen, an denen diese Predigten und Ansprachen auf das menschliche *Fleisch* – und mithin auf das Fleisch Christi – Bezug nehmen, sind nicht zu zählen.

Bergoglio entfaltet – und in Santa Marta tut er dies nach wie vor – eine »mündliche Lehre«. Diese Definition wird durch die Lektüre des vorliegenden Bandes noch plausibler werden. Diese Seiten enthalten ein »gebrochenes« Wort: gebrochen, um im Moment seines Vortrags geteilt zu werden. Der Leser wird einen *Logos* finden, der die Kraft der Mündlichkeit in sich birgt. Eine vitale Spannung, die nicht wirklich mit einem *labor limae*, mit der Feinarbeit eines Laborbestecks »domestiziert« werden kann – nicht einmal in jenen analytischeren, strukturierteren und breiter angelegten Ansprachen, in denen Bergoglio beweist, dass er zu einer Strenge fähig ist, die nicht akademisch, sondern paradoxerweise warmherzig ist.

Die erste Frucht dieser warmherzigen und strengen Mündlichkeit ist ihre *Verständlichkeit*. Auch abstrakte Ansprachen können – für Akademiker, Journalisten, Denker – einfach und klar, für die Leute aber nicht wirklich verständlich sein. Bergoglios Ansprachen bleiben nicht an der Oberfläche des Bewusstseins, sondern dringen hindurch. Zuweilen kann die scheinbar gläserne Klarheit einer abstrakt und ohne Unterscheidung vorgetragenen Lehre sich in eine spiegelglatte Fläche verwandeln, auf der man ausrutscht – und das war es dann: Plötzlich findet man nirgends mehr Halt. Der Mensch von heute braucht nicht so sehr Ansprachen, die einfach »klar« sind und keine Falten werfen, sondern Ansprachen, die glaubhaft sind und die Vielschichtigkeit der Situationen, der Erfahrungen, des Lebens in sich bergen, das zuweilen eben nicht so »klar« ist und dies auch gar nicht sein kann, im Gegenteil: das wahre Leben ist niemals klar und abgegrenzt wie ein Gedanke. Bergoglios *Klarheit* gehört einer anderen Ebene an: der Ebene der Entscheidungen, des Engagements, des Handelns, der Motivation, etwas zu tun, der Prophetie, die die Dinge beim Namen nennt. In einigen seiner Predigten – vor allem jenen, die sich auch an die Zivilgesellschaft richten – landet er denkwürdige Treffer wie in jenem Fall, als seine Anklagen so deutlich waren, dass ein Präsident der Republik sich gezwungen sah, vor seinen Predigten Reißaus zu nehmen.

Es wäre jedoch ein tragischer Irrtum zu glauben, dass all dies das Ergebnis einer gewissen Naivität oder Spontaneität der Ausdrucksweise wäre. Wir sollten uns daran erinnern, dass Papst Franziskus Literatur unterrichtet hat: nicht nur Literaturgeschichte, sondern auch kreatives Schreiben. Bergoglio hat viele Dichter und Schriftsteller geliebt: von Borges bis Hölderlin, von Marechal bis Manzoni, von Bloy bis Pemán, von Dante bis Dostojewski… Den Werken dieser Autoren entnimmt er implizite Zitate, die hier und da in seinen Reden auftauchen: nie als

Demonstrationen der Gelehrsamkeit, sondern als spontane, im Prozess verinnerlichte Teile seiner Ausdrucksweise. Dasselbe gilt für die Dokumente des Lehramts der Mutter Kirche, der Päpste, des Zweiten Vatikanischen Konzils und der Generalkonferenzen der lateinamerikanischen Bischöfe insbesondere in Medellín, Puebla und Aparecida. Bergoglio schöpft aus ihnen, als wäre es Muttermilch. Das heißt nicht aus bloßem Gehorsam oder aus formalen Gründen, weil es üblich ist, die eigenen Ansprachen mit solchen »Versatzstücken« zu untermauern, sondern in Anerkennung der Tatsache, dass sein Hirtenamt ebendaher stammt, dass er ein Sohn der Mutter, der Kirche ist. Im Grunde liegt hierin auch eine Herausforderung für die theologische Sprechweise: Es ist Bergoglio bewusst, dass sie Gefahr läuft, sich unmerklich vom »technokratischen« Paradigma beeinflussen zu lassen. Es gibt nichts Schlimmeres als eine bürokratische, sozusagen »theotechnische« Predigt. Das Predigen ist eine mütterliche Attitüde. Und so verstehen wir auch, weshalb Papst Franziskus, wenn er predigt, nicht nur das Herz der Gläubigen ansprechen, sondern ihnen eine missionarische Kirche mit offenen Türen vor Augen führen will.

Auch dank seiner in diesem Band gesammelten Erfahrung aus der Vergangenheit hat Papst Franziskus eine bestimmte Auffassung von der Bedeutung des Predigens entwickelt. Diesen Punkt habe ich angesprochen, als ich ihn 2013 für *La Civiltà Cattolica* interviewt habe. Er hat mir – mit Bezug auf das Gleichgewicht zwischen dogmatischen und moralischen Lehren und der missionarischen Verkündigung der Kirche – Folgendes geantwortet:

»Eine schöne Predigt, eine echte Predigt muss beginnen mit der ersten Verkündigung, mit der Botschaft des Heils. Es gibt nichts Solideres, Tieferes, Festeres als diese Verkündigung. Dann muss eine Katechese kommen. Dann kann auch eine moralische Folgerung gezogen werden. Aber die Verkündigung der heilbringenden Liebe Gottes muss der moralischen und religiösen Verpflichtung vorausgehen. Heute scheint oft die umgekehrte Ordnung vorzuherrschen.« Jedoch »die evangelische Botschaft darf nicht auf einige Aspekte verkürzt werden. Auch wenn diese wichtig sind, können sie nicht allein das Zentrum der Lehre Jesu zeigen.«[1]

Anhand dieser Worte lässt sich, so glaube ich, die grundsätzliche Bedeutung erfassen, die Papst Franziskus einer Predigt beimisst: Sie ist eine Verkündigung, die sich auf das Wesentliche konzentriert, auf das Notwendige, das zugleich das Faszinierendste und Anziehendste ist und, wie bei den Emmausjüngern, das Herz brennen lässt. Im vorliegenden Band finden wir die Werkstatt, in der diese Hinweise, die Bergoglio gibt, geschmiedet worden sind.

Ja, der Papst hat die Predigt sogar – wie auch in seinem Apostolischen Schreiben *Evangelii gaudium* – als eine Nagelprobe bezeichnet: Sie ist ein klarer, untrüglicher Indikator. Sie ist der Prüfstein für die Nähe und die Fähigkeit eines Hirten zur Begegnung mit seinem Volk. Deshalb darf das Band zwischen dem Hirten und seinem Volk in der Predigt nicht reißen. Wer predigt, muss seiner Gemeinde ins Herz sehen, um – nicht zuletzt aufgrund der durch diese besondere Feier bedingten Inspiration und Gnade – zu erkennen, wo die Sehnsucht nach Gott lebendig und brennend ist. (vgl. EG 137)

Wie hat Papst Franziskus die Predigten vorbereitet?

In *Evangelii gaudium* gibt der Pontifex in Sachen Predigtvorbereitung einige sehr präzise Hinweise, die aus seiner Erfahrung und nicht aus der Lektüre von Homiletik-Handbüchern erwachsen sind. »Nachdem man den Heiligen Geist angerufen hat, ist der erste Schritt, die ganze Aufmerksamkeit dem biblischen Text zu widmen, der die Grundlage der Predigt sein muss« (EG 146). Nicht das Studium – das gleichwohl grundlegend ist –, sondern die Anrufung des Heiligen Geistes hat Vorrang. Zuerst kommt Gott. Vor allem anderen. Ohne ihn wird auch das passendste Wort wirkungslos. Denn die Wirksamkeit hängt von Gott und nicht von den Worten des Menschen ab.

Franziskus verlangt also von jedem Prediger eine Haltung der Demut und der staunenden Verehrung des Wortes, ja geradezu eine Art heilige Furcht, es zu manipulieren. Und weiter: »Um einen biblischen Text auslegen zu können, braucht es Geduld, muss man alle Unruhe ablegen und Zeit, Interesse und *unentgeltliche* Hingabe einsetzen. Man muss jegliche Besorgnis, die einen bedrängt, beiseiteschieben, um in ein anderes Umfeld gelassener Aufmerksamkeit einzutreten.« (*ebd.*) Es braucht Liebe: »Einzig den Dingen oder Personen, die man liebt, widmet man eine Zeit, ohne Gegenleistung zu erwarten und ohne Eile; und hier geht es darum, Gott zu lieben, der *sprechen* wollte. Von dieser Liebe her kann man die ganze Zeit, die nötig ist, in der Haltung des Jüngers verweilen.« (*ebd.*)

Bei der Predigtvorbereitung bedarf es also einer gelassenen und liebevollen Aufmerksamkeit dafür, dass Gott zu seinem Volk spricht. Man nähert sich dem Wort Gottes mit einem bereiten und betenden Herzen, damit es tief in die Gedanken und Gefühle eindringt (vgl. EG 149). Wer predigt, muss »bereit sein, sich vom Wort ergreifen zu lassen und es in seinem konkreten Leben Gestalt werden zu lassen« (EG 150), schreibt der Papst. Im Prediger wird das Wort Fleisch. Man muss, so fährt er fort, »bevor man konkret vorbereitet, was man sagen wird, akzeptieren, zuerst von jenem Wort getroffen zu werden, das die anderen treffen soll, denn es ist *lebendig und kraftvoll*, und wie ein Schwert ›dringt es durch bis zur Scheidung von Seele und Geist, von

Gelenk und Mark; es richtet über die Regungen und Gedanken des Herzens‹ (Hebr 4,12)« (*ebd*).

Es ist Bergoglio also deutlich bewusst, dass das Wort Gottes wirklich durch ihn hindurchgehen muss, indem es nicht nur seinen Verstand durchdringt, »sondern indem es von seinem ganzen Sein Besitz ergreift« (EG 151).

Ebendeshalb finden die Boten des Evangeliums Worte, »die sie allein niemals finden könnten« (*ebd*). Mithin ist das Predigen eine wahrhaft spirituelle Erfahrung und für den, der sie erlebt, voller Überraschungen und Geheimnisse. *Evangelii gaudium* formuliert einige nützliche Fragen, die sich, so dürfen wir mutmaßen, Bergoglio selbst mit der Zeit auf ganz natürliche Weise zu eigen gemacht hat: »Es ist gut, sich in der Gegenwart Gottes bei einer ruhigen Lektüre des Textes zum Beispiel zu fragen: Herr, was sagt mir dieser Text? Was möchtest du mit dieser Botschaft an meinem Leben ändern? Was stört mich in diesem Text? Warum interessiert mich das nicht? – oder: Was gefällt mir, was spornt mich an in diesem Wort? Was zieht mich an? Warum zieht es mich an?« (EG 153) Doch das ist nur der erste Schritt. Der zweite besteht darin, diese persönliche Beziehung in konzentrischen Kreisen weiter und weiter werden zu lassen, bis sie das gläubige Gottesvolk umschließt. Wer predigt, so der Papst, »muss auch ein Ohr *beim Volk* haben, um herauszufinden, was für die Gläubigen zu hören notwendig ist. Ein Prediger ist ein Kontemplativer, der seine Betrachtung auf das Wort Gottes und auch auf das Volk richtet« (EG 154). Auf diese Weise stimmt sich der Papst wie jeder Prediger auf die Bestrebungen und Situationen der Zeit ein und liest sie im Licht des Wortes. Es braucht spirituelle Sensibilität, um Gottes Botschaft aus den Geschehnissen herauslesen zu können, und das ist weit mehr, als einfach etwas Interessantes zu finden, das man sagen kann. Die Frage ist also: Was hat der Herr in dieser Situation zu sagen? Deshalb wird verständlicherweise das persönliche Gebet mit den Lesungstexten für den Papst zu einer elementar wichtigen Zeit: musikalisch gesprochen sozusagen zum »Basso continuo« seines Handelns.

Die Predigtvorbereitung wird zu einer Übung der evangeliumsgemäßen Unterscheidung, bei der Franziskus – im Licht des Heiligen Geistes – jenen Ruf zu erkennen sucht, den Gott im historischen Kontext des Augenblicks ertönen lässt. (vgl. EG 154) Es besteht also, um es noch einmal zu sagen, ein enger Zusammenhang zwischen seinem Handeln und der Entwicklung seines Dienstamts – als würde darin eine Methode des Handelns explizit, die unter keinen Umständen ohne eine pastorale, lebendige, natürliche Beziehung zum Volk Gottes auskommen kann.

Ein Wort im Lebensrhythmus des Volkes und des liturgische Kalenders

Welche Predigt- oder Redeanlässe finden wir im vorliegenden Band? Natürlich gibt es eine Vielzahl von Ereignissen und Situationen, bei denen Bergoglio das Wort ergriffen hat. Um sich das bewusst zu machen, muss man sich nur die Videos von seinen Feiern bei YouTube ansehen, die zuweilen mit sehr behelfsmäßigen und improvisierten Geräten aufgezeichnet worden sind. Doch die Gesten eines Vaters kann man nicht aufzeichnen, weil sie oft gar keine Spuren hinterlassen. Jedenfalls finden sich in diesem Buch die wichtigsten Anlässe, die »Brennpunkte«, an denen die elementaren Botschaften alle Arten von Menschen erreichen: vom Armen, der zur Wallfahrtskirche pilgert, um Arbeit und Brot zu erbitten, bis hin zum Politiker in amtlicher Funktion; vom Lehrer bis hin zum Ordensmitglied; vom Priester bis hin zum Durchschnittsmenschen, der nur an Ostern und Weihnachten in die Kirche geht. Doch auch Begräbnisse finden sich darin, breit angelegte Vorträge auf kirchlichen Versammlungen, Reden an Nichtkatholiken – es ist alles da. Die Register wechseln, aber die Stimme ist dieselbe. Dem Übersetzer gebührt Dank, denn er hat es verstanden, diese Einheit der Stimme trotz der vielfältigen Anlässe und Zuhörer sehr gut in unserer Sprache wiederzugeben.

Der Band umfasst also das Lehramt, das Erzbischof Bergoglio auch dank seiner Mitarbeiter, die die Materialien aufbewahrt haben, hinterlassen hat. Manche wiederkehrenden Anlässe sind besonders bedeutsam und seinerzeit aufgezeichnet worden. Die wichtigsten können, so denke ich, hier aufgelistet werden:

– das *Te Deum* zum Nationalfeiertag am 25. Mai
– die Predigten zum Fest des heiligen Kajetan am 7. August
– die Wallfahrt nach Luján
– die Chrisammessen
– Fronleichnam
– die Messen mit den Ordensleuten
– Botschaften, Begegnungen und Messen mit den Katecheten
– Botschaften, Begegnungen und Messen mit den Pädagogen
– Weihnachtsmessen
– Osternachtsliturgien.

Te Deum am 25. Mai

Ein sicherlich wichtiges Datum für das argentinische Volk ist der 25. Mai, der Nationalfeiertag, der an die Bildung der ersten autonomen Regierung nach der Unabhängigkeit Argentiniens im Jahr 1810 erinnert. Zu diesem Anlass wurde in der Kathedrale von Buenos Aires ein feierliches *Te Deum* gesungen. Der Präsident und die wichtigsten politischen Autoritäten nahmen an der

Dankfeier teil. Bergoglio hat aus dieser Veranstaltung – ob er nun Gerechtigkeit und soziale Freundschaft gepredigt oder sich, insbesondere in Zeiten schwerer nationaler Krisen, für den Aufbau einer demokratischen Kultur eingesetzt hat – ein im wahrsten Sinne des Wortes »prophetisches« Ereignis gemacht.

Die »Macht« wird in diesen Predigten vom 25. Mai als ein Mittel dargestellt, dem Gemeinwohl und der sozialen Bindung zu dienen. Ein Mittel, anderen »die Füße zu waschen« – und das ist das Gegenteil davon, die eigenen Hände »in Unschuld zu waschen«. Man darf sich von der Krisensituation in Argentinien nicht dazu verleiten lassen, sich die Politik schlichtweg als eine Art Krisenmanagement vorzustellen. Sie hat eine sehr viel erhabenere Aufgabe: Sie dient dazu, das gesellschaftliche Leben »zu schaffen, zu befruchten«. Sie dient einem konstruktiven, positiven Zweck.

Bergoglio hat sich immer große Mühe gegeben, die verschiedenen politischen Strömungen im Dialog zusammenzubringen, und er drängt darauf, das »Gewebe der Gesellschaft wiederzubeleben«. Aber er hat sich auch nicht gescheut, in manchen Situationen im Namen des Volkes klare Herausforderungen an die Regierung zu richten und gegen die ideologiekranken Eliten zu kämpfen. Der Papst kennt die komplexe Geschichte der Nation, ihre Scheidewege, das Dilemma zwischen Globalisierung und Solidarität; mit dem Blick des Glaubens sieht er im Leid der Krise das Leiden Christi. Er sieht ein Volk vor sich »mit einer Geschichte voller Fragen und Zweifel, mit Institutionen, die beinahe untragbar geworden sind, mit erschütterten Werten und mit denkbar knappen Mitteln, die selbst auf kurze Sicht kaum ausreichend scheinen«.

Starken Themen geht er nie aus dem Weg, und er schweigt auch nicht angesichts dramatischer Ereignisse wie des tragischen Brandes bei einem Rockkonzert in der Diskothek *República Cro-*

mañón in Buenos Aires in der Nacht des 30. Dezember 2004. Das
Unglück forderte 194 Tote und über 700 Verletzte. Bergoglio hat
dies in einer Predigt kommentiert, deren Niederschrift uns vor-
liegt: »Diese eitle, leichtsinnige, stolze, korrupte Stadt. Diese
Stadt, die die Wunden ihrer Kinder überschminkt, damit sie ihr
nicht wehtun. Sie heilt sie nicht, sie überschminkt sie. Diese Stadt,
die ihre unterernährten alten Menschen versteckt, sie in die Ecke
stellt, weil sie das Leid derer nicht sehen will, die uns das Leben
geschenkt haben. Eine Stadt, die ihre Kinder im Stich lässt, die sie
elegant als ›Jugendliche in der Lebenssituation der Straße‹
bezeichnet. Sie gibt sie weg und wirft sie auf die Straße. Diese
Stadt weint nicht, und weil diese Stadt nicht weinen kann, ist sie
keine Mutter, und wir sind heute hergekommen, um zu weinen,
damit diese Stadt mehr Mutter ist.«

Und was soll man sagen, wenn er die Stadt Buenos Aires eine
»Sklavenfabrik« und einen »Fleischwolf« nennt? Diese furchtbaren Worte wurden am 12. Juli 2012 bei der Messe für die Opfer
des Menschenhandels im Bahnhof Constitución ausgesprochen.

In seinen Reden spricht der Erzbischof zum Volk und erinnert
es daran, dass es eine »Seele« hat. Mehr noch, er spricht direkt zu
dieser Seele als »einer Art, die Wirklichkeit zu sehen, einem
Bewusstsein«, das auch aus der »Erinnerung« an die Vergangenheit besteht. Nur hier können Würde, Weisheit und Kultur
wachsen. Im selben Kontext spricht Bergoglio offen von einer
»innere[n] Revolution« – nicht »gegen ein System«, sondern für
ein neues Bewusstsein. Das ist seiner Überzeugung nach nötig,
um »die soziale Bindung zwischen den Argentiniern neu zu
knüpfen, eine hoffnungsfrohe Bindung«. Dieses Bewusstsein darf
jedoch weder etwas mit den Ideologien noch mit dem »lieblosen
und ausbeuterischen« Pragmatismus, wie Bergoglio ihn genannt
hat, noch mit im engeren Sinne administrativen Fragen zu tun
haben, sondern muss im Gegenteil eine »konstante, durch Gesten,

durch die persönliche Annäherung, durch eine typische Prägung geäußerte Überzeugung« sein, »in der sich dieser Wille ausdrückt, die Art, wie wir uns aneinander binden, zu verändern, indem wir voller Hoffnung eine neue Kultur der Begegnung, der Nächstheit formen.« Die »innere Leere« ist es, die die Bande zwischen den Menschen zerreißen lässt.

In diesen Sinne lehnt Bergoglio die »Utopie« nicht als etwas bloß Abstraktes ab, im Gegenteil: er erkennt ihren positiven Gehalt und ihre politische Bedeutung. Er erklärt: »Utopien sind in erster Linie Produkte unserer Fantasie, auf die Zukunft projizierte Konstellationen aus Wünschen und Sehnsüchten.« Die Utopie schöpft ihre Kraft aus der Unzufriedenheit und dem Unbehagen an den bestehenden Verhältnissen, aber auch aus der Überzeugung, dass eine andere Welt möglich ist. Sie ist keine bloße Wirklichkeitsflucht, sondern eine Form, die die Hoffnung in einer konkreten historischen Situation annimmt und die mit einer konkreten Suche nach Mechanismen oder Strategien ihrer Verwirklichung einhergeht. Die Utopie entspringt aus der vernünftigen Ablehnung einer Situation, die man für schlecht, ungerecht, entmenschlichend, entfremdend hält. Die Utopie ist mithin für Bergoglio eine Kritik an der Wirklichkeit, aber auch eine Suche nach neuen Wegen.

Einer der wichtigsten Aspekte von Bergoglios Kritik betrifft die tragische Aushöhlung der Beziehungen und Bindungen. Darin besteht für ihn die eigentliche Tragödie eines Volkes, die in der heutigen Zeit durch die räumliche Entwurzelung der Großstädte begünstigt wird. Die Viertel »explodieren« von innen heraus, wohingegen ein Volk zu sein auch bedeutet, »gemeinsam den Raum [zu] bewohnen«, gemeinsam die Augen zu öffnen für das, was uns in unserem alltäglichen Umfeld umgibt. Das Gefühl, zu einem Raum und zu einer Zeit dazuzugehören, verdunstet. Und für Bergoglio – das hat er oft und in verschiedenen Kontexten gesagt – ist Identität gleichbedeutend mit Zugehörigkeit. Die Brüche des Raums und die Brüche der Zeit im Übergang zwischen Jung und Alt zerstören das Zusammenleben. Als ein Weg, diese Bindungen wiederherzustellen, wird das Fest aufgezeigt, die freien und spontanen Veranstaltungen, das Bild vom Volk, das auf dem Platz zusammenströmt. Doch diese Kultur scheint heute einer Kultur des »Zappings« zu weichen, die das Gegenteil jedweder Verwurzelung ist.

Die Aufgabe, das soziale Gewebe wiederherzustellen, vertraut Bergoglio vor allem den jungen Menschen an, die er, überaus suggestiv, als »Glut der Erinnerung« bezeichnet: Sie nämlich sind in engem Bund mit den Alten, den Hütern der Erinnerung, die das Land gegründet hat, dazu berufen, diese Erinnerung lebendig und brennend zu erhalten und von einer Generation zur nächsten weiterzugeben. Denn die Erinnerung ist »der Reichtum des von unseren Vorfahren gegangenen Weges«, der zum Samen für die Zukunft und zum Ansporn wird, »weiterzugehen«. Sein Diskurs ist nie von der nostalgischen Sehnsucht nach einer verlorenen Vergangenheit bestimmt, sondern ausgerichtet auf einen Horizont der »Berufung als Volk, als Nation«, die man immer vor Augen hat: die Berufung »einer Gesellschaft […], in der alle einen Platz haben: der Geschäftsmann aus Buenos Aires, der Gaucho aus der Küstenregion, der Viehzüchter aus dem Norden, der Handwerker aus dem Nordwesten, der Einheimische und der Einwanderer ... solange keiner von ihnen das Ganze für sich behalten und jeden aus dem Land vertreiben will, der anders ist als er selbst«. Das Volk ist für Bergoglio »ein Ruf, ein Appell, unsere individualistische Insel, den genau abgesteckten Bereich unserer Eigeninteressen, unseren persönlichen Seitenarm zu verlassen und uns in das breite Bett des Hauptstroms zu stürzen, der immer nur vorwärts fließt und in sich das Leben und die Geschichte des weiten Landes vereint, das er durchquert und belebt«.

49

Zu den Medienschaffenden sagt er, dass »all jene Männer und Frauen« von einer einzigartigen Schönheit sind, »die ihre persönliche Berufung mit Liebe leben: im selbstlosen Dienst an der Gemeinschaft oder an der Heimat; in der großzügigen Arbeit für das Glück der Familie oder im mühsamen, verborgenen und uneigennützigen Einsatz für die soziale Freundschaft…«. Und weiter: »Diese Schönheit zu entdecken, zu zeigen und hervorzuheben heißt, die Fundamente einer Kultur der Solidarität und sozialen Freundschaft zu legen«, dank deren in der Gesellschaft für alle Platz ist. Mit Blick auf eine inklusive und geschwisterliche Gesellschaft darf zwischen Solidarität und Exzellenz kein Gegensatz bestehen.

Bergoglios Botschaft ist stark und für alle verständlich: »Wir alle müssen aus unserer jeweiligen Verantwortung heraus *das Heimatland auf unsere Schultern nehmen.*« Dann legt er den Finger noch tiefer in die Wunde: »Übernehmen wir Verantwortung für unsere Verbrechen, unsere Trägheit und unsere Lügen, weil nur die wiedergutmachende Versöhnung uns auferstehen und uns die Angst vor uns selbst verlieren lässt.« In diesen Worten liegt der Schlüssel zu der Haltung, die Papst Franziskus angesichts der inneren Spannungen in den verschiedenen Ländern oder angesichts von Konfliktherden einnimmt, die scheinbar nicht ausgeräumt werden können. Und schließlich der Appell an sein Land: »Steh auf, Argentinien!«

Sankt Kajetan

Der 7. August ist das Fest des heiligen Kajetan von Thiene. An diesem Tag strömen Tausende von Gläubigen in das Stadtrandviertel Liniers zu der Wallfahrtskirche mit der Statue des Heiligen. Sie küssen die Glasscheibe vor der kleinen Nische, in der die

Statue steht, und bitten um »Brot und Arbeit«. Selbst wenn die Zeiten äußerst schwierig waren, hat Bergoglio immer zugunsten der Arbeiter und Arbeitslosen gepredigt. Auch diese Predigten gerieten im religiösen wie staatsbürgerlichen Sinne zu einer Gewissenserforschung für die argentinische Gesellschaft, die durch ein neu entdecktes Verantwortungsbewusstsein – auch aufseiten der politischen Klassen – aufgerüttelt werden sollte.

Bergoglio predigt: »Unser Volk weiß sehr genau, was die Macht und was der Dienst ist. Unser Volk weiß sehr genau, dass es eine religiöse Geste – und ebendeshalb auch eine politische Geste im erhabensten Sinne des Wortes – ist, zum heiligen Kajetan zu kommen, sich dem mächtigen heiligen Kajetan zu Füßen zu werfen. Indem es die Füße des Heiligen berührt, sie mit seinen Tränen wäscht, seine Bitte murmelt und die Vergebung Jesu erfleht, die läutert und Würde verleiht, sagt unser Volk uns allen, dass die Macht, die Jesus dem Heiligen gegeben hat, Dienst ist, dass jede Macht Dienst ist und nicht für etwas anderes benutzt werden darf. Es sagt es schweigend, mit der sanftmütigen und geduldigen Geste dieser nicht enden wollenden Reihe aus müden und vielleicht schmutzigen Füßen, die in den Augen Jesu die schönsten Füße der Welt sind.«

Das Volk kommt zu Fuß und bittet um Arbeit und Brot. Bergoglio weiß, dass die Arbeitslosigkeit den Menschen entmenschlicht, ihn zutiefst in seiner personalen Würde verletzt. Das Recht auf Broterwerb ist für ihn grundlegend: Es zählt zu den größten Demütigungen für einen Menschen, wenn er nicht in der Lage ist, sich sein Brot zu verdienen. Dies ist die schlimmste Form der Ausgrenzung und Demütigung. Der heilige Kajetan wird somit zum Beschützer der Hoffnung.

Bergoglio entfaltet diese reiche Symbolik des Brotes in verschiedenen Kontexten, besonders eindrucksvoll aber in einer seiner Predigten vom 7. August: »Es gibt ein Brot, das Festbrot ist,

ein Brot, das Frucht und Lohn der Arbeit, Freude der Tischgemeinschaft ist. Doch Brot ist auch das Brot, das auf dem Weg zur
Arbeit verzehrt wird und Kraft gibt für die mühsame Aufgabe.
Das ist das Brot, das wir heute suchen: das Brot, das stärkt. Das
Brot, das Energie gibt. Das Brot, das uns Lust macht zu arbeiten
und zu kämpfen. Das Brot, das man unterwegs mit den Gefährten
teilt. Jenes Brötchen, das man während der Arbeit isst und das uns
hilft, den Tag bis zu Ende durchzustehen. Das ist das Brot, das wir
unseren Jugendlichen hinterlassen wollen, weil sie unsere Hoffnung sind; das Brot der Arbeit, das uns die Würde wiedergibt und
uns vorwärtstreibt! Dieses Brot gibt uns ein schönes Bild für die
Eucharistie: das Bild des *Viaticums*, das heißt der ›Wegzehrung‹.
Sie ist wie das Brötchen, das man in die Tasche packt, Unterpfand
der Liebe der Familie, sie ist die Wärme unseres Zuhauses, die bis
an unseren Arbeitsplatz reicht, wenn wir einen haben, oder bis an
die Orte, an denen wir nach Arbeit suchen.«

Luján

Die Wallfahrtskirche von Luján ist eine zentrale Stätte der argen-
tinischen Marienverehrung. Sie wurzelt in einer Geschichte. Um
das Jahr 1630 herum lief eine Karavelle in den Hafen von Buenos
Aires ein, deren Kapitän zwei kleine Muttergottesstatuen aus
Terrakotta mit sich führte: eine Maria vom Trost und eine Unbe-
fleckte Empfängnis. Die Statuetten waren für einen Portugiesen
bestimmt, der in Sumampa wohnte. Nach drei Tagen kam die
Karawane, die den Weg nach Tucumán genommen hatte, an den
Fluss Luján, wo man die Nacht verbrachte. Am darauffolgenden
Tag rührten sich die Zugochsen nicht vom Fleck. Erst als man
das Kistchen mit der 58 Zentimeter großen Statuette der Unbe-
fleckten Empfängnis zurückließ, waren sie zum Weitergehen zu

bewegen. So verblieb die Statue an jenem Ort in der stillen Weite der Pampa, weil die Beteiligten in jenem Ereignis ein wundersames Zeichen sahen und beschlossen, das Bild der Gottesmutter nicht über den Fluss zu bringen. Einer der Männer in der Karawane war ein Knecht namens Manuel; er wurde zum Hüter des heiligen Bildes bestimmt und war bis zu seinem Tod ausschließlich dafür verantwortlich.

Nach einigem Hin und Her wurde 1890 an jenem Ort die erste Wallfahrtskirche zur Gottesmutter von Luján, der späteren Patronin Argentiniens, errichtet. Im Inneren des neugotischen Bauwerks befinden sich 15 Altäre, und in den Nischen der über hundert Meter hohen Vordertürme stehen die Statuen von 16 Aposteln. Jahr für Jahr strömen etwa vier Millionen Pilger aus allen Teilen Argentiniens und Lateinamerikas hierher. Leo XIII. hat das Fest »Unserer Lieben Frau von Luján« auf den Samstag vor dem vierten Sonntag nach Ostern gelegt. 1930 wurde die Kirche von Pius IX. zur Basilika erhoben. Am 8. Dezember wird die Statue der Jungfrau aus der Basilika heraus- und über die Hauptstraßen von Luján getragen.

Warum pilgert man zur Muttergottes von Luján? Bergoglio sagt: »Wir brauchen ihren zärtlichen, ihren mütterlichen Blick, der den Schleier von unserer Seele nimmt.« In seinen Predigten, die sich auf diesen Wallfahrtsort beziehen, ist Maria Vorbild für ein christliches Leben, vor allem aber ist sie eine Mutter mit offenen Armen: »Vieles in unserem Leben bedrückt uns, doch wir wissen, dass sie hier auf uns wartet, dass sie uns aufnimmt, ohne zu fragen, wozu wir gekommen sind. Sie weiß, dass wir uns auf den Weg gemacht haben, weil wir diese Begegnung brauchen. Sie weiß auch, dass wir einen weiten Weg zurücklegen, um einander anzusehen und einander zu begegnen, um geschwisterlicher miteinander umzugehen.«

Maria ist also eine Präsenz, die das Volk vereint und ihm den

Wunsch ins Herz legt, sich gegenseitig zu helfen und solidarisch zu sein. Marias offene Arme sind für Bergoglio ein Anlass, das Volk zum Gebet einzuladen: »Mutter, wir wollen ein Volk sein«; »Mutter, wir müssen als Brüder leben« und: »Deshalb bitten wir dich, Mutter, um die Gnade, uns umeinander kümmern zu können, denn wir alle, Mutter, sind deine leiblichen Kinder.« So wird die Wallfahrtskirche zum »Haus aller«, zum »Haus der Argentinier«, zum lebendigen Symbol einer Einheit. Luján ist »ein Zeichen für unser Heimatland: Alle haben Platz, alle teilen die Hoffnung, und alle werden als Kinder anerkannt«.

Luján wird also zu dem Ort an dem ein inklusives Heimatland gefeiert wird, das von Maria die Fähigkeit des Aufnehmens übernimmt und ein mütterliches Zuhause, eine »Heimat für alle«, ohne Ausgrenzung bietet.

Chrisammessen

Zuweilen sind Bergoglios Predigten Einladungen zum Gebet. Die allererste Predigt in diesem Band wurde in einer Chrisammesse gehalten. Was ist das für eine Messe? Die Chrisammesse ist die Eucharistiefeier, die, mit dem Bischof als Hauptzelebranten, am Gründonnerstagmorgen in der Kathedrale gefeiert wird. Bei dieser Gelegenheit ist der Großteil des Diözesanklerus anwesend, denn die Chrisammesse symbolisiert die Einheit der um ihren Bischof versammelten Ortskirche. Nach der Predigt des Bischofs erneuern die Priester ihre Versprechen, die sie am Tag ihrer Priesterweihe abgelegt haben. Der Bischof weiht die heiligen Öle – Chrisam, Katechumenenöl und Krankenöl –, die sodann das gesamte Kirchenjahr hindurch bei der Feier der Sakramente Verwendung finden: Taufe, Firmung, Priester- und Bischofsweihe und Krankensalbung.

Es handelt sich mithin um einen zentralen Moment im Leben der Ortskirche. Und so mahnte Erzbischof Bergoglio 1999: »Wir beten zum Vater, dass er uns salben möge, damit wir voll und ganz seine Kinder sind. Dass seine barmherzigen Vaterhände uns berühren und die Wunden heilen, die wir uns als verlorene Söhne zugezogen haben. Dass die Liebe, die still und geduldig aus seinem Herzen strömt, sich über die Gesamtheit seines Volkes – die Kirche – ergießt, uns zu Brüdern und Schwestern macht und allen Groll und alle Zwietracht restlos ausräumt.« Hinter dieser Bitte stehen die Vorstellung von der Kirche als einem »Feldlazarett«, über die er in dem Interview gesprochen hat, das er mir im August 2013 gewährt hat, und ein festes Vertrauen auf die Barmherzigkeit. Außerdem hat er bei der Chrisammesse 1999 Folgendes gesagt: »Als er das ›geschundene und verherrlichte‹ Fleisch seines geliebten Sohnes salbte, hat Gott unser Vater all unsere Leiden und all unsere Freuden gesalbt. Deshalb müssen unsere mit Chrisam gesalbten Hände unserem gläubigen Volk nahe sein; es müssen Hände sein, die die Salbung des Vaters an seinem Fleisch spürbar werden lassen: vor allem dort, wo dieses Fleisch – das unser Fleisch ist! – Hunger und Durst leidet, krank und verwundet ist, im Gefängnis für seine Verfehlungen büßt, nichts anzuziehen hat und von der Bitterkeit der Einsamkeit zerfressen wird, die aus der Missachtung entsteht.«

In diesem Zusammenhang verwendet Bergoglio das Bild von der »Karawane«, das er später, als Papst, in seinem Apostolischen Schreiben *Evangelii gaudium* wieder aufgreifen wird (vgl. EG 87): »Gott begibt sich in diese menschliche Karawane hinein, begibt sich auf diesen Weg und geht mit uns, und Gott begibt sich in die Spalten unseres Daseins hinein, ist einer von uns.« In diesem Sinne ist die mit dem heiligen Chrisam gesalbte Person dazu berufen, »an der Seite jeder menschlichen Beschränkung, jeder menschlichen Freude, jeder menschlichen Not« zu gehen«. Die

Salbung bewirkt also keine bewahrende Absonderung und Überhebung, sondern drängt den Gesalbten im Gegenteil zur Mission und hinaus auf die staubigen Straßen.

Oder, um es mit Bergoglios eigenen, suggestiven Worten auf den Punkt zu bringen:»Innerlich muss der Priester sein wie das Öl in der Flasche, wie das Feuer der Fackel, wie der Wind in den Segeln, wie die Krume im Brot«.

Fronleichnam

Vorherrschendes Motiv seiner Fronleichnamspredigten ist die Freigebigkeit Gottes und die Unverhältnismäßigkeit seiner Hingabe. Das Wunder der Brotvermehrung ist keine »Zauberei«, sondern Jesus selbst, der sich ohne Maß bricht und vervielfacht. Jesus erweist seine Allmacht »an Broten und Fischen«: »An diesen demütigen Dingen erweist der Herr seine Allmacht.« Und seine unverhältnismäßigen Gesten vollführt er nicht mit dem Zauberstab, sondern mit seinen Händen. Aus ihnen nehmen wir das warme Brot entgegen. Deshalb soll, so Bergoglio, »die Wärme des gewandelten Brotes uns in den Händen brennen und den tatkräftigen Wunsch in uns wecken, ein so großes Geschenk mit all jenen zu teilen, die nach Brot, nach Gerechtigkeit und nach Gott hungern«. Auf diese Weise werden unsere Hände die Unverhältnismäßigkeit Gottes erfahren.

Dieses Unmaß manifestiert sich auch in der »liebevolle[n] Zerbrechlichkeit der Eucharistie«, das heißt in der Tatsache, dass die Eucharistie geteilt wird oder, besser, »›sich in Stücke bricht‹…, Brotstücke, und sich hingibt«. Hierzu bemerkt Bergoglio: »Wie merkwürdig! Dabei ist es doch gerade das, wovor wir uns am meisten fürchten: dass unser gesellschaftliches oder auch unser inneres Leben in die Brüche geht. Bei Jesus dagegen wird ebendies – dass er sich in der Gestalt des mürben Brotes zerbricht – zu einer denkbar lebendigen, einheitsstiftenden Geste. Er muss zerbrechen, um sich ganz hinzuschenken! In der Eucharistie ist Zerbrechlichkeit Stärke. Stärke der Liebe, die schwach wird, damit wir sie empfangen können. Stärke der Liebe, die zerbricht, um zu nähren und Leben zu schenken. Stärke der Liebe, die sich in Stücke reißt, um solidarisch geteilt zu werden.«

Der »Hunger« der Menschen nach Jesus wird gedeutet und genommen, wie er ist. Und vor allem wird er anerkannt, ohne dieser Anerkennung legalistische Hindernisse in den Weg zu legen: »Die Leute folgen Jesus. Auch wenn es nicht immer zu den Feiern kommt, zu denen die Kirche einlädt, weil die heidnische Kultur, die uns erobert, dazu neigt, unsere Traditionen abzuwerten, und sie zu ersetzen sucht, hört das gläubige Volk Gottes dennoch nach wie vor auf die Stimme seines Guten Hirten und folgt ihm. Ich stelle mir gerne vor, dass die Bitten um Brot, Arbeit, Gesundheit … und die Versprechen, mit denen die Leute vor den Herrn hintreten, nicht nur echte Bedürfnisse, sondern darüber hinaus wie ein willkommener Vorwand sind, den unsere Leute benutzen, um Jesus nahe zu sein. Das gläubige Volk Gottes sehnt sich noch immer mit echtem Hunger nach dem, der sein Lebensbrot ist.«

Ordensleute, Katecheten, Pädagogen

Schlüsselthemen von Bergoglios Ansprachen und Predigten sind Bildung und Erziehung, und diese Themen sind in eine breit angelegte Sicht auf Gesellschaft eingebettet. »Wir brauchen eine Erziehung, die die Strukturen der Zivilgesellschaft (zivil im Sinne von zivilisiert oder im Sinne von bürgerlich) stärkt. Die Erziehung muss ein Ort der Begegnung und des gemeinsamen Engagements sein, wo wir lernen, Gesellschaft zu sein, wo die Gesellschaft lernt, solidarische Gesellschaft zu sein. Wir müssen neue Formen erlernen, die Stadt der Menschen zu bauen.« Das ist der Kern seiner Lehre: Bildung ist darauf ausgerichtet, eine solidarische Gesellschaft, die »Stadt der Menschen« entstehen zu lassen. Und Bildung ist keine Technik, sondern eine generative Fruchtbarkeit.

Auch die Gottgeweihten und Ordensleute in der Kirche sind zur Fruchtbarkeit und nicht dazu berufen, »ohne Kinder« zu sein. Bemerkenswert ist die direkte Verbindung zwischen dem geweihten Leben und der Fruchtbarkeit. Die Tragödie besteht für Bergoglio darin, dass es Ordensleute gibt, die über ihren Familienstand, nämlich die Ehe- und Kinderlosigkeit (einmal hat er sogar von »Junggesellen« gesprochen) definiert werden. Diese Auffassung ist seit seiner Zeit als Jesuitenpater und Provinzial in Bergoglio herangereift, wie man leicht erkennt, wenn man seine damaligen Schriften liest.

Die Ansprachen an die Pädagogen sind ein ganz eigener – und der umfangreichste – Teil von Bergoglios Schriften. Und am Ende begreift man, dass eben hier sein eigentliches Interesse liegt: in der Erziehung. Er ist davon überzeugt, dass »jeden Tag, jeden Morgen, wenn ein Lehrer seinem Schüler begegnet, eine Geschichte beginnt«. Zu den Pädagogen und Katecheten spricht er unverhüllt über seine Ängste. Weshalb? Weil Bergoglio den Drang verspürt, eine Welt aufzubauen, die Welt zu einem besseren Platz zu machen. Der Lehrende lehrt mit dem Herzen, er »verkauft« kein Wissen, sondern übermittelt erlebtes Leben. Dieser Bildungspakt besteht im Wesentlichen in einem familiären Blick: Bergoglio spricht vom Blick eines Vaters und einer Mutter, eines Bruders und einer Schwester. Dieser Blick vermittelt dem Herzen eines Kindes oder eines Jugendlichen die »Wärme eines Herzens […], das durch die Erinnerung, durch den

Kampf, durch den Fehler, durch die Gnade, durch die Sünde gereift ist«. Wenn dieser Blick stark und ausdauernd ist, dann kann es zwar durchaus geschehen, dass der junge Mensch in seinem Leben Leid erfährt, doch dann wird er in Krisenzeiten nicht die Fassung, nicht den »Norden«, nicht die Orientierung verlieren. Dieser Blick kann auch helfen, die Fragen der Jüngsten zu »entdecken«, zu »erwägen« und zu »erahnen«, die ihre Bedürfnisse und ihre Fragen zuweilen nicht mit letzter Klarheit zu artikulieren vermögen. Man darf nie auf Fragen antworten, die sich niemand stellt: Das ist ein grundlegendes Kriterium der pädagogischen wie auch der pastoralen Arbeit. In diesem Sinne darf die Katechese niemals das Risiko eingehen, »fade Dogmatik, frustrierende Vermittlung moralischer Normen« zu werden.

Diesem offenen und weitgefassten Ansatz entspricht eine inklusive Vorstellung von der »Wahrheit«. In einem wahrhaft erleuchteten Abschnitt erklärt er, an die Pädagogen gewandt: »Wir müssen uns einem immer inklusiveren und weniger restriktiven Wahrheitsbegriff annähern – zumindest dann, wenn wir an die Wahrheit Gottes und nicht an irgendeine menschliche Wahrheit denken, so tragfähig sie uns auch erscheinen mag. Die Wahrheit Gottes ist unerschöpflich; sie ist ein Ozean, den wir nicht überschauen: Wir sehen nur die Ausläufer seiner Wellen, die an unsere Küste branden. Das, was wir jetzt, in unserem zeitlichen Dasein, von Gottes Wahrheit erkennen, ist bloß ein Anfang – also verbeißen wir uns nicht in eine geradezu paranoide Verteidigung unserer Wahrheit (wenn ich sie habe, hat er sie nicht; wenn er sie haben kann, dann habe ich sie nicht). Die Wahrheit ist und bleibt ein großes Geschenk, und ebendeshalb lässt sie uns größer und weiter werden und hebt uns empor. Und sie macht uns zu Dienern dieses Geschenks. Was uns nicht in den Relativismus, sondern zu einem immer tieferen Verständnis dieser für uns verbindlichen Wahrheit führt.«

Einen »aufgesprühten Theismus« verachtet Bergoglio ebenso sehr wie überhaupt jede Form von abstraktem Spiritualismus; die Spiritualität, die er fordert, ist inkarniert und bodenständig. Er äußert sich sogar geringschätzig über eine in gewissen kirchlichen Kreisen vertretene Spielart des »spirituellen Elitismus, der alle Weisheit zunichtemacht« und an dessen Anfang »die Verneinung der grundlegenden Wahrheit unseres Glaubens« steht: »Das Wort ist im Fleisch gekommen.«

Nur ein gesunder – auch katechetischer – Bildungsprozess kann also helfen, einen Christen zu formen, der einen ernsthaften Beitrag zur Gesellschaft zu leisten vermag. Wie Bergoglio gesagt hat: »Häufiger, als uns lieb ist, haben wir Christen die göttlichen Tugenden zum Vorwand genommen, um es uns in einer armseligen Karikatur der Transzendenz gemütlich zu machen und uns auszuruhen von der mühseligen Arbeit auf der Baustelle der Welt, in der wir leben und wo sich unser Heil entscheidet. Doch Glaube, Hoffnung und Liebe sind per definitionem Grundhaltungen, die einen Sprung bewirken, eine Ekstase: ein ›Außer-sich-Geraten‹ des Menschen auf Gott zu. Sie sind im wahrsten Sinne des Wortes transzendent, weil sie uns aus uns heraus- und über uns hinausgehen lassen. Und in ihrer Bezogenheit auf Gott sind sie so leuchtend rein und wahr, dass sie uns blenden können. Dann aber kann es geschehen, dass wir, geblendet von dem, was wir betrachten, vergessen, dass ebendiese Tugenden sich auf eine ganz und gar menschliche Wirklichkeit gründen, weil das Subjekt, das auf diese Weise seinen Weg zum Göttlichen findet, menschlich ist. Geblendet taumeln wir ohne Plan und Richtung vor uns hin, bis wir uns den Kopf anstoßen.«

Unmöglich daher, in Bergoglios Predigten die christliche Hoffnung mit einer »geistliche[n] Tröstung« zu verwechseln: einer »Ablenkung von den ernsten Aufgaben, die unsere ganze Aufmerksamkeit beanspruchen«. Die christliche Hoffnung ist eine Dynamik, »die uns von jedem Determinismus befreit und alle Hindernisse aus dem Weg räumt, damit wir eine Welt der Freiheit errichten: damit wir unsere Geschichte von den sattsam bekannten Ketten des Egoismus, der Trägheit und der Ungerechtigkeit befreien, in denen sie sich immer wieder so leicht verstrickt«. Das sind elementare Worte, um die *mens* von Papst Franziskus zu verstehen. Aus ihnen erwächst der Appell an die Pädagogen, »kühn und kreativ« zu sein. Das heißt nicht, sich bloß »einer widrigen Realität entgegenzustemmen«, und ebenso wenig, zu fundamentalistischen Vollstreckern rigider Planungsmodelle zu werden. Der Appell geht auf die Kreativität, darauf, »mitten in die Geschichte hinein den Grundstein für ein neues Gebäude [zu] legen«, Fantasie und Seele auszudrücken. Denn die Kreativität ist der »Ausdruck einer aktiven Hoffnung«, weil sie von dem, was da ist, von der Wirklichkeit ausgeht und einen Weg findet, »wie von dort aus etwas Neues werden kann«.

Aus dieser Sichtweise erwächst eine Vorstellung von Reife – für Pädagogen ein wichtiges Thema –, die nichts mehr mit Anpassung zu tun hat. »Jesus selbst«, erklärt Bergoglio provozierend, »galt vielen seiner Zeitgenossen als der Unangepasste – und damit Unreife – schlechthin.« Ohne ein Loblied auf die Anarchie anzustimmen, erklärt Bergoglio jedoch: »Wenn die Reife nichts anderes wäre als Anpassung, dann bestünde unsere pädagogische Aufgabe darin, die Kinder, diese ›anarchischen Geschöpfe‹, an die guten Normen der Gesellschaft ›anzupassen‹, wie auch immer diese beschaffen sein mögen. Um welchen Preis? Um den Preis einer geknebelten und unterdrückten Subjektivität. Oder, schlimmer noch, um den Preis einer geraubten Freiheit, obwohl doch die Freiheit das ureigene und heiligste Gut jedes Menschen ist.«

Reife bedeutet also viel mehr als die Anpassung an ein gegebenes Modell. Sie impliziert die Fähigkeit, in der je besonderen

Situation, in der man sich befindet, persönlich Stellung zu beziehen. Das ist der Sinn der pädagogischen Aufgabe als Übung der Unterscheidung und der Freiheit. Mithin gilt es, jedwede Auffassung von »Disziplin« als einer »Verstümmelung der Sehnsucht« zu vermeiden. Bergoglio schreibt weiter: »Ein ›unruhiges‹ Kind ist […] ein Kind, das für die Signale der Welt und der Gesellschaft empfänglich ist; das sich auf die Krisen einlässt, die das Leben mit sich bringt; das sich gegen Grenzen auflehnt, sie aber andererseits, wenn sie gerecht sind, auch fordert und (widerstrebend) akzeptiert. Ein Kind, das sich nicht den kulturellen Klischees der mondänen Gesellschaft anpasst; ein Kind, das das Diskutieren lernen will…« Man muss diese Unruhe also »lesen« und wertschätzen, weil alle Systeme, die den Menschen »ruhigzustellen« versuchen, schädlich sind und auf die eine oder andere Weise in den »existenziellen Quietismus« führen.

Eine Sonderform der Anarchie und Unruhe ist die, die Bergoglio dem Kind zuschreibt. Sie aber ist, so scheint es, Erziehung des Erziehers! Die Lebhaftigkeit eines Kindes ist in erster Linie eine Herausforderung, an der sich die Fähigkeit des Pädagogen oder Erziehungsberechtigten misst, aus allzu starren Schemata auszubrechen: »Haben wir ein Herz, das offen genug ist, um uns Tag für Tag von der Kreativität eines Kindes, von den Hoffnungen eines Kindes überraschen zu lassen? Lasse ich mich von den Einfällen eines Kindes überraschen? Lasse ich mich von der Durchschaubarkeit eines Kindes überraschen? Lasse ich mich auch von den tausend Streichen eines Kindes, dieser unsäglichen ›Clowns‹ in unseren Klassen überraschen? Habe ich ein offenes Herz, oder ist es schon abgesperrt und verschlossen in einer Art Museum der bewährten Kenntnisse und bewährten Methoden, wo alles perfekt ist und die ich durchsetzen muss, ohne dass ich auch etwas annehmen darf? Habe ich als Pädagoge ein aufnahmebereites und *demütiges* Herz, um die Frische eines Kindes zu sehen? Wenn ich das nicht habe, dann kann mir etwas sehr Schlimmes passieren: dass mein Herz ranzig wird. Und wenn das Herz eines Elternteils, eines Erziehers ranzig wird, dann steht das Kind da mit seinen fünf Broten und zwei Fischen und weiß nicht, wem es sie geben soll, dann zerschlagen sich seine Träume und zerschlägt sich seine Solidarität.«

Weihnachten

Es ist hochinteressant, den Weg nachzuvollziehen, den Bergoglio im Laufe der Jahre von einem Weihnachtsfest zum nächsten zurückgelegt hat. Die Betrachtung von Weihnachten hat seine Sensibilität mit der Zeit erheblich verfeinert und ihn zu der Erkenntnis geführt, dass Gott, die Mitte des Universums und der Herr der Geschichte, irgendwo an der Peripherie des römischen Weltreichs in aller Stille und umhüllt von einem »verborgenen Licht« Kind geworden ist. Dieses Licht ist – wie John Henry Newman sagen würde – *kindly light*, »freundliches Licht«. Es ist kein grelles, blendendes Licht, sondern ein Licht, das sich behutsam nähert wie das Licht einer Fackel, die unseren Weg erhellt. Licht heißt für Bergoglio nicht in erster Linie statische Kontemplation, sondern Weg: Das Licht ist Hilfe auf dem Weg. Das heißt, dass die Kraft der Krippe darin besteht, dass sie einen Prozess in Gang setzt, einen Weg beginnt. Für Bergoglio ist das Weihnachtsgeheimnis zuinnerst dynamisch: Es weckt das abgestumpfte Gewissen, erschüttert den Geist und setzt uns in Bewegung: als Pilger mit dem unverbrüchlichen Glauben von Menschen, die ihr Gewissen nicht verkaufen. Wer vermag sich vom Licht hervorbringen zu lassen? Es sind die Einfachen, die Gläubigen, die dieses Licht empfangen: die Hirten, die Sterndeuter, Elisabet, Zacharias, Simeon, Hanna, Josef, Maria. Sie alle werden im scheinbaren Halbdunkel eines gewöhnlichen Lebens vom Licht gerufen. Es ist, als würde uns gesagt: Wenn du an ein Leben im Scheinwerferlicht glaubst, an ein Leben, das vom Erfolg oder von einer Wahrheit angestrahlt wird, die du zu besitzen glaubst, dann kann das verborgene Licht der Weihnacht dich nicht berühren. Viele Dinge zerfallen vor der Krippe zu Staub, obwohl sie in unseren Augen einen hellen Glanz hatten oder wichtig und tragfähig waren. Doch bisweilen ist ihr Glitzern nur ein Irrlicht auf dem Sumpf unserer Ambitionen. Nur die »Mittelklasse der Heiligkeit«, um es mit dem von Papst Franziskus so geliebten Schriftsteller Joseph Malègue zu sagen, ist in der Lage, sich von diesem weihnachtlichen Licht und seiner neu belebenden Kraft erreichen zu lassen. Vor der beinahe alltäglichen Einfachheit der Krippe wird die Herrlichkeit erfahrbar.

Die weihnachtlichen Gedanken von Jorge Mario Bergoglio sind nicht einmal ansatzweise »idealisierend« oder »märchenhaft«, sondern stets extrem realistisch. Die Zärtlichkeit von Weihnachten hat nichts mit infantilen Bilderwelten oder Kinderliedern zu tun. Für den Papst ist Betlehem der Ort eines denkbar konkreten Dienstes, wo Maria, Josef und wir alle, die wir hinsehen, berufen sind, Gott zu dienen und ihn in den Menschen zu umsorgen, die im gewöhnlichen und zuweilen beengten Raum der alltäglichen Dinge an unserer Seite sind. Das jesuitische Motto ist dem Papst lieb und teuer: »Nicht begrenzt werden vom Größten und dennoch einbeschlossen im Kleinsten, das ist göttlich.« Und die Wurzel dieses Mottos ist kein anderer als der Sohn Gottes, als der sich Größeres nicht denken lässt und der doch ein kleines Kind geworden ist. Im Horizont des Gottesreichs kann das winzig Kleine unendlich groß und die Grenzenlosigkeit ein Käfig sein. Dies scheint paradox, doch nicht für Gott, der Fleisch geworden ist. Der große Plan wird in der unauffälligsten Geste, im kleinsten Schritt verwirklicht: Gott ist in dem verborgen, was klein ist, und in dem, was wächst, auch wenn wir ihn nicht sehen können.

Ostern

»Er, der ist, ehe Abraham ward, er, der unser Nächster und Weggefährte werden wollte, der barmherzige Samariter, der uns am Wegrand aufliest, wenn das Leben und unsere schwache Freiheit uns zu Boden geworfen haben, er, der gestorben ist und begraben und dessen Grab versiegelt wurde: Er ist auferstanden und lebt auf ewig.« Das ist die Osterbotschaft, wie sie der damalige Erzbischof von Buenos Aires Jorge Mario Bergoglio am 22. April 2000 in der Osternacht in seiner Kathedrale verkündete.

Seine Botschaft ist von Grund auf österlich: Sie stellt sich der Geschichte und ihrer Last an Leiden, Tod und Schmerz und entwirft eine Lesart im Licht der Auferstehung Christi. Sie scheut sich nicht, sich den zahllosen »Gräbern« der Geschichte und des menschlichen Geistes zu nähern, damit in ihnen die Botschaft widerhallt, dass der Tod überwunden ist. Wie schon erwähnt, muss die Predigt – jede Predigt – immer auf die eine oder andere Weise mit der christlichen Verkündigung, dem *Kérygma*, beginnen. Alles andere kommt später. Sodann liegt das Augenmerk seiner Osterverkündigung auf den Ereignissen der Osternacht.

Das erste zentrale Element in der Szenerie der Berichte vom Tod und von der Auferstehung Christi ist der Stein, der das Grab des toten Christus bedeckt und verschließt. »Es war ein sehr großer Stein«, erinnert der Papst. »Während ich dem Evangelium zuhörte, habe ich an die Jahrhunderte der Geschichte gedacht, die wir heute hier in den Lesungen aus der Heilsgeschichte nacherlebt haben, der Heilsgeschichte des jüdischen Volkes, des Gottesvolkes … all diese Jahrhunderte der Geschichte zerschellen

65

und scheitern an einem Stein, den, wie es scheint, niemand ver-
rücken kann. All die Verheißungen der Propheten, die Träume,
die Hoffnungen enden hier, zerschlagen an einem Stein.«

Der Stein sorgt für eine versiegelte Atmosphäre und nimmt
den Heilssehnsüchten, die das Leben und die Verkündigung Jesu
in den entsperrten Herzen geweckt und hervorgerufen hatten,
die Luft zum Atmen. An diesem Punkt fragt sich Bergoglio: Wie
oft in unserem christlichen Leben stehen wir mit einem Mal vor
der Frage, wer uns diesen Felsblock wegwälzen wird, der »uns
nicht fliegen«, uns »nicht wir selbst sein« lässt. Der Felsen vor
dem Grab nimmt im Denken des Papstes alle negativen Eigenschaften dessen an, was wie ein Stein auf unserem Leben lastet
und uns daran hindert zu leben und uns dem Dasein zu öffnen;
aber er ist auch ein Symbol für die Fehlschläge der Geschichte,
des Weges der Menschheit durch die Zeit.

Der entsetzliche Kreuzestod Christi wird von einem Erdbeben
begleitet, das für Bergoglio das zweite große Element der österlichen Szenerie darstellt. In ihm nimmt der Schrei der Menschheit
Gestalt an. Wir können uns das Bild *Der Schrei* des norwegischen
Malers Edvard Munch vorstellen, doch wir können uns auch den
Schrei vorstellen, der aus den vielen »Peripherien« der Menschheit
aufsteigt, die zu bestätigen scheinen, dass Gott tot und dass nichts
mehr zu machen ist. Und doch ist gerade dies »das schüchterne
Glaubensbekenntnis der Soldaten, die Trauer derer, die Jesus
geliebt hatten, und eine schwache Hoffnung … eine Art Glut, die
unter der Asche im Innersten der Seele weiterglimmt«. Selbst in
diesem höllischen Schrei verbirgt sich, schüchtern und unter der
Asche, die Glut von etwas anderem, die Glut einer Möglichkeit.
Hierin liegt eine grundlegende Einsicht: Der Herr wirkt in jeder
Situation unseres Daseins. Auch in der größten Trost- und Hoffnungslosigkeit. Er wirkt zuweilen unmerklich, aber er kann
wirken und unter der grauen Asche rote, heiße Glut »nähren«.

Und dann bebt, als der Samstag vorüber ist, zum zweiten Mal die Erde, und dieses Erdbeben geht einher mit dem Kundwerden der Auferstehung: Ein Engel des Herrn wälzt den Stein zur Seite und setzt sich darauf und die Wachen fallen wie tot zu Boden (Mt 28,1–4). Bergoglio kommentiert: »Zwei Erdbeben, zwei Erschütterungen der Erde, des Himmels und der Herzen.« Und: »Mit einem ›Fürchtet euch nicht‹ zerstört Jesus die Illusion des ersten Erdbebens, das ein Triumph des Hochmuts gewesen war. Das ›Fürchtet euch nicht‹ Jesu dagegen ist die sanfte Verkündigung des eigentlichen, des wahren Triumphs, eine Verkündigung, die durch die Jahrhunderte hindurch von Stimme zu Stimme, von Glauben zu Glauben weitergegeben wird.« Die Stimme des Herrn erklingt also »inmitten aller persönlichen, kulturellen und sozialen Erdbeben, inmitten aller trügerischen Erdbeben der Selbstgerechtigkeit und Arroganz, des Stolzes und des Hochmuts, inmitten aller Erdbeben unserer eigenen Sünde«. Inmitten all dessen muss man sich entscheiden, der Stimme des Herrn zu lauschen. Das Erdbeben wird zum Symbol einer tiefen Erschütterung: Erst setzt es einen menschlichen Angstschrei frei, dann gibt es dem Herrn Gelegenheit, überall die Stimme seiner Gegenwart erklingen zu lassen.

Danach gerät in der Osterszenerie alles in Bewegung. Die Frauen eilen, um die Nachricht zu überbringen, und stoßen auf Jesus. Die Szene der Auferstehung steht nicht für die statische Kontemplation eines Geheimnisses, das sich einmal vor langer Zeit zugetragen hat, sondern ist ein Impuls, der die durch den Grabstein blockierte Geschichte wieder in Gang setzt. Das Erdbeben, der Schrei, der fortgewälzte Stein, die wie tot daliegenden Soldaten, Petrus, der läuft, der Engel, der kommt... Die Begegnung mit Gott ist immer ein geschichtliches Geheimnis, Teil der Dynamik der Ereignisse, und verleiht Leibern neue Energie und zuweilen sogar Beschleunigung, sodass sie die ihnen innewohnende Kraft und die Fähigkeit wiederfinden, lebhaft zu reagieren.

Aus diesem österlichen Erdbeben lässt sich eine unterschwellige Dringlichkeit ableiten, die Bergoglios Worten zugrunde liegt. Bei einem Katechetentreffen hat er einmal gesagt: »Die Zeit drängt. Wir haben nicht das Recht, uns die Seele zu streicheln. Uns in unser stilles Kämmerlein, in das Klein-Klein unseres Lebens zurückzuziehen.« Man muss die Kraft von Ostern verkünden. Wem? Seine Antwort: »Wir müssen es ›Doña Rosa‹ erzählen, die gerade auf dem Balkon steht. Wir müssen es den Kindern erzählen. Wir müssen es denen erzählen, die keine Träume mehr haben, und denen, denen alles gleichgültig, für die alles Tangomusik, alles ›Cambalache‹ ist. Wir müssen es der koketten Dicken erzählen, die ewiges Leben mit ewiger Jugend verwechselt und sich die Falten straffen lässt. Wir müssen es den jungen Leuten erzählen, denen man ansieht – wie dem dort auf dem Balkon –, dass wir heute alle ›in einen Topf‹ geworfen werden sollen.«

* * *

Der italienische Originalband endet mit einer Predigt, die vom 28. März 2013 datiert. Am 13. März, zwei Wochen vor diesem Datum, wurde Jorge Mario Kardinal Bergoglio zum Papst gewählt. Weil er fest damit gerechnet hatte, zurückzukommen, hatte er vor seinem Abflug nach Rom den Predigttext für die Chrisammesse in jenem Jahr verfasst, um bei seiner Heimkehr vorbereitet zu sein. Es handelt sich also um ein kostbares Dokument, das – jenseits aller Vorhersehbarkeiten – einen wichtigen Übergang bezeugt. In jener Predigt hatte Kardinal Bergoglio geschrieben: »Das kostbare Öl, das Aarons Kopf salbt, beschränkt sich nicht darauf, ihn selbst wohlriechend zu machen, sondern fließt hinab und erreicht die Peripherien. Der Herr wird dies mit aller Deutlichkeit sagen: Seine Salbung ist für die Armen, für die Gefangenen, für die Kranken, für die, die traurig und einsam sind. Das Salböl ist nicht dazu da, uns selbst wohlriechend zu machen, und schon gar nicht dazu, dass wir es in einer Flasche aufbewahren, denn dann könnte uns das Öl ranzig werden … und das Herz bitter.« Worte, die Papst Franziskus von den ersten Tagen seines Pontifikats an wiederholt und mit starken Gesten, aber auch mit Worten umgesetzt hat, die während seiner Jahre als Bischof in Buenos Aires geformt, erwärmt und wirksam und eindringlich gemacht worden sind.

1 Antonio Spadaro SJ, *Das Interview mit Papst Franziskus*, hg. v. Andreas R. Batlogg SJ, Freiburg i. Br.: Herder 2013, S. 51–52.

69

Anmerkung des italienischen Übersetzers

Giuseppe Romano

Die gesammelten Predigten, Ansprachen, Botschaften und Briefe, die Jorge Mario Bergoglio während seiner Dienstzeit als Erzbischof in der Stadt Buenos Aires verfasst und gehalten hat, versorgen uns auch in sprachlicher Hinsicht mit nützlichen Hintergrundinformationen, die uns begreifen helfen, »woher sie kommt«: diese außergewöhnliche Fähigkeit von Papst Franziskus, jeden, den er vor sich hat, dort abzuholen, wo er gerade steht.

Die Sprache selbst liefert uns präzise Hinweise: die Vielfalt der Töne, der Register und der je nach Publikum benutzten Begriffe ist ausgeprägt, zumal sie sich von Jahr zu Jahr pünktlich erneuert. Gerade die wiederkehrenden Anlässe vermitteln einen Eindruck davon, dass dem Erzbischof von Buenos Aires weniger das einzelne Ereignis als vielmehr das Gespräch im wahrsten Sinne des Wortes – der Dialog – mit diesen je besonderen Angehörigen »seines« Volkes am Herzen liegt, dessen Faden er Jahr für Jahr (oft mithilfe einer Themenwahl, die sich aus den »volkstümlichen« Meldungen ergibt, die ihn in der Zwischenzeit erreicht haben) wieder aufnimmt. Manchmal ist diese Wiederaufnahme explizit, manchmal dagegen verbirgt sie sich in den Falten der Wendungen, Zitate und Bezüge. Eine in Form und Substanz, in Sprache und Aufmerksamkeit pastorale Herangehensweise.

Die vorliegende Übersetzung versucht diese unablässige dialogische und pastorale Absicht auch in der italienischen Sprache greifbar werden zu lassen.

In einigen Übersetzungen, die nach seiner Wahl erschienen sind, als man Franziskus' Stil noch nicht kannte, ist seine Sprache oft »veredelt«, geglättet worden. Doch das Ergebnis hat das Predigen von »Pater Franziskus« (er lässt sich in den Fragen, die er seinen Gesprächspartnern zuweilen in den Mund legt, gerne »Pater« nennen, und auch das ist ein Zeichen für die »literarische«, aber vor allem für die menschliche Gattung, in die er sich einordnet) sowohl der Form als auch der Substanz nach verraten.

Deshalb sollte die umgangssprachliche Rhetorik oder die »Mündlichkeit« mit ihren häufigen Wiederholungen, volkstümlichen Ausdrücken und dem an verschiedene Hörerschaften angepassten Vokabular bis ins Detail gewahrt bleiben. Und es wurde versucht – vor allem in den wenigen Fällen, in denen der zu übersetzende Text die Mitschrift einer aus dem Stegreif gehaltenen Ansprache war –, nicht der instinktiven Versuchung zu erliegen und den Stoff zu »veredeln« oder abzukühlen. Die Beziehung zwischen Erzbischof Bergoglio und seinem Volk ist ein heißer Stoff und soll es bleiben. Die Ansprachen, Predigten, Botschaften sind buchstäblich vom alltäglichen Leben des argentinischen Volkes durchdrungen, und zwar im Großen wie im Kleinen: von den großen und furchtbaren Ereignissen, die diese Nation erschüttert haben (den Wirtschaftskrisen, den politischen Gräben, der Korruption, der extremen Armut), und von den dem Anschein, nicht aber der Substanz nach kleinen Ereignissen (den individuellen Anstrengungen, die Familie zu unterhalten; den armen Kindern auf der Straße; der langen Reihe der Arbeitslosen; dem Protestmarsch). Immer wieder begegnen in den Ansprachen das direkte »Du« und das inklusive »Wir«, der geografische Bezug, die Berufung auf das Vorher und das Nachher, auf ein

Gestern, das ein Heute ist, um ein Morgen zu werden, auf die Vorfahren und die Patrioten, die Künstler, die Heiligen und die Demütigen. Es begegnen angelegentliche Fragen: nicht rhetorisch, sondern von der Art, die eine vertrauliche und persönliche Antwort erfordert. Zur Unterstützung werden Zitate von Dichtern, Schriftstellern, aus traditionellen Gedichten und aus Volksliedern herangezogen; es ist Platz für Augustinus und für Gregor den Großen, für Tolkien und für Inti-Illimani, für Hölderlin und für Durkheim, für José Hernández und für Carlos Gardel. Einen eigenen Platz beanspruchen die vielen, vielen Zitate aus lehramtlichen Dokumenten insbesondere der Päpste vor ihm, des Zweiten Vatikanischen Konzils und der Generalkonferenzen der lateinamerikanischen Bischöfe vor allem in Medellín (1968) und Aparecida (2007).

Da ist das Gefühl für Raum und Zeit. Da ist die ausdrückliche Unterscheidung zwischen Land, Nation und Heimat. Da ist die Dringlichkeit einer Schlacht, die es zu gewinnen gilt, der Schlacht zwischen Gut und Böse, die aber nicht im absoluten und manichäischen Sinne verstanden, sondern zwischen dem Licht und dem Schatten im Herzen eines jeden Menschen ausgetragen wird: Es ist immer möglich, ein bisschen besser zu werden. Da ist das unzerreißbare Band zwischen dem Guten, dem Schönen und dem Wahren und die daraus erwachsende »Ästhetik« des Engagements in der Welt, die zu den originellsten Zügen seines Denkens zählt. Da ist die unerbittliche Verurteilung von Sklaverei, Korruption, Schmiergeldern. Konflikte werden von innen gelöst, indem man sie überwindet, ohne ihnen auszuweichen. Überheblichkeit besiegt man durch Selbsterniedrigung; um einen Diebstahl wiedergutzumachen, gibt man das Gestohlene zurück; Schweigen wird durch den Dialog bekämpft; und ein Volk zu werden, hilft gegen die Einsamkeit. Die Schlachten der Geschichte gewinnt man nicht alleine. Und dann sind da natürlich und vor allem Christus, Maria und die Heiligen, die wir nicht nur als Vorbilder vor Augen haben, sondern lebendig und aktiv erkennen und zu Gesprächspartnern machen sollen, um nicht in anonyme und ganz sicher nicht christliche »Spiritualismen«, wie er sie nennt, zu verfallen. Und der beständige Rückgriff auf die Heilige Schrift bezeugt die Gewohnheit des betrachtenden und bittenden Gebets.

Dies alles sind wiederkehrende Themen, die jedes Publikum angehen und aus deren Überschneidungen bei den verschiedenen Gelegenheiten ein soziales und zeitliches Koordinatensystem entsteht, als wären es Abszissen und Ordinaten, anhand deren sich die unumgängliche »Straße«, der nötige Weg kartieren lässt, der ein ganzes Volk und jedes seiner Mitglieder voranbringen wird. Und da sind, im Inneren dieser wiederkehrenden »Plätze«, einzelne, charakteristische Begriffe, die mit ihrer Bedeutung und über sie hinaus imstande sind, ein ganzes Netz aus gedanklichen Bezügen zu entwerfen. Ich will dies an einigen Beispielen erläutern.

Der Begriff *Volk* zum Beispiel, in seiner historisch-patriotischen Bedeutung: Das Volk – das in der lateinamerikanischen Welt in puncto Geschichte und Identität eine denkbar kompakte Größe ist – garantiert mit seinen Bindungen und seinen Hoffnungen, seiner Kultur, seinen Vorfahren, seinen Patrioten, seinen Alten und seinen Jungen für die Vergangenheit, die Gegenwart und die Zukunft der Heimat. Das verleiht den Appellen, insbesondere die Kinder und die Großeltern zu schützen, die ebenso wehrlos wie für die Identität des Volkes wertvoll sind, eine besondere Kraft. Dieses selbe Volk ist für seinen Hirten auch *Pueblo fiel de Dios*, »gläubiges Gottesvolk«: Das ist der Ausdruck, den Bergoglio in der Regel verwendet, wenn er von der christlichen Gemeinschaft spricht. Und es ist bezeichnend, dass er die üblichere, »offizielle« Formel um ein Adjektiv ergänzt.

Das Volk ist als Heimat und als Gemeinschaft ein bevorzugter Gesprächspartner sowohl im passiven (weil alle zivilen oder religiösen Amtsträger berufen sind, eben dem Volk zu dienen) wie auch im aktiven Sinne (das Volk oder niemand wird die Krise lösen, die Argentinien erschüttert): daher der wiederkehrende Appell an die *Reserva espiritual*, die »spirituelle Reserve«, die sich im Lauf der Geschichte angesammelt hat und aus der man schöpfen muss, um die Identität wiederzufinden und auf die Herausforderungen der Gegenwart und der Zukunft zu reagieren. Deren vorrangigste die der Ausgegrenzten, der Armen ist: Die Antinomie »integriert-ausgegrenzt« ist die häufigste und stärkste in der Analyse des möglichen und nötigen Dialogs zwischen dem Christentum und der globalisierten Zivilisation.

Wenden wir uns anderen Schlüsselbegriffen zu.

Fragilidad: nicht nur die unwiderrufliche Schwäche der Sünder, sondern auch die positive »Zerbrechlichkeit« der Tongefäße, die Schätze in sich bergen: Alle Menschen verdienen es, dass man sich ihrer mit allergrößtem Respekt annimmt, und indem man dies tut, entdeckt man, dass sie kostbar und zu außergewöhnlichen Antworten fähig sind.

Desinstalar (herausreißen, erschüttern): Um auf den Ruf Gottes und des Menschen antworten zu können, muss man sich zunächst von allem Egoismus, aller Trägheit, aller Selbstzufriedenheit freimachen; *caminar*, gehen, *salir*, hinausgehen, wie Jesus Christus es getan hat, der nie in irgendeinem existenziellen »Gasthaus« haltgemacht hat. Am Horizont sind die menschlichen und gesellschaftlichen Peripherien sichtbar, weil die christliche Gemeinschaft nicht in einer geschlossenen Welt verschanzt bleiben kann. Im Wesentlichen geht es darum, bis zum letzten Blutstropfen für den Sieg des Guten zu kämpfen: hier und jetzt und nicht erst »in der nächsten Welt«.

Außerdem finden sich in dieser Katechese frühe Beispiele für

74

das Bild vom *Polyeder*, das Papst Franziskus so gerne verwendet. Die geometrische Figur des Vielecks ist ein gutes Sinnbild für die respektvolle Einheit der Unterschiede (im Unterschied zum Kreis, in dem jegliche Individualität aufgehoben ist).

Weitere hier zwar etwas unsortiert aufgeführte, aber überaus zentrale Schlüsselbegriffe sind *Zärtlichkeit, Barmherzigkeit, Kühnheit, Salbung* (im starken, biblischen Sinne der »Weihe«) – allesamt Ausdrücke, die uns auch in der päpstlichen Katechese von Franziskus wiederbegegnen. Sein »Heiliges Jahr der Barmherzigkeit« hat tiefe Wurzeln.

Die *Ilustrados*, die Aufgeklärten (im Spanischen wie im Deutschen verweist der Begriff auch auf die *Ilustración*, das heißt die Epoche der *Aufklärung*), sind für ihn, wenn ihre Aufgeklärtheit kein Herz und keine Demut hat, oft das moderne Pendant zu den Pharisäern aus dem Evangelium: Ihre Projekte sind lediglich formal und nicht zielgerichtet und führen daher in die Katastrophe, wenn man sie auf das Leben anwendet.

Die Verben, die Franziskus gebraucht, dienen in erster Linie als »Hilfskonstruktion«: Häufig verwendet er lieber Allzweckverben wie sein, haben, tun, sehen als spezifischere und prätentiösere Synonyme. Als Kontrapunkte fungieren volkstümliche, umgangssprachliche oder sogar dialektale Ausdrücke, mittels deren er sich nicht nur sprachlich, sondern auch emotional mit seinen Zuhörern verständigt. Es sind lebhafte Formen: *Bravuconada* (Angeberei), *Bochinche* (Tumult), *Agachada* (Trickserei), *Cabecita* (Gastarbeiter).

* * *

Ein eigenes Kapitel muss jener sprachlichen und thematischen Struktur vorbehalten bleiben, die auf Jorge Mario Bergoglios jesuitische Verortung verweist, die er niemals verleugnet. Auch dieser »Jargon« ist nunmehr Teil seiner weltkirchlichen Katechese, und es lohnt sich, einige Nuancen zu erklären. Hier eine kurze Auflistung.

Antinomien. Der Jesuit arbeitet mit Gegensätzen: Er ignoriert sie nicht etwa, sondern sucht sie geradezu, um sie herauszustellen und auf eine konstruktive Synthese hin zu überwinden. Die »Antinomien« sind ein wiederkehrendes Mittel, die Situationen zu lesen.

Guter Geist, böser Geist. Im Inneren des Menschen sind, so schreibt der heilige Ignatius von Loyola (der Gründer der Gesellschaft Jesu) in seinen *Geistlichen Übungen*, »dreierlei Gedanken« am Werk (GÜ 32): die eigenen, die aus Intelligenz und Willen entspringen, und zwei weitere Arten, die von außen kommen, eine vom guten und die andere vom bösen Geist. Die Ausdrücke *guter Geist* und *böser Geist* werden auch als Bezeichnung für die Übereinstimmung oder Nichtübereinstimmung mit dem richtigen Kriterium des Handelns und der korrekten Unterscheidung verwendet.

Trost, Trostlosigkeit. Einander entgegengesetzte Geisteszustände, in die Gott die Seele versetzt, um ihr seinen Willen zu offenbaren oder sie auf die Probe zu stellen.

Kreativität. Der Begriff bezeichnet eine wesentliche Vorstellung in der jesuitischen Askese: Wer sich aus Liebe zu Gott mit ganzem Herzen einsetzt, wird in seinem Handeln und im Apostolat kreativ sein.

Sehnsucht. »Sehnsuchtsmenschen« sind die, die lernen, auch die Sehnsucht als eine geistliche Macht einzusetzen.

Diskretion. Dieser Begriff ist nicht so sehr als »Zurückhaltung«, sondern eher als »Urteilsfreiheit« (im Sinne von »Ermessen«) und zugleich als »Unterscheidung« zu verstehen (ein anderer Schlüsselbegriff im ignatianischen Wortschatz).

Indifferenz. Im jesuitischen Denkhorizont ist die Indifferenz eine überlegene Tugend, die nicht etwa Desinteresse, sondern eine auf den Dienst an Gott ausgerichtete Freiheit und Selbstkontrolle beinhaltet.

Magis. Ein lateinisches Wort, das der heilige Ignatius immer wieder benutzt, um das »Mehr« zu bezeichnen: das unablässige Streben des Gottliebenden zum Besseren hin.

Großmut. Dieses Wort wird zwar in der üblichen Bedeutung verwendet, erhält aber in der ignatianischen Gedankenwelt einen wichtigen Impuls und stellt dort eine Grundidee dar.

Regungen. Ein Wort, das in der asketischen Literatur wiederkehrt und die inneren Bewegungen beschreibt, die die göttliche Gnade in der Seele des Christen hervorruft: Erleuchtungen mit Blick auf konkrete Fortschritte.

Prozesse. Der ignatianische Pragmatismus sieht die Folgen der Ereignisse in einem providenziellen und fortschreitenden Licht: Es handelt sich nicht um eine zufällige Abfolge von Handlungen und Geschehnissen, sondern um »Prozesse«, die in einem geistlichen Kontext nachvollzogen, geleitet, begleitet und »von innen transzendiert« werden müssen, damit sie in die Herrschaft des Herrn der Geschichte einmünden.

Aufrichtigkeit der Absicht. Fachbegriff für die gewohnheitsmäßige Pflege einer aufrichtigen und ehrlichen Absicht, die als Tugend verstanden wird. Weil wir Sünder sind, muss die Absicht »beständig« am Willen Gottes ausgerichtet werden.

Wahl. Dieses zentrale Wort aus dem ignatianischen Vokabular bezeichnet die grundlegende Entscheidung, die Gott demjenigen nahelegt, der die geistlichen Übungen macht, indem er ihn dazu veranlasst, sein Leben und dessen konkrete Bestandteile radikal zu ändern.

* * *

Dieses gewichtige Werk – das sei abschließend gesagt –, das beinahe dreimal fünf Jahre öffentlicher Verlautbarungen des damaligen Erzbischofs von Buenos Aires umfasst, hat seinem Leser ganz ohne Zweifel vieles zu sagen. Und für den Leser, der Papst Franziskus heute kennt, ist es vor allem deshalb ein überaus fruchtbares Terrain, weil es ihm hilft, die Tiefe und Konsequenz zu ermessen, mit der sich seine pastoralen Anlagen und Absichten schon seit so langer Zeit entfalten. Man hat es noch selten erleben dürfen, dass die Einfachheit das Ergebnis von so viel Begabung, so viel Arbeit und so vielen Gesprächen mit Gott und den Menschen gewesen ist wie in diesem Fall.

IM ANGESICHT DES HERRN

1999

Die Salbung erfasst das ganze Sein

Das Evangelium nach dem heiligen Lukas klingt in diesem letzten Jahr der Vorbereitung auf das Jubiläum, das Gott dem Vater gewidmet ist, auf besondere Weise in unseren Herzen nach: Jesus bezeugt, dass er vom Vater gesalbt ist, um »ein Gnadenjahr des Herrn auszurufen« (Lk 4,19).

Die Salbung und insbesondere die Salbung mit wohlriechendem Öl ist ein Symbol der Freude und des Jubels. Eine Salbung kann verschiedenen Zwecken dienen: der Heilung, der Weihe, der Aussendung … doch gemeinsames Merkmal all dieser Tätigkeiten ist die Freude. Diese Freude umhüllt uns wie Wohlgeruch und dringt in unser Innerstes ein wie das Öl. Sie erfasst den ganzen Leib, und kein noch so kleiner Rest bleibt ungesalbt.

Heute, in der Chrisammesse, der Messe der Salbung, bitten wir alle – Bischöfe, Priester, gottgeweihte Frauen und Männer und das ganze gläubige Volk – den Vater darum, in unseren Herzen die Salbung des Geistes zu erneuern, die wir in der Taufe empfangen haben, dieselbe Salbung, mit der er seinen geliebten Sohn – an dem er »Gefallen gefunden« hat – gesalbt und die dieser Sohn mit seinen heiligen Händen überreich an uns weitergegeben hat.

Wir beten zum Vater, dass er uns salben möge, damit wir voll und ganz seine Kinder sind. Dass seine barmherzigen Vaterhände uns berühren und die Wunden heilen, die wir uns als verlorene Söhne zugezogen haben. Dass die Liebe, die still und geduldig aus seinem Herzen strömt, sich über die Gesamtheit seines Volkes – die Kirche – ergießt, uns zu Brüdern und Schwestern macht und allen Groll und alle Zwietracht restlos ausräumt. Dass die Freude über diese verwundete und herrliche Wahrheit (Der Vater liebt uns!) uns den Mut verleiht, diese gute Nachricht einer Welt zu verkünden, die nach dem Evangelium dürstet, die dürstet nach Jesus Christus.

Die Salbung ist eine Geste, die das ganze Sein erfasst: die Hände, das Herz, das Wort. Sie ist eine Geste der totalen Hingabe, eine Geste, die fruchtbar sein und Leben bringen will. Eine väterliche Geste.

Deshalb flehen wir, die wir gesalbt worden sind, und insbesondere wir, die wir zu Priestern gesalbt worden sind, zum Vater, dass er uns in seiner Güte lehren möge, unsere Brüder und Schwestern mit väterlichem Herzen zu salben. Vater sein heißt, sich ganz, in allem und für immer seiner Familie zu schenken: Wenn ein Vater umarmt, dann umarmt er alle, Gerechte und Sünder; wenn er austeilt, behält er nichts für sich zurück: »Kind, alles was mein ist, ist dein.« Deshalb geizt er nicht mit seiner Vergebung, sondern feiert in großem Stil; und er wird es nicht müde, zu warten; er wartet immer, er wartet jeden Tag, er wartet auf alles, was noch aussteht, und auf jedes seiner Kinder.

Liebe Priester: Ich wünsche und bete in dieser Eucharistiefeier, dass unser himmlischer Vater uns, wenn wir heute die Versprechen erneuern, die wir am Tag unserer Weihe abgelegt haben, von Neuem die Gnade schenkt, diese Gesten der Salbung, diese priesterlichen und väterlichen Gesten vollführen zu können.

Wir wollen einander jederzeit als Gesalbte behandeln: bei der Arbeit Seite an Seite im Dienst unseres gläubigen Volkes; im Gebet, wenn uns derselbe Wohlgeruch der unverfälschten Lehre des Evangeliums mit Jesus und dem Vater eint; in der Hingabe, wenn wir uns ganz an die anderen verschenken; und auch in den Schwierigkeiten und Konflikten, die unter uns Priestern immer wieder aufkommen. Vor allem dort, in diesen Konflikten, wollen wir uns um jene Salbung bemühen, die David so große Ehrfurcht einflößte, dass er inmitten seiner Kämpfe mit Saul sagte: »Es sei fern von mir wegen des Herrn, dass ich meine Hand an den Gesalbten des Herrn lege« (1 Sam 26,11). Wir wollen einander in Respekt und brüderlicher Eintracht begegnen.

Wir wollen unser Volk im Taufglauben salben, jenem Glauben, der es zu einem Volk von Königen und Priestern und zum Volk Gottes macht. Diesem Glauben, der das wahre Würdezeichen unseres Volkes ist und es inmitten aller derzeitigen Anfechtungen heiter leben lässt.

Wir wollen unser Volk in der Hoffnung salben. Einer Hoffnung, die allein auf Jesus ruht, damit wir fühlen, dass es seine Hände sind, die uns befreien und heilen, dass es seine Lippen sind, die die einzig tröstende Wahrheit sprechen, dass es sein Herz ist, das sich freut, inmitten seines Volkes zu leben und zu spüren, dass dies Fleisch von seinem Fleisch ist.

Wir wollen unser Volk in der Liebe salben, damit es auch in Zukunft so solidarisch bleibt wie eh und je; damit jeder Vater sich mit neuer Energie und Kraft der schweren Aufgabe widmen kann, seine Familie voranzubringen; damit alle Mütter weiterhin das Salböl der Warmherzigkeit und Geborgenheit in die Herzen ihrer Ehemänner und Kinder träufeln; damit junge Menschen sich freuen, wenn sie ihr Leben im Dienst an den anderen und insbesondere an den Kindern und den Armen verausgaben können; damit die Älteren voller Hoffnung in die Zukunft blicken und wie die beiden alten Menschen im Evangelium – Simeon und Hanna – die prophetische Botschaft weitertragen, dass sich das Leben lohnt, weil der Herr seine Verheißungen erfüllt; damit die Kranken, die Gefangenen, die Einsamen und Obdachlosen, die Ärmsten sich Jesus nahe fühlen, der gerade für sie gekommen ist, um ihnen die Freiheit zu schenken und ihnen die Gute Nachricht zu verkünden.

Als er das »geschundene und verherrlichte« Fleisch seines geliebten Sohnes salbte, hat Gott unser Vater all unsere Leiden und all unsere Freuden gesalbt. Deshalb müssen unsere mit Chrisam gesalbten Hände unserem gläubigen Volk nahe sein; es müssen Hände sein, die die Salbung des Vaters an seinem Fleisch spürbar werden lassen: vor allem dort, wo dieses Fleisch – das unser Fleisch ist! – »Hunger und Durst leidet, krank und verwundet ist, im Gefängnis für seine Verfehlungen büßt, nichts anzuziehen hat und von der Bitterkeit der Einsamkeit zerfressen wird, die aus der Missachtung entsteht«.

Um dieses Fleisch zu heilen, hat der Vater seinen Sohn gesandt. In seinen Wunden sind wir geheilt! Um dieses Fleisch in unserer Zeit zu heilen, brauchen wir die Väterlichkeit des Gesalbten, brauchen wir priesterliche Väterlichkeit. Möge Unsere Liebe Frau, in der das Wort Gottes Fleisch angenommen hat, uns auf diesem Weg begleiten und behüten.

Predigt, Chrisammesse, Buenos Aires, 1. April 1999

Raum für Begegnungen schaffen

»Am gleichen Tag gingen zwei von den Jüngern nach einem Dorf namens Emmaus, das sechzig Stadien von Jerusalem entfernt ist. Sie sprachen miteinander über alles das, was sich zugetragen hatte. Während sie miteinander sprachen und überlegten, kam Jesus hinzu und ging mit ihnen. Ihre Augen aber waren gehalten, dass sie ihn nicht erkannten.

Er fragte sie: Was sind das für Reden, die ihr da auf dem Weg miteinander führt? Da blieben sie traurig stehen. Einer von ihnen namens Kleopas antwortete ihm: Bist du der Einzige in Jerusalem, der nicht weiß, was in diesen Tagen dort geschehen ist? Er fragte sie: Was denn? Sie antworteten ihm: Das mit Jesus von Nazaret, der ein Prophet war, mächtig in Tat und Wort vor Gott und dem ganzen Volk, und wie ihn unsere Hohenpriester und Führer zur Todesstrafe verurteilt und ihn gekreuzigt haben. Wir aber hofften, dass er es sei, der Israel erlösen werde. Und nun ist zu alldem heute schon der dritte Tag, seit dies geschehen ist. Aber auch einige Frauen aus unserem Kreis haben uns in Bestürzung versetzt. Vor Tagesanbruch waren sie beim Grab und fanden seinen Leichnam nicht; sie kamen und erzählten, sie hätten eine Erscheinung von Engeln gehabt, die sagten, er lebe. Dann gingen einige von uns zum Grab und fanden es so, wie die Frauen gesagt hatten; ihn selbst aber haben sie nicht gesehen. Da sagte er zu ihnen: Ihr Unverständigen, wie träge ist euer Herz, an alles das zu glauben, was die Propheten gesagt haben! Musste nicht der Messias alles dies erleiden und so in seine Herrlichkeit gelangen? Und er begann, ihnen mit Mose und allen Propheten auszulegen, was sich in der ganzen Schrift auf ihn bezieht. Als sie sich dem Dorf näherten, zu dem sie unterwegs waren, tat er, als wolle er weitergehen. Da drängten sie ihn und sagten: Bleibe bei uns; denn es will Abend werden und der Tag hat sich schon geneigt. Da ging er mit hinein, um bei ihnen zu bleiben. Und als er sich mit ihnen zu Tisch gelegt hatte, nahm er das Brot, sprach das Dankgebet, brach und gab es ihnen. Da wurden ihnen die Augen aufgetan und sie erkannten ihn; er aber entschwand ihren Blicken. Da sagten sie zueinander: Brannte uns nicht das Herz in der Brust, als er auf dem Weg mit uns redete und uns die Schriften erschloss?

Noch in derselben Stunde brachen sie auf und kehrten nach Jerusalem zurück. Dort fanden sie die Elf und ihre Gefährten versammelt, die sagten: Wahrhaftig, der Herr ist auferweckt worden und dem Simon erschienen! Da erzählten auch sie, was auf dem Weg geschehen war und wie sie ihn beim Brotbrechen erkannt hatten.« (Lk 24,13–35)

Erneut bringt uns die Feier der ersten Anfänge des patriotischen Bewusstseins, jener argentinische Mai[1], zusammen, damit wir Dank sagen für die Gaben *Gottvaters*: Gaben, für die *unsere Väter* – hart und mühsam – zu leben, zu kämpfen und zu sterben wussten. Und damit wir Dank sagen fern von fruchtloser Nostalgie oder zerstreutem formalem Gedenken und zulassen, dass ebendieser Gottvater uns an diesem Jahrtausendende erschüttert und uns einlädt, einen neuen Horizont zu suchen. Dank sagen, weil in dieser Kathedrale (auch sie ein »Platz des Mai«) noch immer jene Einladung nachhallt, die der Heilige Vater bei seinem Besuch in unserem Heimatland ausgesprochen hat: »Argentinien, steh auf!«, eine Einladung, die unabhängig von seiner Herkunft an jeden Bewohner dieses Bodens gerichtet ist, sofern er nur guten Willens ist, nach dem Wohl dieses Volkes zu streben. Jenes »Argentinien, steh auf!« – eine Einladung, die wir heute von Neuem hören wollen –, war eine Diagnose und eine Hoffnung. Aufstehen als Zeichen der Auferstehung, ist *Aufruf, das Gewebe unserer Gesellschaft wiederzubeleben.* Die Kirche in Argentinien weiß, dass dies ein Aufruf zur Neuevangelisierung ihres eigenen inneren Lebens ist, der sich aber gleichzeitig auf die gesamte Gesellschaft erstreckt.

In der Stelle aus dem Evangelium, die wir gerade gehört haben, ist eine Pädagogik des Herrn enthalten, die uns leuchten kann, damit wir – als Eltern, Regierende, Seelsorger... – unserer Sendung treu sind und damit wir unserem »Volk-Sein« treu sind. *Eine Pädagogik der Nähe und der Begleitung.* Die Erzählung handelt von den beiden Emmausjüngern und zeigt uns ihr Unterwegssein, das weniger ein Gehen als vielmehr eine Flucht war. Genau genommen fliehen sie vor der Freude der Auferstehung, murren Bitterkeit und Enttäuschung und können das neue Leben nicht sehen, das ihnen zu schenken der Herr gekommen ist. Wenn wir auf das erwähnte Papstwort zurückgreifen, könnten wir sagen, dass sie nicht aufgestanden, dass sie in ihrer inneren Schläfrigkeit gefangen und – deshalb – nicht imstande waren, dieses Geschenk des Lebens zu sehen, das an ihrer Seite ging und darauf wartete, gefunden zu werden.

Wir Argentinier gehen durch unsere Geschichte und werden begleitet vom geschaffenen Geschenk der Reichtümer unserer Landstriche und vom Geist Christi, der sich in der Mystik und der Anstrengung der vielen widerspiegelt, die in diesem Zuhause gelebt und gearbeitet haben; im stillen Zeugnis derer, die etwas von ihrem Talent, ihrer Ethik, ihrer Kreativität, ihrem Leben abgeben. Dieses Volk begreift von Grund auf, was die Liebe zu seinem Land und die Erinnerung an seine tiefsten Überzeugungen bedeuten! In seiner innersten Religiosität, in der immer spontanen Solidarität, in seinen sozialen Kämpfen und Initiativen, in seiner Kreativität und seiner Fähigkeit zu Fest- und Kunstgenuss spiegelt sich das Lebensgeschenk des Auferstandenen. Denn wir sind ein Volk, das seine Identität über alle Umstände und Widrigkeiten hinweg zu spüren vermag, wir sind ein Volk, das sich in seinen verschiedenen Gesichtern wiederzuerkennen vermag. Dieses große Talent hat nicht immer in Projekten mit zeitlicher Kontinuität seine Entsprechung gefunden und auch nicht immer eine Mobilisierung des kollektiven Bewusstseins bewirkt. Und deshalb kann es geschehen, dass wir uns wie die flüchtigen Jünger auf unserem Weg von einer gewissen Bitterkeit übermannt und durch Probleme ermattet fühlen, die uns den Blick auf die Dringlichkeit einer Zukunft verstellen, die scheinbar niemals eintritt.

Die Müdigkeit und die Enttäuschung lassen uns die *eigentliche Gefahr* nicht sehen. Der derzeitige Globalisierungsprozess scheint unsere Antinomien auf aggressive Weise aufzudecken: ein Vormarsch der wirtschaftlichen Macht samt der sie begleitenden Sprache, die – in maßlosem Eigennutz und Gebrauch – große Bereiche des nationalen Lebens erfasst hat; während – im Gegenzug – die Mehrzahl unserer Männer und Frauen die Gefahr sieht, in der Praxis ihre Selbstachtung, ihren tiefsten Sinn, *ihre Menschlichkeit* und ihre Zugangsmöglichkeiten zu einem würdigeren Leben zu verlieren. Johannes Paul II. nimmt in seinem Apostolischen Schreiben *Ecclesia in America* Bezug auf den negativen Aspekt dieser Globalisierung, wenn er sagt: »Doch wenn sich die Globalisierung lediglich nach den Marktgesetzen richtet, die zum Vorteil der Mächtigen angewandt werden, wird sie negative Konsequenzen haben, wie z. B. die, dass der Wirtschaft ein absoluter Wert beigemessen wird. Weitere negative Folgen sind die Arbeitslosigkeit, die Verringerung und Verschlechterung der öffentlichen Daseinsvorsorge, die Zerstörung der Umwelt und der Natur, die wachsende Kluft zwischen Arm und Reich und der ungerechte Wettbewerb, der die armen Länder in eine immer gravierendere Situation der Minderwertigkeit stürzt« (EIA 20).

Neben diesen schon erwähnten Problemen auf internationaler Ebene haben wir es zudem mit einer gewissen Unfähigkeit zu tun, realen Problemen ins Auge zu sehen. Dann entsteht der Eindruck, als könne man der Müdigkeit und der Enttäuschung nur säuerliche Wiedergutmachungsforderungen oder Ethizismen entgegenhalten, die lediglich auf Prinzipien herumreiten und den Primat des Formalen vor dem Realen betonen. Oder, schlimmer noch, ein wachsendes Misstrauen und schwindendes Interesse gegenüber jedwedem Engagement für das gemeinsame Eigentum, das im ›Nur-den-Moment-leben-Wollen‹, in der Ausschließlichkeit des Konsumismus endet. Wir dürfen nicht naiv sein: Die Wolke des sozialen Zerfalls zieht düster am Horizont auf, während das Spiel der Interessen weiterläuft, ohne dass die Bedürfnisse aller Berücksichtigung finden. Als finstere Folgen unserer Selbstaufgabe können Leere und Anomie sich ihren Weg bahnen und unsere Kontinuität torpedieren. Werden wir Argentinier wie die Emmausjünger in bitterem Unverständnis, in weinerlichem Murren befangen bleiben? Oder werden wir in der Lage sein, uns vom Ruf des Auferstandenen an die verzweifelten Jünger aufrütteln zu lassen und zu reagieren, das Gedächtnis des prophetischen Worts zu begehen, Gedächtnis jener Heil bringenden Augenblicke, dieser Bausteine unserer Geschichte?

Wie im Leiden Christi ist unsere Geschichte voller Wegkreuzungen, Spannungen und Konflikte. Und doch hat dieses Glaubensvolk es noch jedes Mal verstanden, sein Schicksal zu schultern, wenn es in *der Solidarität und der Arbeit* eine politische Freundschaft des ethnischen und sozialen Miteinanders geschmiedet hat, die unseren Lebensstil prägt. Wir Argentinier haben es verstanden, ›Teil zu sein‹, uns als ›Teil von‹ zu fühlen, wir haben es verstanden, uns *anzunähern und zu begleiten*. Aus seiner *individuellen und kollektiven Fähigkeit zur Kreativität* und aus seinem Impuls heraus, sich spontan zu organisieren, hat unser Volk Gründungsmomente ziviler, politischer und sozialer Veränderungen erlebt; kulturelle und wissenschaftliche Errungenschaften, die uns aus der Isolation herausgerissen und unseren Wert gezeigt haben. Momente, die uns letztlich ein Identitätsgefühl gegeben haben, das über unsere komplexe ethnische und historische Zusammensetzung hinausging. Momente, in denen das Bewusstsein einer zuweilen wenig ausgereiften, aber stets geradezu heroisch empfundenen und gelebten brüderlichen Arbeit vorherrschte. Deshalb geht der Ruf dahin, den fruchtlosen, durch Eigeninteressen oder Ideologisierungen oder bloß destruktive Kritteleien manipulierten Historismus aufzugeben. Die Geschichte setzt auf die höhere Wahrheit, auf die Erinnerung an das, was uns eint und aufbaut, auf die Errungenschaften und weniger auf die Fehlschläge. Wenn wir aber auf den Schmerz und auf das Scheitern blicken, dann soll unsere Erinnerung uns veranlassen, auf den Frieden und das Recht zu setzen … und wenn wir auf die brudermörderischen Hass- und Gewalttaten blicken, dann soll unsere Erinnerung uns dahin ausrichten, dass das gemeinsame Interesse Vorrang hat. Die letzten Jahre haben uns verspätet und grausam aufgerüttelt, und die stille Stimme so vieler Toter schreit zum Himmel, schreit danach, dass diese Fehler sich nicht wiederholen mögen. Nur das wird ihren tragi-

91

schen Schicksalen einen Sinn verleihen. Wie die zaghaften Jünger auf ihrem Weg sind auch wir heute aufgefordert, uns bewusst zu machen, dass diese so schwere Kreuzeslast nicht vergeblich gewesen sein darf.

Der Aufruf zum *historischen Gedenken* fordert uns auch dazu auf, unsere tiefsten Errungenschaften – jene, die dem raschen und oberflächlichen Blick verborgen bleiben – zu vertiefen. Hierzu zählt etwa das Bemühen der jüngsten Vergangenheit, das demokratische System zu festigen und die politischen Spaltungen zu überwinden, die eine schier unüberwindliche soziale Kluft zu sein schienen: Heute versucht man sich an die Regeln zu halten und akzeptiert den Dialog als Weg des zivilen Miteinanders. Nostalgie und Pessimismus hinter uns lassen und, wie die Emmausjünger, *unserem Durst nach Begegnung Raum geben*: »Bleibe bei uns; denn es will Abend werden und der Tag hat sich schon geneigt.« Das Evangelium gibt uns den Kurs vor: Wir sollen uns zu Tisch setzen und uns von der tiefen Geste Christi ansprechen lassen. Das gesegnete Brot muss geteilt werden. Dasselbe Brot, das Frucht des Opfers und der Arbeit und Bild des ewigen Lebens ist, aber schon jetzt Wirklichkeit werden muss.

Denn, Brüder und Schwestern, es geht nicht nur um eine Einladung zum Teilen, es geht nicht bloß darum, Gegensätze und Feindschaften zu versöhnen: Sich hinzusetzen und das Brot des Auferstandenen zu teilen, heißt *Mut fassen zu einem anderen Leben*. Dieses Brot, das aus dem Besten besteht, was wir beitragen können, aus dem Sauerteig, den wir in so vielen Momenten des Schmerzes, der Arbeit und der Erfolge schon angesetzt haben, fordert uns heraus. Das Evangelium von heute ruft uns dazu auf, die *soziale und politische Bindung unter den Argentiniern neu zu knüpfen*. Die politische Gesellschaft hat nur dann Bestand, wenn sie sich als eine Berufung aufstellt, die menschlichen Bedürfnisse gemeinsam zu befriedigen. Das ist der Platz des Bürgers. *Bürger sein heißt, sich zu einem Wohl, einer sinnvollen Zielsetzung beordert und einberufen zu fühlen ...* und hinzugehen. Wenn wir auf ein Argentinien setzen, an dessen Tisch nicht alle Platz haben, wo nur einige wenige profitieren und das soziale Gewebe reißt, wo die Löcher immer größer werden, obwohl alle Opfer bringen, dann sind wir am Ende eine Gesellschaft, die auf die Konfrontation zusteuert.

Dieser Aufruf, das Brot zu teilen, sprudelt aus der Tiefe unseres *Bewusstseins als solidarisches Volk* empor. Hinter den Kulissen der Oberflächlichkeit und des Opportunismus (Blüten, die keine Frucht bringen) lebt ein Volk mit einer kollektiven Erinnerung, das nicht darauf verzichten will, seinen Weg mit der ihm eigenen Noblesse weiterzuverfolgen. Die gemeinschaftlichen Bemühungen und Unternehmungen, die florierenden Gemeindeinitiativen, die vielen neuen Bewegungen zur gegenseitigen Unterstützung beweisen, dass wir im Strudel dieser nicht von partikularistischen Interessen getragenen Beteiligung, wie man sie in unserem Land noch selten gesehen hat, ein göttliches Zeichen erkennen dürfen. Dort, hinter den Kulissen, gibt es ein solidarisches Volk, ein Volk, das bereit ist, ein ums andere Mal wiederaufzustehen. Ein Volk, das nicht nur auf die Notwendigkeit des Überlebens reagiert, sich nicht nur über ineffiziente Bürokratien hinwegsetzt, sondern *die soziale Bindung neu knüpfen* will; ein Volk, das, beinahe ohne es zu wissen, die Tugend hochhält, als Gefährten nach dem Gemeinwohl zu streben. Ein Volk, das die Armut der Leere und die Hoffnungslosigkeit bannen will. Ein Volk mit einer Erinnerung, die mehr ist als ein bloßes Dossier. Hierin besteht die Größe unseres Volkes. Unser argentinisches Volk, das spüre ich, ist sich seiner Würde sehr deutlich bewusst. Dieses Bewusstsein hat sich von einem historischen Meilenstein zum nächsten immer stärker ausgeprägt. Unser Volk hat eine Seele, und weil wir von der Seele eines Volkes sprechen können, können wir auch von einer Hermeneutik sprechen, einer Art, die Wirklichkeit zu sehen, einem Bewusstsein. Heute, inmitten der aktuellen Konflikte, lehrt uns dieses Volk, dass wir nicht auf die hören sollen, die die Wirklichkeit zu bloßen Ideen destillieren; dass uns die Intellektuellen ohne Talent, die Ethiker ohne Güte nichts nutzen; sondern dass wir *an die Tiefe unserer Würde als Volk appellieren müssen, an unsere Weisheit und an unsere kulturellen Reserven.* Das ist eine echte Revolution – keine Revolution gegen ein System, sondern eine innere Revolution der Erinnerung und Zärtlichkeit: der Erinnerung an die großen, heldenhaften Gründungstaten... Und der Erinnerung an die bescheidenen Gesten, die wir gleichsam mit der Muttermilch eingesogen haben. Unserer Sendung treu sein, heißt, diese »Glut« des Herzens zu hüten, sie vor der trügerischen Asche des Vergessens oder der Anmaßung derer zu beschützen, die glauben, unser Heimatland und unsere Familie hätten keine Geschichte oder diese Geschichte hätte erst mit uns begonnen. Eine Glut der Erinnerung, die wie die Kohle an der Feuerstelle die Werte bewahrt, die uns groß machen; unsere Art, das Leben zu feiern und zu verteidigen, den Tod zu akzeptieren, uns der Zerbrechlichkeit unserer schwächsten Mitmenschen anzunehmen, angesichts von Leid und Armut solidarisch die Arme auszubreiten, Feste zu feiern und zu beten; unseren Traum, zusammenzuarbeiten und – auf dem gemeinsamen Boden unserer Armut – Solidarität wachsen zu lassen.

Damit diese Kraft, die wir alle in uns tragen und die uns Halt und Leben gibt, wirken kann, müssen wir alle und insbesondere die, die große politische oder wirtschaftliche Macht oder andere Möglichkeiten der Einflussnahme besitzen, auf jene Interessen oder Interessensmissbräuche verzichten, die über das Gemeinwohl, das uns vereint, hinausgehen wollen; wir müssen mit Einfachheit und Größe den Auftrag annehmen, der uns anvertraut ist.

Unser Volk, das sich spontan und natürlich in der nationalen Gemeinschaft zu organisieren vermag, die bei dieser neuen sozialen Bindung die Hauptrolle spielt, verlangt in allen Bereichen des gesellschaftlichen Lebens, die es betreffen, einen Ort der Mitwirkung, der Kontrolle und der kreativen Partizipation. Wir Führungskräfte müssen diese neue und vitale Bindung begleiten. Sie zu stärken und zu schützen kann zu unserem wichtigsten Auftrag werden. Wir sollen unsere Ideen, Utopien, Errungenschaften und Rechte nicht aufgeben, sondern lediglich auf den Anspruch verzichten, sie seien einzig oder absolut. Wir alle sind eingeladen zu dieser Begegnung, eingeladen, diesen neuen Sauerteig wirken zu lassen und weiterzugeben – einen Sauerteig, der zugleich eine wiederbelebende Erinnerung an das Beste in unserer Geschichte ist: an das solidarische Opfer, an den Befreiungskampf und an die soziale Integration.

Jener historische Mai mit seinen Höhen und Tiefen und Interessen, die auf dem Spiel standen, konnte das ganze Volk des Vizekönigreichs in einer gemeinsamen Entscheidung vereinen, die der Beginn einer anderen Geschichte war. Vielleicht müssen wir das Gefühl bekommen, dass die Heimat aller eine neue Volksversammlung ist: ein großer Tisch der Gemeinschaft, an dem nicht mehr trostlose Nostalgie, sondern hoffnungsfrohes Wiedererkennen herrscht, sodass wir wie die Emmausjünger ausrufen: »Brannte uns nicht das Herz in der Brust, als er auf dem Weg mit uns redete und uns die Schriften erschloss?« Dass unser Herz in der Sehnsucht entbrennen möge, in diesem Zuhause zu leben und zu wachsen – das ist die Bitte, die diese Danksagung an den Vater und das Versprechen begleiten soll, sein Wort zu erfüllen; indem wir uns einmal mehr davon überzeugen, dass *das*

95

Ganze größer ist als seine Teile, die Zeit größer als der Raum, die Wirklichkeit größer als die Idee und die Einheit größer als der Konflikt.

Predigt, *Te Deum*, Buenos Aires, 25. Mai 1999

1   Gemeint ist der Nationalfeiertag der argentinischen Unabhängigkeit, der 25. Mai, an dem das Ende der spanischen Herrschaft im Jahr 1810 und die Bildung der ersten nationalen Regierung durch einen außerordentlichen Zusammenschluss angesehener Bürger begangen wird. Aus diesem Anlass findet Jahr für Jahr ein feierliches *Te Deum* statt. (*A. d. R.*)

»Sich einreihen und sich auf den Weg machen«

Liebe Brüder und Schwestern, ich will euch alle mit großer Freude im Herrn begrüßen und gemeinsam mit jedem Einzelnen von euch in dieser Wallfahrtskirche beten, die uns zusammenbringt und Zuflucht gewährt.[1] Hier, beim heiligen Kajetan, fühlen wir, dass Gottvater uns einen Platz in seinem Herzen gibt. Wie schön ist die Gnade unseres Glaubens! Wir haben einen sicheren und zärtlichen Platz. Zärtlich wie die kleine Ähre, die der Heilige in seiner Hand hält. Diese Ähre mit ihren aufgereihten Körnern erinnert uns daran, dass »sich einzureihen und sich auf den Weg zu machen«, um bei dem Heiligen Gnade zu finden, eine Geste der Hoffnung ist. Ein sicherer und starker Ort wie diese Wallfahrtskirche, wo der Geist uns alle vereint, ohne irgendjemanden auszuschließen, und uns fühlen lässt, dass wir Gottes Volk sind: mit einer einzigen Seele und einem einzigen Herzen.

Im Herzen Gottes, unseres Vaters, haben wir einen Platz für uns, als Personen und als Volk! Wie viele Menschen finden keinen Platz in unserer Stadt! Entweder, weil sie ausgegrenzt werden – kein Haus zum Leben oder keinen festen Arbeitsplatz haben –, oder weil sie sich verirrt haben: Sie haben ihren Platz des Kampfes im Leben aufgegeben, des Kampfes für das Wohl aller, um sich an Plätzen des Privilegs einzurichten, die bloß vorübergehende Freuden verschaffen.

Man merkt es, wenn man keinen Platz hat, wenn man weder akzeptiert noch willkommen ist... Das spürt zum Beispiel jemand, der Arbeit sucht und dem – nachdem alle Daten erfasst worden sind – gesagt wird: »Wir rufen Sie an.«

Bei Gott, unserem Vater, ist die Erfahrung eine ganz andere: Hier fühlen wir uns alle ›angerufen‹, immer, ein ums andere Mal sind wir eingeladen worden. Der Vater ist wie dieser Gutsherr im Gleichnis, der in der Frühe, am Mittag und am Abend hinausgeht, um Arbeiter für seinen Weinberg zu suchen. Der Vater ist der, der Jesus auf die Suche schickt, wenn wir die Richtung verloren und uns verirrt haben wie das kleine Schaf, damit er uns zurückbringt, dafür sorgt, dass wir uns im Leben verortet fühlen, uns von unseren Verletzungen heilt und uns von Neuem an unseren Platz stellt.

Unser Platz ist das Haus des Vaters. Eines Vaters, der nicht nur auf uns wartet, sondern mit Jesus hinausgeht, um uns zu suchen. Eines Vaters, der um unsere Verletzungen weiß, der weiß, was es heißt, einen verlorenen Sohn zu haben, der allein ist in dieser Wüste, zu der unsere Stadt für viele geworden ist; eine Wüste, in der es bisweilen schwer ist, freundliche Gesichter und solidarische Hände zu finden.

Um hier hereinzukommen, müssen wir uns ebenfalls in einer Reihe anstellen, weil wir viele sind, doch unser Warten in der Reihe ist voller Hoffnung. Der vor uns ist kein Konkurrent, sondern ein Bruder. Genau wie der hinter uns. Und wenn wir jemanden sehen, der ärmer ist, weniger behütet, bedürftiger, dann erinnern wir uns daran, dass dieser Mensch für unseren Vater der wichtigste ist, der, den er am meisten gesucht hat, den er am zärtlichsten in die Arme schließt. Und so, wie der Gute Hirte das verlorene Schäfchen auf seine Schultern nimmt, so wollen auch wir unsere Schultern hinhalten und Gott fühlen lassen, dass sein Volk bei Ihm ist. Dass wir ihn und Jesus nicht alleine lassen mit dieser Aufgabe, Verletzungen zu heilen und die, die sich verirren, wieder nach Hause zu bringen. Die Schulter hinhalten ist eine Geste unseres Gottvaters, und wir müssen sie nachahmen. Wie wenn wir unsere Heiligen auf Gestellen tragen und alle, wenn auch nur für eine kurze Weile, die Schulter hinhalten wollen. Wenn einer die Schulter hinhält – diese Schulter, die ganz nahe beim Herzen ist, so nahe, dass man das Gewicht unmittelbar spürt –, findet er seinen Platz im Leben. Wenn wir die Nöte unserer Mitmenschen schultern, dann erleben wir staunend und dankbar, dass ein anderer uns auf die Schultern nimmt. Dass er uns von klein auf getragen, uns ein ums andere Mal voller Freude und Liebe hochgehoben hat wie ein Vater sein kleines Kind. Wenn wir erklären wollen, wer unsere Heiligen sind, dann können wir im Grunde ganz klar sagen: Das sind die, die die Schulter hingehalten haben. So einer ist der heilige Kajetan, so wird er von unserem Volk wahrgenommen: So wird er von uns allen wahrgenommen. So einer ist Jesus, der uns alle auf seine Schultern genommen hat und uns zum Herzen Gottvaters trägt.

Unser Herr hat es ja gesagt: »Wer mir nachfolgen will, der verleugne sich selbst und nehme täglich sein Kreuz auf sich und folge mir nach.« (Lk 9,23) Und unter dem Kreuz ist nur Platz für den, der die Schulter hinhalten will. Die Schulter hinzuhalten, ist eine Begabung unseres argentinischen Volkes. Eine Begabung, die uns unsere Vorfahren hinterlassen haben und die wir unseren Kindern beibringen müssen. Eine Begabung, die uns klar erkennen lässt, wer Vater ist und wer nicht, wer Freund ist und wer Verräter, wer helfen will und wer ein Windhund ist.

Auf den Schultern Jesu, auf den Schultern unserer Heiligen, des heiligen Kajetan, fühlen wir uns im Herzen Gottvaters geborgen. Und heute bitten wir die Jungfrau um die Gnade, stark zu sein, die Nöte unserer Mitmenschen auf die Schultern zu nehmen, damit wir auch weiterhin ein Volk sind, das Christus nachfolgt und sich – ohne die Hoffnung zu verlieren – sein Kreuz auflädt und dabei leidet und betet, zu Gott fleht und ihm dankt: ein Volk, das froh ist inmitten der Schwierigkeiten des Lebens. Wenn wir das tun, dann sind wir ein behütetes Volk – behütet vom Frieden Christi, der alles übersteigt –, ein Volk, das mit Gewissheit weiß und fühlt, dass es unter dem Kreuz Christi den besten Platz hat: am Herzen Gottes, seines Vaters.

Predigt am Fest des heiligen Kajetan,
Buenos Aires, 7. August 1999

1 Es handelt sich um die Wallfahrtskirche San Cayetano de Thiene (zum heiligen Kajetan von Thiene) im Viertel Liniers in Buenos Aires. Das Fest des Heiligen wird alljährlich am 7. August gefeiert. (*A. d.* R.)

Wir sind heute hier

Gott-mit-uns ist der Name unseres Erlösers, Gott mit uns. Heute will ich das *Uns*, das *Wir* betonen. Diese einzigartige Weise, auf die wir heute Abend wir sind: die Ordensleute der Diözese gemeinsam mit ihrem Bischof.

Wir. Eine Kirche, die aus der Liebe des Heiligen Geistes gewebt ist, und heute sind wir gekommen, um uns mit diesem Gott zu treffen, der uns zwar immer nahe ist, aber wir sind gekommen, um ihn zu grüßen, wir sind gekommen, um ihn anzubeten, wir sind gekommen, um mit der Erneuerung unserer Gelübde einmal mehr Ja zu ihm zu sagen, Ja in dieser unserer Diözesankirche. Ja als Teil dieses heiligen, gläubigen Gottesvolkes, das in Buenos Aires unterwegs ist. Wir sind heute hier.

Und uns, die wir heute gekommen sind, stellt die Kirche die Figur der Mutter vor Augen, der Gebärenden. Die uns ihn bringen wird, damit er mit uns ist. »Darum gibt der Herr sie preis bis zur Zeit, da die Gebärende geboren hat und der Rest seiner Brüder zurückkehrt zu den Söhnen Israels.« (Mi 5,2) Und auch im Evangelium hören wir von der Mutterschaft. Davon, wie Jesus empfangen wurde. Die Kirche stellt uns Frauen und Männern des geweihten Lebens heute die Frage, die gleichzeitig Einladung zur Fruchtbarkeit der Kirche ist.

»Die Gebärende« ist Maria, und die Gebärende ist die Kirche. Maria als Bild der Kirche, die Kirche als Bild Mariens.

Und die Gebärende ist dem Kommentar eines heiligen Kirchenvaters zufolge auch unsere Seele, das heißt unser innerstes Wesen: Maria, die Kirche und die Seele.

Wir hören von der kirchlichen Fruchtbarkeit, und wenn wir in dieser Versammlung auf Maria, auf die Kirche und auf unsere Seele blicken, dann fragen wir nach unserer Fruchtbarkeit als Frauen und Männer des geweihten Lebens. Unserer Fruchtbarkeit hier in Buenos Aires, wo der Gehorsam uns an die Arbeit schickt, wenn wir uns der Herausforderung stellen wollen, Mütter und Väter und nicht bloß qualifizierte Singles zu sein. Das geweihte Leben hat nur im Licht der Vaterschaft und Mutterschaft einen Sinn, das heißt im Licht der Fruchtbarkeit im Stil der jeweiligen Ordensfamilie, der man angehört; doch ohne Fruchtbarkeit sind wir ein Pensionat aus religiös gebildeten Personen: mehr oder weniger fromm, vielleicht auch fleißig, aber nicht geweiht. Die Weihe salbt uns in der Fruchtbarkeit, wie die Mutter des Herrn in ihrer Bewahrung fruchtbar war und wie die Kirche fruchtbar ist.

Und die Fruchtbarkeit beinhaltet diese tiefste Großzügigkeit, sich beständig zu entäußern, um anderen das Leben zu schenken. Ebendieses Leben der Entäußerung ist es ja, das Leben hervorbringt; keiner pelagianischen egoistischen Entäußerung, die letztlich einen Kult mit der eigenen Persönlichkeit treibt, sondern der Entäußerung von Vätern und Müttern, die sich nur zu dem Zweck auf den Weg machen und sich entäußern, damit ein anderer das Leben hat und ihr eigenes Leben in dem Maß einen Sinn hat, wie sie es den anderen schenken und in den anderen wachsen lassen können. Im Licht dieses Wortes, das die Kirche uns heute mit Blick auf die Jungfrau vor Augen stellt, im Licht dessen, was unsere Mutter, die Kirche, ist, betrachten wir, was unsere Seele ist: die Seele von Frauen und Männern des geweihten Lebens. Sie ist fruchtbar. Im geweihten Leben wird es immer die Versuchung der Äußerlichkeit geben, die Versuchung, sich an das eigene Projekt, den eigenen Plan, die eigene Arbeit, an das *Klein-Klein* zu klammern. Und genau hier verliert das geweihte Leben seinen Sinn. Gute Leute, sehr gut, aber ohne Kinder. Und wenn ich sage, ohne Kinder, dann meine ich, ohne Hoffnung, denn wenn ich als Vater oder Mutter ein Kind zur Welt bringe, wenn ich das Innerste von mir selbst für ein anderes Leben einsetze, dann tue ich das in der Hoffnung, dass dieses Leben, das ich zur Welt bringe oder, in unserem Fall, im Herrn erwecke, dass dieses Leben wachsen, erwachsen werden, mich in den Schatten stellen, mich übertreffen und mir die Augen schließen wird.

Ein fruchtbares geweihtes Leben ist ein hoffnungsfrohes geweihtes Leben, das glaubt, dass das tiefste Innere seines Geistes von der Kraft des Heiligen Geistes durchströmt wird, die anderen Leben schenkt.

Ein fruchtbares geweihtes Leben ist ein geweihtes Leben, das über die Klosterpforten hinaussieht, weitere Horizonte hat und sich beständig fragt, was der Herr ihm durch die Dinge, die Tag für Tag passieren, sagen will, was für ein Leben der Herr durch die 1001 Ereignisse eines Tages in der Intimität des Gebets und im Miteinander des gemeinschaftlichen Lebens von ihm verlangt. Was Jesus heute von mir verlangt, um Leben zu schenken. Weite Horizonte, Horizonte, die weiter sind als unsere Nasenspitze reicht. Und das ist die Sendung, die wir Männer und Frauen des geweihten Lebens in der Kirche haben: in unserer eigenen Fruchtbarkeit die Fruchtbarkeit der Mutter Kirche, die Fruchtbarkeit der Mutter Maria widerzuspiegeln. Die Hoffnung der Kirche widerzuspiegeln, den apostolischen Mut der Kirche widerzuspiegeln, der sich nicht darauf beschränken lässt, mit sich selbst, mit seinem Klein-Klein, mit seinen Aktiönchen und mit seinem Organigramm Kult zu treiben.

Der größte Feind der Fruchtbarkeit des Ordenslebens ist der Funktionalismus, diese messbare, künstliche Fruchtbarkeit.

Ohne vorherige Fruchtbarkeit ist jeder Funktionalismus nutzlos, trügerisch. Wir müssen bei der Wahl unserer Mittel klug sein. Wir müssen sie suchen und planen, aber im Licht unserer Hoffnung, unseres apostolischen Wagemuts, der diese Fruchtbarkeit mit sich bringt. Wir dürfen nicht glauben, wir dienten der Kirche mit apostolischen Plänen, die zwar hübsch anzusehen, aber ›typisch Single‹ sind.

Heute betrachten wir »die Gebärende« und beglückwünschen sie, es ist ihr Geburtstag. Ich hatte gedacht, der einen oder anderen Schwester wäre es vielleicht eingefallen, eine Torte mitzubringen. Sie haben sich nicht dazu durchgerungen. Geburtstag der Jungfrau. Wir beglückwünschen sie, aber Marias großer Ruhm bestand darin, dass ihre Jungfräulichkeit fruchtbar war. Sie hat uns den Sinn unseres Daseins gebracht, sie hat uns den Gott-mit-uns gebracht, und heute kommen wir, fruchtbar in unserer Mutter, der Kirche, um Maria zu sagen, dass wir zu ihr, dass wir zur Kirche gehören, das heißt, dass wir Väter und Mütter sein wollen. Dass wir vor Hoffnung strotzen, vor Fruchtbarkeit strotzen, vor apostolischem Mut strotzen wollen. Wir bitten sie um die Gnade einer fruchtbaren Eingliederung in die Kirche, der wir angehören, großzügig, fruchtbar; und um die Gnade, dass uns, wenn unsere Stunde gekommen ist, viele Kinder die Augen schließen mögen.

Predigt, Messe mit den Frauen und Männern des geweihten Lebens, Buenos Aires, 8. September 1999

Regieren heißt, jedem Einzelnen der Brüder und Schwestern zu dienen

Bitte mich, worum du willst, sagt Gott zu Salomo. Und Salomo bittet ihn um Weisheit zum Regieren. Und Gott lobt ihn. Dem Herrn gefiel es, dass Salomo diese Bitte an ihn richtete, und er sagte zu ihm: »Weil du gerade diese Bitte gestellt und dir nicht ein langes Leben, Reichtum oder das Leben deiner Feinde, sondern Einsicht erbeten hast…« (1 Kön 3,11) Diese Geste Salomos, der den Himmel im Blick hat, weil er um seine Kleinheit weiß. Dein Knecht, so sagt er zu Gott, steht mitten in deinem Volk, ich bin noch sehr jung. »*Soy poca cosa*«, würden wir hier in Buenos Aires sagen, »ich bin unbedeutend.« Herzensdemut eines Regierenden, der nach oben schaut und um Weisheit bittet.

Auch Jesus stellt die Hierarchie auf den Kopf und sagt: »… wer unter euch der Größte sein will, soll euer Diener sein, und wer unter euch der Erste sein will, soll der Diener aller sein. Denn auch der Menschensohn ist nicht gekommen, sich bedienen zu lassen, sondern zu dienen…« (Mk 10,43–45) Salomos Blick war nach oben gerichtet, der Blick, den Jesus uns lehrt, uns, die auf die eine oder andere Weise Leitungsverantwortung tragen, geht auch nach links und nach rechts. Schauen Sie nach links und rechts! Und regieren heißt, jedem Einzelnen dieser Brüder und Schwestern zu dienen, die unser Volk bilden.

Das Wort Gottes ist sehr einfach: Wenn man vergisst, nach

oben zu blicken und um Weisheit zu bitten, dann verfällt man in diesen so verheerenden Fehler: die Selbstzufriedenheit. Und von der Selbstzufriedenheit in die Eitelkeit, den Stolz ... dort gibt es keine Weisheit. Wenn man vergisst, nach links und rechts zu schauen, dann schaut man auf sich selbst oder auf sein Umfeld, vergisst sein Volk oder erliegt der Versuchung, sein Volk durch die vielen Zwischenglieder zu sehen, die vielleicht zweckdienlich sind, aber nicht das Herz berühren. Und wir, die gesandt sind, in der Ausübung eines Leitungsamts zu dienen, dürfen niemals aufhören, nach oben zu blicken, damit wir nicht in Selbstgenügsamkeit verfallen, und nie aufhören, nach den Seiten zu blicken, damit wir unser Volk nicht vergessen.

Ich bitte den Herrn heute für uns alle, die wir Leitungsverantwortung tragen, aber insbesondere für Sie: für Sie, Herr Präsident, für Sie, Herr Vizepräsident. Für alle, die diese beiden Bürger unterstützen werden, dass der Herr ihnen die Gnade gewähren möge, immer nach oben zu blicken und um Weisheit zu bitten, und immer nach rechts und links zu schauen, damit wir in unserem Fleisch und in unserem Herzen wahrnehmen, was unser Volk fühlt.

Gebet für die neuen nationalen Behörden,
Buenos Aires, 11. Dezember 1999

2000

Zu Frieden und Hoffnung erziehen

Wie schön ist dieses Wort aus der ersten Lesung: »Denn wo gibt es ein so großes Volk, das Götter hat, die ihm so nahe sind wie der Herr, unser Gott, uns, sooft wir zu ihm rufen?« (Dtn 4,7)

So dachte das Volk Israel auf seinem ganzen Weg durch die Wüste, auf seinem Weg durch die Geschichte fühlte es, dass sein Gott nahe war. Dass unser Gott nahe war; denn unser Gott ist nahe, er ist der Gott aller Nähe, er ist uns vertrauter als unser eigenes Innerstes. Und diese innige Vertrautheit Gottes mit seinem Volk, mit jedem von uns, die uns zu einem Volk macht, schreibt er uns ins Herz hinein. Er schreibt sie in diese Gebote hinein, von denen die Rede ist: »Und nun höre, Israel, auf die Bestimmungen und Rechtssatzungen, die ich euch lehre.« (Dtn 4,1) Diese Gesetze sind nicht äußerlich, es sind Gesetze des Herzens. Gesetze, die vom Herzen Gottes in das Herz seines Volkes gelegt werden, in das Herz jeder Frau und jedes Mannes aus seinem Volk.

Gesetze, die mit Zärtlichkeit gegeben werden. Hier nämlich vollzieht sich die Verwandlung des Herzens, wenn er sagt, »ich entferne das Herz von Stein aus ihrer Brust und gebe ihnen ein Herz von Fleisch« (vgl. Ez 11,19). Ein Herz von Zärtlichkeit, das Herz, das diese zehn so bekannten Gebote nicht wie eine äußerliche Vorschrift, sondern wie einen Kuss der Liebe und wie die Gewissheit entgegennimmt, dass man auf diesem Weg immer mehr Frau, immer mehr Mann, immer reifer, immer mehr zu jemandem wird, der für die anderen da ist, der Frieden und Hoffnung aussät. Diese Gebote sind eine Saat des Friedens und der Hoffnung.

Jesus greift das auf und sagt: »Wer sie [die Gebote] aber hält und lehrt, der wird groß sein im Himmelreich.« (Mt 5,19) Das heißt, wer diesen Weg der Liebe geht und gehen lehrt, der ins Herz geschrieben ist, den man, wie er selbst es tut, in zwei großen Geboten zusammenfassen kann: Liebe deinen Gott und liebe deinen Nächsten wie dich selbst. (vgl. Mt 22,37–39)

Damit haben Hass, Streit, negativer Wettbewerb, Bosheit und Lüge keinen Platz mehr. Ihr seid eine Quelle des Friedens und der Hoffnung, und deshalb sind wir heute als ein Volk von Pädagogen versammelt, um für dieses Jahr den Vorsatz zu fassen, dass wir zu Frieden und Hoffnung erziehen wollen. Und dass wir gemeinsam erziehen wollen, denn dies ist eine Arbeit für alle. Es ist die Arbeit eines Volkes, das seinen Gott ganz nahe bei sich hat, das seinen Gott im Herzen trägt. Zu Frieden und Hoffnung erziehen.

Wir wollen keinen stehenden Frieden, einen Frieden, der sich nicht bewegt. Bedenken Sie, dass das stehende Gewässer am Ende als Erstes umkippt. Das ist nicht der Friede unseres nahen Gottes.

Der Friede unseres nahen Gottes ist der Friede der Quelle, die immer weiter sprudelt und Dinge hervorbringt und Leben schenkt mit ihrem Wasser, Leben schenkt mit ihrem Frieden. Die immer und immer Hoffnung hervorbringt. Unser Friede ist Fundament, ist Ursprung, ist Quelle einer Hoffnung, die sogar uns selbst überdauern wird, die wir aber heute schon aussäen müssen.

Den Pädagogen, die hier sind, die ihr Leben der Aufgabe gewidmet haben, das Herz so vieler Mädchen und Jungen aus unserem Heimatland wachsen zu lassen, sage ich: Schaut auf diese Quelle, diese Quelle, die der Friede ist, den Gott mit seinen

Geboten in unser Herz gelegt hat. Und lasst sie fließen, helft ihr, grabt ihr ein Bett, damit sie anderen Leben schenkt. Lasst sie wachsen.

Und den Schülerinnen und Schülern, die hier sind, die gebildet werden sollen, sage ich: Lasst den Reichtum dieser Quelle nicht ungenutzt, seid kreativ. Wisst, dass euer Leben in dem Maß einen Sinn hat, in dem ihr diesen Kuss der Liebe und Zärtlichkeit bejaht, den Gott euch ins Herz gelegt und in Frieden verwandelt hat, damit dieser Friede den anderen Leben und Stärkung bringt.

Das ist es, was ich heute von unserem Gott erbitte, dem nahen Gott, dem Gott unseres Herzens. Dem Gott, der seine Gebote in unser Herz geschrieben hat. Dem Gott der Liebe, dem Gott, der den Frieden wie eine Quelle sprudeln lässt, damit wir ihn den anderen bringen; und so, wie er uns nahe, unser Nächster geworden ist, so wollen auch wir anderen nahe sein, ihre Nächsten werden und ihnen dieses Leben und diese Botschaft des Friedens und der Hoffnung bringen.

Predigt, Messe für das Bildungswesen,
Buenos Aires, 29. März 2000

Der Engel nimmt den Frauen die Angst: »Fürchtet euch nicht!«

Vorhin haben wir auf dem Vorplatz verkündet, dass Jesus Christus gestern war, heute ist und in Ewigkeit sein wird, und dabei haben wir auf der Osterkerze, dem Sinnbild des auferstandenen Christus, die Jahreszahl angebracht. Mit dieser jahrhundertealten Geste trägt die Kirche die überwältigende Kunde von jenem Ereignis durch die Geschichte, das sich an einem frühen Sonntagmorgen auf dem Jerusalemer Friedhof zugetragen hat: Er, der ist, ehe Abraham ward, er, der unser Nächster und Weggefährte werden wollte, der barmherzige Samariter, der uns am Wegrand aufliest, wenn das Leben und unsere schwache Freiheit uns zu Boden geworfen haben, er, der gestorben ist und begraben und dessen Grab versiegelt wurde: Er ist auferstanden und lebt auf ewig.

Diese Botschaft ergeht an die Frauen, die überrascht feststellen, dass der Stein fortgewälzt ist und dass dort, wo der Leichnam gelegen hat, ein Engel sitzt. Seither wird diese Botschaft durch die Geschichte der Menschheit hindurch von einem zum anderen weitergegeben. Eine Botschaft, die kraftvoll verkündet, dass von nun an inmitten allen Sterbens ein Keim der Auferstehung schlummert. Dass diese Liturgie im Dunkeln beginnt, ist nichts anderes als ein Sinnbild für die Finsternis des Todes; dagegen ist das Licht Christi ein Funke der Hoffnung in unserem Leben und in unserem Herzen – auch in jenen Herzen, die von tiefster Dunkelheit umfangen sind.

Der Engel nimmt den Frauen die Angst: »Fürchtet euch nicht!« (Mt 28,5) Ihre Angst ist die instinktive Scheu vor jeder Hoffnung auf Glück und Leben, die Furcht, dass das, was ich sehe oder was man mir sagt, vielleicht nicht wahr ist und die Furcht vor der Freude, die uns völlig unverdient und in Überfülle zuteilwird. Und auf dieses beruhigende »Fürchtet euch nicht« folgt die Sendung: »Dann geht schnell zu seinen Jüngern und sagt ihnen: ... Er geht euch voraus nach Galiläa. Dort werdet ihr ihn sehen. Ich habe es euch gesagt.« (Mt 28,7)

Der Herr geht uns immer voran und wartet auf uns. Auf ebendiese Erfahrung, dieses Gefühl, von jemandem erwartet zu werden, der schon vorangegangen ist, greift der Apostel Johannes zurück, als er zu beschreiben versucht, was Liebe ist: »Nicht darin besteht die Liebe, dass wir Gott geliebt haben, sondern dass er uns zuerst geliebt hat.« (vgl. 1 Joh 4,10) Auch wenn wir in unserem Leben auf die eine oder andere Weise Gott suchen, ist doch die tiefere Wahrheit die, dass wir von ihm gesucht, dass wir von ihm erwartet werden. Wie der Mandelbaum, den die Propheten aufgrund seiner frühen Blüte als Vorboten des Frühlings erwähnen, erwartet uns auch der Herr »zuerst« und kommt uns mit seiner Liebe »zuvor«.

Schon seit Jahrhunderten ist Gott uns mit seiner Liebe voraus. Schon seit 2000 Jahren geht Jesus uns voran und erwartet uns in Galiläa: jenem Galiläa der ersten Begegnung, jenem Galiläa, das jeder von uns irgendwo im Herzen trägt. Das Gefühl, dass er uns vorangegangen ist und auf uns wartet, beschleunigt unsere Schritte, weil wir ihm möglichst rasch begegnen wollen. Derselbe Gott, der »uns zuerst geliebt hat«, ist auch der barmherzige Samariter, der unser Nächster wird und – wie am Ende des Gleichnisses – zu uns sagt: »Geh und handle genauso.« (Lk 10,37) Tu also ganz einfach das, was er getan hat. Komm deinen Mitmenschen mit deiner Liebe »zuvor«. Warte nicht ab, ob du geliebt wirst, sondern liebe zuerst. Mach den ersten Schritt. Einen dieser Schritte, die uns herausreißen aus unserer Schlaftrunkenheit (nachdem wir nicht imstande waren, mit ihm zu wachen) und aus der selbstgerechten Ruhe.

Einen Schritt der Versöhnung, einen Schritt der Liebe. Tu den ersten Schritt in deiner Familie und auch in dieser Stadt; sei denen der Nächste, die kaum genug zum Leben haben: Es werden täglich mehr. Ahmen wir unseren Gott nach, der uns vorangeht und uns zuerst liebt, der zum Nächsten unserer Brüder und Schwestern wird: der Einsamen, Notleidenden, Arbeitslosen, Ausgebeuteten, Obdachlosen und Kranken; der Migranten, die verachtet, und der alten Menschen, die ins Heim abgeschoben werden. Mach den ersten Schritt und trage mit deinem eigenen Leben die Botschaft in die Welt: Er ist auferstanden. Dann wirst du inmitten von so viel Tod einen Funken der Auferstehung entzünden: den Funken, den du in dir trägst, weil Gott es so will. Dann wird dein Glaubensbekenntnis auch glaubwürdig sein.

In dieser Osternacht bitte ich unsere Mutter, dass sie uns lehren möge, was es heißt, »zuerst zu lieben«. Sie, die von der Hoffnung wachgehalten wurde, bitte ich, sie möge uns helfen, den Bedürftigsten ohne Scheu durch unser Wort und unsere »Nächstheit« zu verkünden, dass er mitten unter uns lebendig ist. Und uns als gute Mutter an der Hand zu nehmen und zur stillen Anbetung dieses Gottes zu führen, der uns in Liebe vorangeht. Amen.

Predigt, Osternacht, Buenos Aires, 22. April 2000

Hoffnung für die Freude, Freude für die Bindung

»Hierauf ging er in eine Stadt namens Naïn; seine Jünger und viel Volk gingen mit ihm. Als er sich dem Stadttor näherte, trug man einen Toten heraus, den einzigen Sohn seiner Mutter, die Witwe war, und viele Leute aus der Stadt begleiteten sie. Als der Herr sie sah, hatte er Mitleid mit ihr und sagte zu ihr: Weine nicht! Dann trat er hinzu und berührte die Bahre; die Träger aber standen still. Er sagte: Junger Mann, ich sage dir: Steh auf! Da richtete sich der Tote auf und begann zu reden und er gab ihn seiner Mutter zurück. Furcht ergriff alle; sie lobten Gott und sagten: Ein großer Prophet ist unter uns aufgetreten und Gott hat sich seines Volkes angenommen. Und die Kunde davon verbreitete sich in ganz Judäa und in der ganzen Gegend.« (Lk 7,11–17)

Seit der Heilige Vater zur Feier des großen Jubiläums aufgerufen hat, ist dieses Jahr ein *hoffnungsträchtiges* Jahr für jeden Christen. Im Jahr 2000 erleben wir keinen gewöhnlichen Geburtstag, sondern feiern, dass Christus selbst bei uns bleibt. Wir denken an seine Gnade, die die Menschheit verwandelt, und wir denken auch an das Widerstreben unserer menschlichen Natur. Ersteres, um Lob und Dank zu sagen; Letzteres, um zu bekennen und Vergebung zu erbitten. Das alles nennen wir Umkehr.

Wie es im Evangelium heißt: »Ein großer Prophet ist unter uns aufgetreten und Gott hat sich seines Volkes angenommen.« (Lk 7,16). Jubel herrscht, weil Gott mit uns und unter uns ist und weil er uns trotz des Widerstrebens gegen die Liebe – nämlich der Sünde – die Freude schenkt, uns erlöst zu fühlen, uns berufen zu fühlen, wieder so zu lieben, wie er es uns gelehrt hat. Wir sind eingeladen, eine neue Zeit zu beginnen: den Neuanfang mit Christus, der, obwohl er »weiß, was im Menschen ist« (vgl. Joh 2,25), weiterhin auf das *Geschenk der Freiheit* und auf den Funken der Liebe vertraut, den der Geist uns ins Herz senkt.

Ich bin sicher, dass sich alle Argentinier wünschen würden, auch diesen neuerlichen Mai-Gedenktag[1] *mit derselben Jubelhoffnung* begehen zu können, die heute Millionen von Menschen in aller Welt beseelt. Mit dem Jubel des im Glauben und im Schmerz unseres Volkes fleischgewordenen Christus, mit der Hoffnung, jene heroischen Aufwallungen wieder neu zu erleben, die sich über alle Irrtümer und widersprüchlichen Interessen hinweg zu vereinen vermochten, um das Abenteuer einer neuen Nation zu beginnen. *Die Hoffnung schenkt der Seele Tiefe und Frieden*, denn wenn die Menschen – großmütig – im Vertrauen auf die erhaltene Verheißung, auf das gegebene Wort ihr Herz öffnen, werden sie frei vom Argwohn und Pessimismus ihrer unmittelbaren Logik und sogar von der Last gewisser Fakten. Wer von dem lebt, was er erhofft, beweist die Würde dessen, der als Abbild des Vaters und diesem ähnlich geschaffen ist. Seine Freude wird zum Geschenk, ist nicht mehr vom Erfolg und auch nicht von eher kurzfristigen Resultaten abhängig.

Ist die tiefe Freude somit gefestigt, die als Friede überdauert, dann ist der Jubel – in letzter Konsequenz – das, was über alle Unterschiede und Zwänge hinweg Bindungen schafft. Wir Argentinier wollen in der Verheißung der Vorfahren wiedergeboren werden, die die Heimat begonnen haben, und dazu brauchen wir unbedingt *die Hoffnung*, die die Freude sprießen lässt, denn aus ihr werden die Bindungen erwachsen, die Ängste und Unsicherheiten abbauen: Entfernungen, die heute unüberbrückbar scheinen. *Hoffnung für die Freude, Freude für die Bindung.*

Bei dieser selben Gelegenheit habe ich vor einem Jahr auf die Notwendigkeit hingewiesen, *die soziale Bindung zwischen den Argentiniern neu zu knüpfen, eine hoffnungsfrohe Bindung*: eine Bindung, die die schmerzliche Kluft zwischen denen, die mehr, und denen, die weniger haben, verringert. Die die Jugendlichen wieder näherholt, die kein soziales Projekt für sich finden können. Eine Bindung, die die Liebe zu den oft vernachlässigten und verarmten Kindern wieder in uns weckt. Die uns alarmiert, wann immer ein Mensch seinen Arbeitsplatz verliert. Die uns den mittellosen und gutwilligen Einwanderern, die zu uns kommen und auch weiterhin kommen müssen, solidarisch und integrativ begegnen lässt. Eine Bindung, die uns mit besonderer Achtsamkeit gegenüber den alten Menschen erfüllt, die ihr Leben für uns verschlissen haben und es heute verdienen, ihren Platz als Weise und Lehrer zu feiern und geltend zu machen, indem sie uns Hoffnung vermitteln.

Unsere sozialen Bindungen mit Hoffnung neu zu knüpfen – das ist kein Postulat einer unterkühlten, rationalistischen Ethik. Es handelt sich nicht um eine neue, unerfüllbare Utopie und schon gar nicht um einen lieblosen und ausbeuterischen Pragmatismus. Es ist die unbedingte Notwendigkeit zusammenzuleben, um gemeinsam das mögliche Gemeinwohl aufzubauen: das Gemeinwohl einer Gemeinschaft, die auf Einzelinteressen verzichtet, um ihre Güter, ihre Interessen, ihr friedliches soziales Miteinander gerecht teilen zu können. Und es handelt sich auch nicht um ein bloß administratives oder technisches Vorgehen, um einen Plan;

vielmehr ist es die *konstante, durch Gesten,* durch die persönliche Annäherung, durch eine typische Prägung *geäußerte Überzeugung,* in der sich dieser Wille ausdrückt, die Art, wie wir uns aneinander binden, zu verändern, indem wir voller Hoffnung eine neue Kultur der Begegnung, der Nächstheit formen; wo das Privileg keine unangreifbare und unabänderliche Macht mehr ist, wo Ausbeutung und Missbrauch nicht länger eine übliche Art des Überlebens sind. In diesem Sinne – um eine Annäherung, eine Kultur der Hoffnung zu fördern, die neue Bindungen schafft – lade ich Sie ein, Willenskräfte zu mobilisieren, Zuversicht zu verbreiten und Überzeugungsarbeit zu leisten.

Im Evangelium haben wir gesehen, wie unser Herr Jesus Christus die *hoffnungsfrohe Bindung* eines neuen Volkes begonnen hat. Das Bild Jesu, der den Sohn der Witwe auferweckt, ist ein starkes Bild – mit der Stärke des Dramas, nicht der Tragödie –, das Tod und auferwecktes Leben in sich trägt. Der Schmerz wird nicht verharmlost, die Hoffnung nicht abgeschwächt. Der Schlüssel liegt in diesem Jesus, der erschüttert wird, der sich nähert, der den Schmerz und den Tod anfasst und in neues Leben verwandelt. Er hat es nicht zugelassen, dass diese Trauer um den toten Jungen die Hoffnung begrub: »Weine nicht«, hat er zu der Mutter gesagt und den Schmerz angefasst. Manchmal frage ich mich, ob wir nicht bei bestimmten Anlässen im Leben unserer Gesellschaft wie ein Trauerzug daherkommen. Ob wir nicht darauf bestehen, unserer Suche einen Totenstein zu setzen, als gingen wir einem unausweichlichen, mit Unmöglichkeiten gespickten Schicksal entgegen, als fänden wir uns mit kleinen Illusionen ohne Hoffnung ab.

Wir müssen demütig anerkennen, dass das System in einen großen Schattenkegel eingetreten ist: *den Schatten des Miss-*

117

trauens, und dass einige Versprechungen und Äußerungen sich anhören wie bei einem Trauerzug: Alle betrauern die Hinterbliebenen, aber niemand richtet den Toten auf. »Steh auf!«, ruft Christus in seinem Jubeljahr. »Steh auf, Argentinien!«, wie es uns der Heilige Vater bei seinem letzten Besuch gesagt und wie es sich unsere Vorfahren und Gründerväter erträumt und verwirklicht haben. Doch solange wir uns unsere Hintergedanken nicht eingestehen, wird es weder Vertrauen noch Frieden geben. Solange unsere Umkehr nicht wirksam wird, werden wir keine Freude und keinen Jubel haben. Denn der maßlose Ehrgeiz drückt – ganz gleich, ob es dabei um Macht, Geld oder Beliebtheit geht – immer nur eine große innere Leere aus. Wer leer ist, strahlt keinen Frieden, keine Freude und keine Hoffnung, sondern Argwohn aus. Er schafft keine Bindungen.

Fasse du, Herr, unser Argentinien an, das noch jung, das noch nicht in sich selbst verschlossen, sondern für seine Nachbarn offen ist! Zeige uns deine Geste der Liebe, die uns die Angst verlieren lässt! Und wir, haben auch wir Mut, anzufassen: den anzufassen, der vom System an den Rand gedrängt wird, und in ihm Männer und Frauen zu sehen, die sehr viel mehr sind als potenzielle Wähler. Geben wir im Rahmen der staatlichen Institutionen jenen gemeinschaftlichen Organisationen Macht und Unterstützung, die Hände ergreifen und Beteiligung ermöglichen, die – als eine neue »Produktivität« – Vertrautheit, Geschwisterlichkeit und Treue zu Grundsätzen und Zielen begünstigen. Dann werden die Jugendlichen wieder konkrete Horizonte bekommen, die mögliche Zukunft wiederentdecken und die leeren Floskeln ignorieren, die ihre eigene Leere nur vertiefen.

Hierzu muss man den Trauernden, den, den alle für tot halten, anfassen. Man muss ihm einen Wert geben: »Ich befehle dir, junger Mann: Steh auf!« Hierzu muss man wie Christus das Wagnis eingehen, auf die Macht zu verzichten, die rafft und verblendet, und eine Autoritätsausübung akzeptieren, die dient und begleitet. Einige wenige haben die Macht der Finanzen und der Technik; andere üben die Macht des Staates aus; doch nur eine aktive Gemeinschaft, die solidarisch wird und in gemeinsamer Verantwortung arbeitet, kann in ihrer kreativen Vielfältigkeit das Boot des Gemeinwohls vorwärtsbewegen und Hüterin des Gesetzes und des Zusammenlebens sein.

Wie Christus, der Erlöser, der den Ruhm des wiederbelebten Jungen nicht für sich in Anspruch nahm, sondern ihn seinem Umfeld, seiner Mutter zurückgab, so wollen auch wir, die wir irgendeine Art von Autorität ausüben, der Gemeinschaft dienen. Überlassen wir der Gemeinschaft die Hauptrolle, indem wir diejenigen unterstützen und stärken, die sich zugunsten ihrer Ziele organisieren. Dann werden die Barrieren der Kommunikationslosigkeit durchbrochen werden, die in dieser Welt der Superkommunikation paradoxerweise herrscht. Dann nähert sich die öffentliche Sache ihren eigentlichen Protagonisten an, die ihr Glück nicht länger von endlosen Listen mit den Namen unbekannter Volksvertreter abhängig machen wollen.

Wir glauben, dass diese gemeinschaftlichen Initiativen die *hoffnungsvollen Anzeichen* einer partizipativen Freude sind. Unerreichbar für die »Makromanipulationen« der Systeme und Strukturen, denen das wahre Wesen des Volkes fremd ist, entwickelt sich hier eine echte innere Revolution und – zugleich – soziale Veränderung. Diese Initiativen sind eine unübertroffene Alternative zum sozialen Suizid, der immer dann ausgelöst wird, wenn irgendeine Philosophie oder Technik die Arbeitskraft fortjagt, die Zärtlichkeit der familiären Zuneigung an den Rand drängt, die eigentlichen Werte der Menschenwürde verhandelt. Alles, was es braucht, ist *die kühne und hoffnungsfrohe Initiative*, beiseitezutreten, auf fruchtlosen Geltungsdrang zu verzichten; die Initiative, den zermürbenden inneren Kämpfen, dem Immer-noch-Mehr der unersättlichen Machtgier ein Ende zu setzen.

Wir können – ja, wir können, da gibt es keinen Zweifel –, wir können unseren Vorfahren, unseren alten Menschen ein junges Argentinien zurückgeben: diesen Männern und Frauen, die heute ihren Lebensabend erreichen und so oft keinen Grund zum »Jubeln« haben, weil sie betrogen worden sind und am Rande des Skeptizismus stehen. Ihnen gegenüber haben wir eine Schuld abzutragen: eine Schuld nicht nur der Gerechtigkeit, sondern auch des Überlebens für unsere jungen Leute, denn sie sind die Glut der Erinnerung. Könnten wir doch den Mut finden, ihnen ein Argentinien zurückzugeben, das hoffnungsfroh ist wie der junge Mann, der seiner Mutter zurückgegeben wurde, damit sie *mit ihrem Hoffnungslächeln* das Leben der Jugendlichen *aufhellen*, die heute traurig sind. Und dann werden wir sehen, dass der, den wir für tot gehalten hatten, aufsteht, wie wir im Evangelium lesen, und zu sprechen beginnt. Dann werden wir begreifen, dass »die Hoffnung nicht zugrunde gehen lässt« (vgl. Röm 5,5).

Predigt, *Te Deum*, Buenos Aires, 25. Mai 2000

1 Gemeint ist der Nationalfeiertag der argentinischen Unabhängigkeit, der 25. Mai, der Jahr für Jahr mit einem feierlichen *Te Deum* begangen wird. (*A. d. R.*)

Für ein Jahrtausend der Solidarität, Hoffnung und Gerechtigkeit

Liebe Brüder und Schwestern, eben haben wir in der Lesung gehört, dass der heiligen Paulus uns mit diesen Worten ermahnt: »Seid untereinander gesinnt, wie es einem Leben in Christus Jesus angemessen ist« (Phil 2,5). Eine *solche Gesinnung* hat uns alle hier beim heiligen Kajetan zusammengeführt,[1] eine sehr tiefe Gesinnung. Ein und dieselbe Gesinnung, die sich auf vielerlei Weise ausdrückt: in der Hoffnung dessen, der schon seit mehreren Tagen oder sogar Wochen ansteht; in der Solidarität dessen, der ein Paket Mate oder Zucker für die mitgebracht hat, die bedürftiger sind als er; in dem, der gerecht sein will und für das Brot dankt und um Arbeit bittet und dabei mit großem Glauben das Bild des Heiligen berührt und sich die Gesichter seiner Lieben vergegenwärtigt… Alle diese Gefühle erwachsen aus einer tieferen Gesinnung, die Jesus uns im Gleichnis vom barmherzigen Samariter beschreibt. Jesus sagt, dass der Samariter Mitleid hatte, dass »ihm das Herz weich wurde«, als er den Verletzten am Wegrand liegen sah. So ergeht es auch uns, wenn wir anstehen, um den heiligen Kajetan um etwas zu bitten und ihm zu danken: Das Herz wird uns weich.

Doch sehen wir genau hin: Die Weichherzigkeit des guten Samariters war keineswegs eine sentimentale Anwandlung, im Gegenteil: Sein Mitleid verlieh dem Samariter den Mut und die

Kraft, dem Verwundeten zu helfen. Schwach waren die anderen, die – weil sie ihr Herz verhärteten – vorbeigingen und nichts für ihren Nächsten taten.

Diese Zärtlichkeit und dieses Mitleid gaben dem Samariter das Gefühl, dass es unrecht war, einen Bruder in diesem Zustand einfach liegen zu lassen. Die Zärtlichkeit gab ihm ein Gefühl der Solidarität mit dem Schicksal dieses armen Reisenden, der er selbst hätte sein können; sie ließ die Hoffnung in ihm aufkeimen, dass in diesem blutleeren Körper trotzdem noch Leben war; und sie gab ihm den Mut, ihm zu Hilfe zu kommen. Gesinnung der Gerechtigkeit, der Solidarität und der Hoffnung. Das sind die Gefühle des barmherzigen Samariters. Das sind die Gefühle Jesu uns allen gegenüber, die wir oft wie jener Mann sind: von Räubern überfallen, ausgeraubt, geschlagen und schwer verletzt … und dennoch lebendig und voller Hoffnung, mit dem Wunsch, gesund zu werden, und mit dem Wunsch, dass unsere ganze so kranke Gesellschaft gesund wird, mit der Bereitschaft, uns gemeinsam mit unseren Landsleuten zu bessern, mit der Bereitschaft, uns helfen zu lassen.

Deshalb sind wir hier mit einem hilfsbedürftigen Herzen wie dem des Verwundeten und – gleichzeitig – mit einem hilfsbereiten Herzen wie dem des barmherzigen Samariters. Das sind die Gefühle, um die wir auf die Fürsprache des heiligen Kajetan Gott, unseren Vater, bitten wollen, damit unser Herz dem Herzen Jesu ähnlicher werden möge und wir als gläubiges Volk so gesinnt sind wie Jesus Christus selbst.

Gerechtigkeit, Solidarität und Hoffnung … das sind verschiedene Arten, nicht vorbeizugehen wie die anderen beiden Personen aus dem Gleichnis: Sie sahen den Mann am Wegesrand liegen, machten einen Bogen und gingen vorbei. Hierherzukommen, zum heiligen Kajetan, ist eine Art, nicht vorbeizugehen. Für das tägliche Brot zu danken ist eine Art, nicht vorbeizugehen, *gerecht zu sein* wie unser Vater im Himmel, der inmitten der Ungerechtigkeiten der Menschen für uns sorgt. In dieser Reihe der Wartenden, in der wir keine Konkurrenten, sondern Brüder und Schwestern sind, *solidarisch* um Arbeit zu bitten, ist eine Art, nicht vorbeizugehen. Die *Hoffnung* hochzuhalten, während man für die *Gerechtigkeit* kämpft und *solidarisch* lebt, ist eine Art, nicht vorbeizugehen.

Sich nähern. Keinen Bogen machen und nicht vorbeigehen. Sich nähern, heute, jetzt: das ist der Schlüssel; das ist es, was Jesus uns lehrt. Wir müssen uns all unseren Brüdern und Schwestern und insbesondere den Bedürftigen nähern. Wenn einer sich nähert, »wird ihm das Herz weich«. Und in einem Herzen, das keine Angst davor hat, Zärtlichkeit zu empfinden (diese Zärtlichkeit, wie sie ein Vater und eine Mutter für ihre Kinder fühlt), wird der Bedürftige gleichsam zu unserem Kind, zu jemand Kleinem, der Fürsorge und Hilfe braucht. Dann äußern sich *der Wunsch nach Gerechtigkeit, die Solidarität, die Hoffnung* in konkreten Gesten. Gesten wie der dieses barmherzigen Samariters, der die Wunden mit Wein und Öl säubert und verbindet, der sich des Verletzten annimmt und ihn auf seinem Eselchen ins Gasthaus bringt, der sein Geld ausgibt, damit er gepflegt wird, und der verspricht, zurückzukommen, um nach ihm zu sehen.

Wenn wir uns dagegen nicht nähern, wenn wir von ferne schauen, dann schmerzen die Dinge uns nicht und erweichen uns nicht. Wie das Sprichwort sagt: »Augen, die nicht sehen, Herz, das nicht fühlt.« Doch auch das Umgekehrte ist wahr, vor allem heutzutage, wo wir alles sehen, aber nur im Fernsehen: »Herz, das sich nicht nähert, das der Schmerz nicht berührt, Herz, das nicht fühlt … und – deshalb – Augen, die schauen, aber nicht sehen.«

Deshalb fühlen hier, in diesem Moment, da wir zusammen sind, eingezwängt in dieser nicht enden wollenden Reihe der

Wartenden wie die Körner in der Ähre des heiligen Kajetan, dem Jesuskind nahe wie der heilige Kajetan, deshalb fühlen unsere Herzen wie ein einziges Herz. Als gläubiges Gottesvolk vereint, sind wir gesinnt wie Jesus selbst, und dafür danken wir dem Vater, weil er es ist, der uns das Herz erweicht; wir danken der Jungfrau, weil sie – als unser aller Mutter – uns zärtlich behandelt und uns vom Vater die Gesinnung Jesu erwirkt: wirksame Wünsche, *gerechter, solidarischer und hoffnungsvoller* zu sein.

Predigt am Fest des heiligen Kajetan,
Buenos Aires, 7. August 2000

1   Es handelt sich um die Wallfahrtskirche San Cayetano de Thiene (zum heiligen Kajetan von Thiene) im Viertel Liniers in Buenos Aires. Das Fest des Heiligen wird alljährlich am 7. August gefeiert. (*A. d.* R.)

Bei jeder Begegnung steht eine Geschichte auf dem Spiel

Im Augenblick des Abschieds von Jesus hatten einige Jünger noch Zweifel. Sie fragten sich, was mit ihnen geschehen würde. Sie zweifelten an sich selbst. Sie zweifelten an der Standhaftigkeit ihres Herzens. Doch alle – ja, mit Sicherheit alle – erinnerten sich in diesem Moment des Abschieds an das erste Mal, als er zu ihnen gesprochen hatte.

Diese erste Begegnung mit Jesus Christus war in ihrem Herzen, und aus diesem Nachhall der ersten Begegnung empfingen sie ihre Sendung: Geht und lehrt.

Das könnte man so übersetzen: Geht und begegnet Tag für Tag jedem, der euch nahe ist, jedem, den ich euch anvertraut habe. Padre Juan hat immer gesagt, dass jeden Tag, dass jeden Morgen, wenn ein Lehrer seinem Schüler begegnet, eine Geschichte beginnt.

Heute, da ich Ihnen im Namen Jesu den Auftrag gebe, Tag für Tag in der Person Ihrer Schüler und Schülerinnen einer Person zu begegnen, die wartet, einem Herzen, das geliebt sein und lieben lernen will, einem Leben, das hoffen will; heute, da ich Ihnen diesen Auftrag gebe, sind Sie es, die ich bitte, die erste Begegnung nicht zu vergessen. Die erste Begegnung mit dem Lehrer. Bis heute besuche ich meine Lehrerin aus der ersten Klasse. Sie ist 91 Jahre alt.

Bei jeder Begegnung mit einem Jungen oder einem Mädchen steht eine Geschichte auf dem Spiel.

Sie, die von Jesus Christus gefunden worden sind, die diesen Überfluss der Gnade von Jesus Christus empfangen haben, Sie werden, wenn Sie sich jedem einzelnen Ihrer Jungen und Mädchen nähern, nichts verkaufen, denn Sie »hausieren« nicht mit Bildung, sondern Sie geben das Leben weiter, ein gelebtes Leben. Deshalb lehrt der Lehrer mit dem Herzen, der Lehrer treibt keinen Handel.

Die gesamte Erziehungsgemeinschaft muss das »Fleisch« ihrer Erinnerung, das »Fleisch« ihres eigenen Lebens mit seinen Erfolgen und Fehlschlägen, seinen Gnaden und Sünden auf den »Grill« des Lebens legen; doch immer ist da diese erste Begegnung mit Jesus Christus. Dieser Blick, mit dem wir geschaffen, ins Leben gerufen worden sind. Dieser Blick, der jeden Morgen zur Sendung wird, damit ich jeden Jungen und jedes Mädchen, das sich mir nähert, mit Seinen eigenen Augen anblicken kann.

Das Lehren, das Erziehen, das Wachsen-Lassen ist zwar Arbeit, sprengt aber den Rahmen einer reinen Erwerbstätigkeit. Es geht darüber hinaus. Das Leben fassen, es an der Hand nehmen, heißt, den Beunruhigungen dieses Lebens zuzuhören und ihm, Hand in Hand, den Weg nicht aufzuzwingen, sondern vorzuschlagen. Und das kann man nur von Herzen tun.

Wenn eine Erziehungsgemeinschaft, wenn Lehrer, Verwaltungsmitarbeiter und das gesamte Schulpersonal dies nicht zu ihrer Herzensangelegenheit machen, dann werden sie das Ziel, eine Erinnerung weiterzugeben, einen Hoffnungsblick weiterzugeben, weiterzugeben, was eine Zukunft ist, vom Start weg verfehlen.

Die Jungen und Mädchen werden sich an Sie erinnern, wenn das Leben sie durchschüttelt. In Krisenzeiten, in denen alles durcheinanderzugeraten scheint, verlieren wir die Orientierung, spielt der Kompass verrückt. Wenn Sie sich mit dem Blick von Vätern und Müttern, dem Blick von Brüdern und Schwestern genähert haben, dann haben Sie in dieses kleine Herz, dieses Herz eines Jugendlichen oder eines jungen Erwachsenen die Wärme eines Herzens hineingelegt, das durch die Erinnerung, durch den Kampf, durch den Fehler, durch die Gnade, durch die Sünde gereift ist; dieses Kind, Junge oder Mädchen, das heute an Ihrer Seite ist, wird, wenn die Krisen es erschüttern, nicht die Richtung verlieren. Es wird leiden, denn das bleibt niemandem von uns erspart, aber der Kompass wird nicht verrücktspielen, und es wird wissen, wo Norden ist.

Sie sind Frauen und Männer der Begegnung, fördern Sie in jedem einzelnen Ihrer Jungen und Mädchen die Begegnung mit sich selbst.

Sie sind Männer und Frauen der Erinnerung und des Gedenkens, lehren Sie sie, sich der zärtlichen Blicke zu erinnern, die sie aufgebaut haben. Lehren Sie sie, den Blick Jesu Christi zu entdecken.

Sie sind Männer und Frauen der Hoffnung, weil Sie auf etwas setzen, das über Sie hinauswachsen wird.

Ich bitte die Jungfrau, dass Sie als Gewinner aus diesem Spiel hervorgehen, weil wir dann alle gewinnen.

Jubiläumsfeier der Pädagogen, 13. September 2000

1 Padre Juan Isasmendi ist einer der Priester aus dem Team der *Curas Villeros*, einer Gruppe von Priestern, die in Bergoglios Auftrag die Botschaft des Glaubens zu den Ausgegrenzten in den Randgebieten von Buenos Aires brachte. (A. d. R.)

2001

Fürsorge verleiht dem Herzen Festigkeit

Eine alltägliche Szene aus dem Leben Jesu, der von den Leuten umringt ist, und sich um ihre Probleme kümmert. (vgl. Mt 8,5–13) In diesem Fall um die Probleme eines ausländischen Besatzers: Er kümmerte sich um alle. Ein Mensch musste nur in Not sein, damit er sich um ihn kümmerte. Und neben dieser Verhaltensweise des Herrn, sich zu kümmern, ist da noch ein anderes, so schönes Verhalten: das des Vaters, dem gesagt worden war, dass da ein Mann sei, der gesund mache. In seiner Verzweiflung geht der Vater hin und bittet ihn, seinen Sohn zu heilen. Das fürsorgliche Verhalten eines Vaters.

Zwei Verhaltensweisen, die auf das Leben ausgerichtet sind, darauf, dass Leben stattfindet und dass das Leben gut ist, ausgerichtet auf die Reife der Menschen, denn wenn einer spürt, dass man sich um sein Problem kümmert, dann wird er ruhiger, vertraut, geht entschlossener voran, reift. Wenn einer spürt, dass man gut für ihn sorgt, ihn nicht vor lauter Fürsorge erstickt, dann fühlt er sich als Person und wächst in Freiheit. Der Kern, der menschlichste Ort, um sich zu kümmern und füreinander zu sorgen, ist natürlich die Familie, und gemeinsam mit der Familie die Schule: Hier lernen wir Männer und Frauen, uns zu kümmern und füreinander zu sorgen, weil wir zulassen, dass man sich um uns kümmert und für uns sorgt.

Und heute bitte ich Sie, die Sie im Bildungswesen arbeiten: Sie sind Töpfer der Bildung –, einfach darum, Kunsthandwerker des Sich-Kümmerns, der Fürsorge für die Kinder zu sein. Diese Zivilisation des Füreinander-Sorgens zu schaffen, nicht zuzulassen, dass die Gleichgültigkeit für das Problem des Menschen an meiner Seite oder des Menschen in meiner Obhut mich blockiert, mich lähmt oder mich unfruchtbar macht.

Für andere zu sorgen, ist auch eine große Macht, es ist nicht nur Pflicht, es ist nicht nur Betreuung, sondern es ist eine Macht, und es ist eine Macht, die nicht delegiert werden kann, nicht einmal an den fähigsten Experten. Es ist eine Macht, die jeder Mensch in seinem Herzen trägt, und er ist dafür verantwortlich, für jemand anderen zu sorgen. Ich wünsche mir, dass wir in dieser Haltung des Füreinander-Sorgens wachsen. Dass wir in diesem Bewusstsein wachsen, dass wir uns umeinander kümmern müssen, und zwar, das möchte ich hier betonen, nicht nur um die Kinder in unserer Obhut; vielmehr müssen wir uns als Männer und Frauen unseres Volkes auch umeinander kümmern und füreinander sorgen, ohne irgendjemanden für diese Arbeit zu bezahlen.

Das ist eine soziale Verantwortung, die den Herzen Festigkeit verleiht, die unsere Kinder und unsere Jugendlichen und sogar unser Volk wachsen lässt, die es solidarisch macht, und die ihnen Mut zur Zärtlichkeit gibt. Heute bete ich zu Gott, dass er Ihnen allen und auch mir die Gnade gewähren möge, dass wir jeden Tag lernen, zärtlich zu sein, weil wir uns dann besser umeinander kümmern und als Brüder und Schwestern diese herzliche Fürsorge pflegen werden.

Möge Gott uns allen diese Gnade gewähren.

Predigt, Messe für das Bildungswesen, Buenos Aires, 28. März 2001

»Könnt ihr den Kelch trinken, den ich trinken werde?«

»Damals kam die Mutter der Zebedäussöhne mit ihren Söhnen zu ihm, fiel vor ihm nieder und wollte etwas von ihm erbitten. Er aber fragte sie: Was willst du? Sie antwortete ihm: Sage, dass diese meine beiden Söhne in deinem Reich zu deiner Rechten und zu deiner Linken sitzen dürfen. Jesus antwortete: Ihr wisst nicht, um was ihr bittet. Könnt ihr den Kelch trinken, den ich trinken werde? Sie sagten zu ihm: Wir können es. Da sagte er zu ihnen: Meinen Kelch werdet ihr trinken. Aber das Sitzen zu meiner Rechten und zu meiner Linken, das habe nicht ich zu vergeben; es wird denen zuteil, für die es von meinem Vater bereitet ist. Als die Zehn das hörten, erregten sie sich über die beiden Brüder. Da rief Jesus sie zu sich und sagte: Ihr wisst, dass die Herrscher ihre Völker unterjochen und die Großen Gewalt an ihnen verüben. Bei euch soll es nicht so sein, sondern wer unter euch der Größte sein will, soll euer Diener sein, und wer unter euch der Erste sein will, soll euer Knecht sein. Denn auch der Menschensohn ist nicht gekommen, sich bedienen zu lassen, sondern zu dienen und sein Leben hinzugeben als Lösegeld für viele.« (Mt 20,20–28)

Das ist natürlich nichts Neues und beginnt auch nicht erst in unserer Epoche, dieser erste Impuls gegenüber dem, der Macht hat: irgendeine Gunst zu erwirken. Gerade haben wir im Evangelium gehört, wie die Mutter von Johannes und Jakobus Jesus bittet, an ihre Söhne zu denken. Das Neue daran ist die Antwort des Herrn: »Ihr wisst nicht, um was ihr bittet. Könnt ihr den Kelch trinken, den ich trinken werde?« Um welchen Kelch handelt es sich? Der Herr spricht vom Kelch des *Dienens*, davon, sein Leben hinzugeben und sogar sein Blut zu vergießen für die, die man liebt. Und noch neuer ist die veränderte Einstellung, die der Herr bei den Aposteln bewirkt, denn sie haben sich wirklich geändert: nicht, was ihren Hang zur Größe, wohl aber, was den Weg dorthin betrifft, denn sie haben die Laune der kleinen Pöstchen gegen die große Sehnsucht nach der wahren Macht eingetauscht: der Macht, aus Liebe dienen zu können. An diesem Tag des Heimatlandes möchte ich bei der Lehre des Herrn verweilen: »Wer unter euch der Größte sein will, soll euer Diener sein, und wer unter euch der Erste sein will, soll euer Knecht sein. Denn auch der Menschensohn ist nicht gekommen, sich bedienen zu lassen, sondern zu dienen und sein Leben hinzugeben als Lösegeld für viele.« (Mt 20,26–28)

Dienst, ein Wort, das respektiert und zugleich manipuliert wird; ein Wort, das einen der ursprünglichsten Reichtümer des Weges ausdrückt, den die Menschheit in Jesus Christus gegangen ist, der nicht gekommen ist, um sich dienen zu lassen, sondern um zu dienen, der sich niedergebeugt hat, um uns die Füße zu waschen... Der Dienst ist die Verneigung vor der Not des anderen, den ich – indem ich mich zu ihm neige – in seiner Not als meinen Bruder erkenne. Er ist die Zurückweisung der Gleichgültigkeit und des egoistischen Nützlichkeitsdenkens. Er ist Tun im Namen der anderen und für die anderen. *Dienst* – ein Wort, das die Sehnsucht nach einer neuen sozialen Bindung weckt, indem wir uns vom Herrn bedienen lassen, damit seine göttliche Liebe sodann durch unsere Hände herabsteigt und eine neue Menschheit, eine neue Art zu leben aufbaut. *Dienst* – ein Wort, das tief in das Herz unseres Volkes eingebrannt ist. Aus *dieser spirituellen Reserve*, die wir von unseren Großeltern geerbt haben, sprießen unsere Würde, unsere Fähigkeit zu harter und solidarischer Arbeit, unsere *leidensfähige und hoffnungsfrohe Zuversicht.* Aus dem Dienst als einem zentralen Wert erwachsen – wenn einer es versteht, in der Asche unseres gemeinsamen Herzens zu stochern (denn Völker haben ein gemeinsames Herz) – jene Einstellungen der Größe, die unsere Gesellschaft zusammenhalten. Ich frage mich, ob wir heute besser als jene ersten Jünger begreifen, dass uns eine wunderbare Chance gegeben worden ist, eine Gabe, die Gott allein geben kann: uns hinzugeben, und zwar ganz.

Der Dienst ist weder bloß ethische Verpflichtung noch ein Ehrenamt, das man in seiner überschüssigen Freizeit erledigt, noch eine utopische Forderung... Da unser Leben ein Geschenk ist, heißt dienen, dem treu zu sein, was wir sind: Es geht um diese tiefinnere Fähigkeit, das zu geben, was man ist, bis zum Äußersten der eigenen Grenzen zu lieben ... oder, wie es uns Mutter Teresa durch ihr Beispiel gelehrt hat: Dienen heißt, »lieben, bis es wehtut«. Die Worte des Evangeliums richten sich nicht nur an den Gläubigen und den Praktizierenden. Sie gelten für jede kirchliche wie politische Autorität, weil sie die wahre Bedeutung der Macht ans Licht bringen. Es handelt sich um eine Revolution, die von der *neuen sozialen Bindung des Dienens* getragen wird. Die Macht ist Dienst. Die Macht hat nur Sinn, wenn sie im Dienst des Gemeinwohls steht. Für den egoistischen Lebensgenuss braucht man nicht viel Macht. In diesem Licht verstehen wir auch, dass eine authentisch menschliche und ebendeshalb auch politische

Gesellschaft dies nicht aus der minimalistischen Haltung einer »Überlebensgemeinschaft« und auch nicht aus einem bloß wirtschaftlich zweckmäßigen »Konsens unterschiedlicher Interessen« heraus sein kann. Auch wenn alles einkalkuliert ist und in der stets ambivalenten Wirklichkeit der Menschen seinen Platz hat, kann die Authentizität der Gesellschaft nur von oben kommen ..., vom eigenen Besten, vom selbstlosen Engagement füreinander. Wenn wir den Weg des Dienens einschlagen, wird in uns das Vertrauen wiedergeboren, entbrennt von Neuem der Wunsch nach Heldentum, wird die eigene Größe offenbar.

Wenn man diese Tatsache bedenkt, dann wird klar, dass es den Todeskampf der Mittelmäßigkeiten nur in die Länge zieht, sich in den Seilschaften der Macht auszuruhen, die Notwendigkeiten nach Kräften zu leugnen, sich nicht mit den Ungereimtheiten auseinanderzusetzen und den inneren Hass zu schüren. Und selbst zugegeben, dass uns von außen mehr Schwierigkeiten aufgezwungen werden, als uns lieb ist, werden wir für unsere Unterwerfung und Zurücksetzung doch letztlich immer selbst verantwortlich sein. Während einige wenige Profit schlagen wollen, indem sie die Gräben vertiefen und die Aufmerksamkeit von den großen Herausforderungen ablenken, erhebt sich *aus den tiefsten Reserven unseres Volkes* einmal mehr die intuitive Anerkennung des Rufs der Frohen Botschaft, den wir heute gehört haben: den Kelch des Dienens zu trinken! Unser Volk trinkt ihn täglich im Dienst von Millionen von Menschen, die ihre Kraft stillschweigend in die Arbeit oder in die Arbeitssuche und nicht in die Spekulation investieren; im Dienst derer, die das Miteinander und die stille Solidarität und nicht die absurden fremdenfeindlichen Schreckgespenster unterstützen, mit denen ideologische Minderheiten Konflikte anheizen wollen; im Dienst derer, die, obwohl sie unter der Globalisierung der Armut leiden, dennoch nicht

aufgehört haben, sich in der Solidarität gemeinschaftlicher Organisationen und spontaner und kreativer kultureller Veranstaltungen gleichzustellen. Sie alle, Frauen und Männer unseres
Volkes, die sich gegen die Verzweiflung wehren und gegen jene
Mittelmäßigkeiten rebellieren, wollen Nein sagen zur Anomie,
Nein zur Sinnlosigkeit und der trügerischen (oder sogar vorge-
gaukelten) Oberflächlichkeit, die den Konsumismus anfacht.
Und Nein schließlich zu jenen, die ein pessimistisches und von
schlechten Nachrichten niedergedrücktes Volk brauchen, um aus
seinem Leiden Profit zu schlagen.

Aus der Dienstbereitschaft heraus wollen wir – von Elend und
Schutzlosigkeit erschüttert, von Gewalt und Drogen zerrissen,
vom Eskapismus jeder Art und Gestalt unter Dauerbeschuss
genommen – aus unseren eigenen Widersprüchlichkeiten wiedergeboren werden. Wir nehmen den Kelch des Leidens an und
mobilisieren als ein Volk, das kaum eine Presse und schon gar
keine Propaganda hat, *unsere besten Reserven*. In jeder individuellen und gemeinschaftlichen solidarischen Anstrengung eines
ausgedehnten Netzes aus sozialen Organisationen, in jedem For-
scher und Wissenschaftler, der auf die Suche nach der Wahrheit
setzt (auch wenn sie relativiert und totgeschwiegen wird), in
jedem Dozenten und Lehrer, der der Widrigkeit standhält, in
jedem Produzenten, der weiterhin auf die Arbeit setzt, in jedem
jungen Menschen, der studiert, arbeitet und seinen Beitrag leistet,
indem er eine neue Familie gründet. In den Ärmsten und in all
jenen, die arbeiten oder mühsam nach Arbeit suchen, die sich
nicht von destruktiver Ausgrenzung und auch nicht von der Versuchung der organisierten Gewalt fortreißen lassen, sondern
stillschweigend und mit der Hingabe, die nur der Glaube verleiht,
ihr Land nach wie vor lieben. Sie haben von einem Kelch gekostet, der in Hingabe und Dienst *Balsam und Hoffnung* geworden

ist. In ihnen wird *die große kulturelle und moralische Reserve unseres Volkes* greifbar. Sie sind diejenigen, die das Wort hören, diejenigen, die sich die rituellen Beifallsbekundungen sparen, diejenigen, die wahrhaft Echo werden und begreifen, dass niemand für die anderen spricht.

An diesem Heimattag möchte ich, dass wir uns eine Frage stellen: Sind wir bereit, den »Kelch« der »stillen Christen« unseres Volkes zu trinken? Aus dem Becher der Probleme und Leiden unserer Grenzen und Nöte als Nation zu trinken, aber – zugleich – eben darin auch den frohen Wein der Einswerdung *mit* der Seinsweise des Volkes zu erkennen, zu dem wir gehören? Mut zu fassen zu einem Dienst ohne Vortäuschungen und Mittelmäßigkeiten, damit wir uns dessen würdig und damit zufrieden fühlen, zu sein, was wir sind?

Man lädt uns ein, den Kelch der *harten und solidarischen Arbeit* zu trinken, die dem Menschen unseres Landes von Anfang an vertraut gewesen ist. Arbeit, die trotz vieler Konflikte Ureinwohner und Spanier vermischt hat. Arbeit, die Blut gekostet hat für die Unabhängigkeit, die im hingebungsvollen Einsatz von Erziehern, Forschern und Wissenschaftlern das Staunen über die Welt geschmiedet hat. Arbeit, die das soziale Bewusstsein von Millionen – als Vorhut auf dem Kontinent – geweckt hat, deren Belange hintangestellt wurden; ein soziales Bewusstsein, das auch unsere Künste und unsere Literatur bewiesen haben und beweisen, wenn sie unsere zuweilen schüchterne Freude besingen, Argentinier zu sein. Der Kelch der *solidarischen Arbeit im Dienst* ist die ursprünglichste Antwort auf die Unsicherheit eines Landes voller Möglichkeiten, die nicht verwirklicht oder ein ums andere Mal auf unbestimmte Zeit hintangestellt werden, was seine Entfaltung zur Größe verzögert. Es ist die Antwort auf die Unsicherheit eines geschädigten Landes: geschädigt von den Privilegien, geschädigt von jenen, die die Macht auf Kosten der Legitimität der Repräsentation zu ihrem Vorteil nutzen, die, versteckt in ihren Überflussblasen, unkalkulierbare Opfer verlangen, während sie ihrer sozialen Verantwortung aus dem Weg gehen und die Gelder waschen, die durch die Anstrengung aller erwirtschaftet werden; von jenen, die sagen, dass sie zuhören, und doch nicht zuhören, von jenen, die rituellen Beifall spenden, ohne Echo zu werden, von jenen, die nicht begreifen, dass niemand für die anderen spricht. Die Spielregeln der globalen Wirklichkeit unserer Zeit sind ein bitterer Kelch, doch das muss den Einsatz und die ethische Anstrengung einer Führung verdoppeln, die kein Recht hat, mehr von denen unten zu verlangen, wenn das Opfer nicht von oben nach unten geht: »... wer groß sein will, der soll euer Diener sein.« Ein »Jemanden-Bedienen«, das sich durchsetzt gegen das »Sich-jemandes-Bedienen«.

Ebenso wesentlich wie die als Dienst verstandene *solidarische Arbeit* ist es heute, aus der Asche der Bitternis die heiße Glut der *hoffnungsfrohen Zuversicht* zu bergen. Wir müssen uns nämlich *aus der Tiefe unserer Reserven*, der glaubensgemeinschaftlichen Erlebnisse unserer Geschichte, und ohne dass wir deshalb aufhören, uns von unseren Nöten betroffen zu fühlen, so viele Kulturformen der Frömmigkeit und der Kunst, gemeinschaftlicher Organisationen und individueller oder kollektiver Errungenschaften *in Erinnerung rufen*. Denn in der Bergung *unserer Reserven*, unserer ererbten Lebensart, liegt der Grundstein der Zukunft.

So, wie wir nach vorne keine Liebe versprechen können, ohne sie empfangen zu haben, so können wir auch nicht darauf vertrauen, Argentinier zu sein, wenn wir die Errungenschaften der Vergangenheit nicht bergen. Und das ohne fruchtlosen Groll, ohne revisionistische Vereinfachungen, ohne im Klein-Klein zu kramen und dabei das Große aus dem Blick zu verlieren, das hilft, die Referenzwerte aufzubauen, die jede Gesellschaft braucht. Wenn sich eine Gesellschaft darin gefällt, ihr Innerstes lächerlich zu machen, und es zulässt, dass man ihre schöpferische Kraft banalisiert, dann wird – vergessen wir das nicht! – diese Gesellschaft trübe, und die Möglichkeit, frei zu sein, wird von einer erstickenden Oberflächlichkeit aufgezehrt. Und wenn besagte Haltungen einer Gemeinschaft vorgeschlagen werden, deren Grundbedürfnisse ernsthaft gefährdet sind, dann folgen die logischen Reaktionen von Gewalt, Suchtkrankheiten und kultureller wie sozialer Ausgrenzung.

Unsere Erinnerung zu bergen, bedeutet im Gegenteil, die Knospen einer Seele zu betrachten, die sich ihrer Unterdrückung widersetzt. In unserem Volk gibt es Ausdrucksformen der Volkskunst, in denen Gefühl und Vermenschlichung nisten; es gibt, nachdem der Materialismus, der Szientismus und die Ideologien gescheitert sind, eine Hinwendung zum Glauben und zur spirituellen Suche; die spontanen Organisationen der Gemeinschaft sind gültige Formen der Sozialisation und des Strebens nach dem Gemeinwohl. Diese volkstümlichen Entwürfe, *die aus unserer kulturellen Reserve erwachsen*, gehen über Fanatismus, Parteienklüngel und engstirnige Interessen hinaus. Auch jetzt, genau wie gestern und wie immer in Argentinien, zeichnen sich gemeinsame Ziele ab, die Ureinwohner und Spanier, Kreolen und Einwanderer und Angehörige aller Bekenntnisse im Hinblick auf das Gemeinwohl solidarisieren.

Das nennen wir *Zuversicht*, weil sie aufbaut, und ihre Baustoffe sind das solidarische Wohl und die kreative, hoffnungsvolle Freude; weil sie über die Interessen und Leistungen hinausblickt; sie ist der Austrieb der Liebe als der bevorzugten sozialen Bindung, die man um ihrer selbst willen genießt. *Zuversicht*, die uns von der institutionalisierten Gewalt fortführt und das

139

Gegenmittel gegen die unorganisierte oder protegierte Gewalt ist. Und ebendiese Zuversicht wird uns den Mut geben, unsere Rechte, insbesondere die drängendsten, einmütig zu verteidigen: das Recht auf Leben, das Recht auf Bildung und medizinische Versorgung (die keine Politik hintanstellen darf) und die unveräußerliche Verantwortung, die alten Menschen zu stärken, zur Förderung der Familie (ohne die es weder Vermenschlichung noch Gesetz gibt) und der Kinder beizutragen, die heute arglistig hintangestellt und vernachlässigt werden.

An diesem Tag des Heimatlandes sind wir vom Herrn *aufgerufen*, alle kriecherische Dienstfertigkeit hinter uns zu lassen und das Gebiet der Dienstbereitschaft zu betreten, jenen Raum, der sich so weit erstreckt wie unsere Sorge um das Gemeinwohl und der die eigentliche Heimat ist. Außerhalb des Raums der Dienstbereitschaft gibt es keine Heimat, sondern nur ein von gesichtslosen Interessenkämpfen verwüstetes Land.

An diesem Tag des Heimatlandes *ermutigt uns* der Herr, den Kelch des Dienens ohne Angst zu trinken. Wenn der Dienst uns einander gleichstellt, indem er falsche Überlegenheiten ausräumt, wenn der Dienst egoistische Entfernungen verringert und uns einander annähert – uns zu Nächsten werden lässt –, dann wollen wir keine Angst haben: Der Dienst macht uns würdig, er gibt uns jene Würde zurück, die lautstark ihren Platz, ihre Bedeutung und ihre Bedürfnisse einfordert.

An diesem Tag des Heimatlandes verlangt und bittet unser Volk, dass wir nicht müde werden zu dienen, weil nur dann diese neue soziale Bindung, die wir ersehnen, Wirklichkeit werden wird. Wir haben es schon bis zum Überdruss erfahren, wie unser Miteinander im unterdrückerischen Missbrauch des einen Sektors durch den anderen, in Nabelschauen, die den großen Problemen den Rücken kehren, in falschen Loyalitäten, in mehr

oder weniger gewaltsamen Konflikten zwischen den verschiedenen Bereichen oder Ideologien aufgerieben wird. Diese Dialekti-
ken der Konfrontation führen zum nationalen Zerfall, verhindern die Begegnung und die Nächstheit. Der Dienst lädt uns ein,
uns zusammenzutun, zu reifen und – letztlich – eine neue soziale
Dynamik zu schaffen: die Dynamik *der Gemeinschaft in den
Unterschieden*, deren Frucht die Zuversicht in Gerechtigkeit und
Frieden ist. Einer pluralen Gemeinschaft aller Talente und aller
Bemühungen ganz gleich welcher Herkunft. Einer Gemeinschaft
all derer, die den Mut fassen, die anderen in ihrer tiefsten Würde
anzusehen.

Das ist der Entwurf der Frohen Botschaft, den wir heute im
Gedenken an jenes Datum vorlegen, das die *lebendige Erinnerung
an die tiefsten moralischen Reserven ist, die wir als Volk besitzen*;
ein Entwurf, der, wenn wir ihn annehmen, die größte Ehre ist,
die wir unseren Vorfahren und uns selbst erweisen können.

Predigt, Te Deum, Buenos Aires, 25. Mai 2001

1 Gemeint ist der Nationalfeiertag der argentinischen Unabhängigkeit
   am 25. Mai. (A. d. R.)

»Alle aßen und wurden satt«

Die Gute Nachricht von der Brotvermehrung ist eine jener Episoden, die sich dem Gedächtnis der Kirche für alle Zeiten eingeprägt haben. Nie werden wir es müde, über das zu staunen, was sich an jenem Abend zugetragen hat, und der Erzählung dieser »unerhörten Tat« Jesu zu lauschen. Es war ein Fest; ein einfaches Fest, ein Fest des Glaubens. Einfach, weil es nur Brote und Fische gab – die aber mit ihrer schieren Überfülle Staunen weckten, und mit dem Staunen den Glauben und die Freude, als Brüder an einem Tisch zu sitzen und dieses Brot zu teilen... Es muss so gewesen sein, wir können es uns nicht anders vorstellen: In freudiger Überraschung brachen die Menschen das Brot und teilten es mit ihren Nachbarn.

Die Erinnerung an die Brotvermehrung hat uns (genau wie das Geschehen auf der Hochzeit zu Kana) so etwas wie ein Evangelium der Unverhältnismäßigkeit ins Herz gelegt. Aus den segnenden Händen des Herrn ergießt sich eine verschwenderische Menge Brot: Aus fünf Broten werden 5000. Dieses Übermaß ging weit über alle menschlichen Berechnungen, weit über dieses »realistische«, beinahe mathematische Kalkül hinaus, das die Jünger voller Skepsis sagen ließ: »es sei denn, dass wir hingingen, und für diese ganze Menge Nahrung kauften«. Sie war Überfülle: Alle aßen und wurden satt. Ja, sie war geradezu Verschwendung: Mit den Resten füllten sie zwölf Körbe. Eine Verschwendung jedoch, die nichts wegwirft und damit ganz anders ist als die skandalöse

Verschwendung der Reichen und Berühmten, an die wir uns fast schon gewöhnt haben.

Die Botschaft des Evangeliums ist klar, einleuchtend, warmherzig und überwältigend: Wo Jesus ist, da verlieren menschliche Verhältnisse ihre Gültigkeit. Und paradoxerweise ist die Unverhältnismäßigkeit Gottes menschlicher (realistischer, einfacher, wahrhaftiger, praktikabler) als unsere Berechnungen. Die Unverhältnismäßigkeit Gottes ist realistisch und realisierbar, weil sie auf die Wärme des Brotes sieht, die zum Teilen einlädt, und nicht auf die Kälte des Geldes, welche die Einsamkeit der Spareinlagen sucht.

Das Brotwunder hat nichts mit Zauberei zu tun. Im Zentrum des Geschehens steht Jesus. Ein Jesus, der sich mit jedem Brot selbst teilt und verschenkt; ein Jesus, der seinen Tisch vergrößert, der das ganze Volk um diesen Tisch versammelt, den er bislang nur mit seinen Freunden geteilt hat; ein Jesus, der seine Allmacht an Broten und Fischen erweist. Wie schön sind diese demütigen Zeichen, diese kleinen Dinge, mit denen Jesus arbeitet: Wasser, Wein, Brot und Fische! An diesen demütigen Dingen erweist der Herr seine Allmacht. Seine Hände, die segnen und Brot austeilen, sind in ihrem Element. Beinahe möchte ich sagen, dass der Herr sich nur in solchen Gesten wirklich ganz verströmt, die er mit seinen Händen vollführen kann: segnen, heilen, liebkosen, austeilen, eine Hand reichen und aufhelfen, Füße waschen, Wunden zeigen, sich verwunden lassen … Schwülstige Reden oder spektakuläre Inszenierungen sind seine Sache nicht. Jesus will allmächtig sein, indem er mit den Händen Brot austeilt.

Dieses Zeichen des Herrn ist eine »unerhörte Tat«, weil er sein größtes Wunder an so etwas Vergängliches wie eine Mahlzeit aus Brot und Fisch verschwendet. Jesus setzt auf die Wirkkraft des Elementaren und Alltäglichen. Jesu Tat ist eine »unerhörte Tat«, insofern es eine Tat der Allmacht ist, die sich auf die Vermittlung

143

und den Dienst seiner eigenen Hände und der Hände aller stützt. Das Brotwunder war ein Wunder, das auf kirchliche Weise, nämlich durch alle diejenigen gewirkt wurde, die sein Brot mit ihm teilten.

Dieses Wunder der Unverhältnismäßigkeit legt uns ein schönes Bild ins Herz: das Bild der Hände. Das Fronleichnamsfest ist das Fest der Hände: der Hände des Herrn und unserer Hände. Dieser »heiligen und ehrwürdigen Hände« Jesu, seiner durchbohrten Hände, die weiter segnen und das eucharistische Brot austeilen. Und unserer bedürftigen und sündigen Hände, die wir demütig und offen ausstrecken, um den Leib Christi zu empfangen.

Möge das göttliche Brot unsere leeren Hände in volle Hände verwandeln mit diesem »zusammengedrückten, gerüttelten, überfließenden Maß«, das der Herr allen verspricht, die ihre Talente großzügig weiterschenken (vgl. Lk 6,38). Möge das süße Gewicht der Eucharistie seinen Eindruck der Liebe in unseren Händen hinterlassen, damit sie, von Christus gesalbt, zu Händen werden, die sich zu den Schwächsten hin ausstrecken, um ihnen aufzuhelfen. Möge die Wärme des gewandelten Brotes uns in den Händen brennen und den tatkräftigen Wunsch in uns wecken, ein so großes Geschenk mit all jenen zu teilen, die nach Brot, nach Gerechtigkeit und nach Gott hungern. Möge die zärtliche Gemeinschaft mit diesem Jesus, der sich in einer wahrhaft »unerhörten Tat« rückhaltlos in unsere Hände legt, die Augen unseres Herzens für die Hoffnung öffnen, damit wir die Nähe unseres Gottes spüren, der »alle Tage bei uns« ist und uns auf unserem Weg begleitet.

Ich bitte Maria – welche die Brotvermehrung im Magnifikat prophezeit hat, als sie den Gott verkündete, der »mit seinem Arm mächtige Taten vollbracht, Hungrige mit Gütern erfüllt und Reiche leer davongeschickt hat« – um ihre Fürsprache, auf dass ihr Sohn einmal mehr mit Liebe auf unser Volk blicken möge, das eine »unerhörte Tat« zu vollbringen hat. Möge sie Jesus, der mitten unter uns wohnt, bitten, dass er uns einmal mehr mit seinen Händen das Brot der Eucharistie austeilt, damit uns die Gemeinschaft mit ihm geschenkt wird und wir lernen, geschwisterlich zu teilen. Dann werden unsere Hände die Überfülle Gottes spüren und Mut fassen, um jene »unerhörte Tat« zu vollbringen, die uns zur Großzügigkeit inspiriert und der Hoffnungslosigkeit entreißt.

Predigt, Fronleichnam, Buenos Aires, 16. Juni 2001

Als hätte allein das Wort unsere Tränen bereits getrocknet

»Selig die Trauernden; denn sie werden getröstet werden.«
(Mt 5,4)

Liebe Brüder und Schwestern, liebe Freunde und Gläubige des heiligen Kajetan, im letzten Jahr haben wir hier[1] das Gleichnis vom barmherzigen Samariter gelesen, mit dem Jesus uns immer die Augen für diese so große Wahrheit öffnet: Er ist auf geheimnisvolle Weise in den Ärmsten gegenwärtig, ist gegenwärtig in jedem leidenden und bedürftigen Fleisch. Wenn wir uns dem Bedürftigen nähern und Nächste werden, dann wird uns das Herz weich, dann öffnen sich unsere Augen und wir sehen Jesus. Wenn wir aber vorbeigehen oder den Bedürftigen von ferne anschauen, dann verhärtet sich unser Herz und wir sehen Jesus nicht. Erinnern Sie sich? Und ich habe Sie darauf hingewiesen, dass eine Art, nicht an einer so großen Bedürftigkeit vorbeizugehen, wie sie heute in unserem Volk herrscht, darin besteht, unsere Hoffnung hochzuhalten; während wir für die Gerechtigkeit kämpfen und solidarisch leben, müssen wir unsere Hoffnung hochhalten.

Am heutigen Tag geht der Herr im Evangelium der Seligpreisungen in seiner Lehre einen Schritt weiter: Der Schmerz ist nicht bloß etwas, das Hilfe erfordert und Lösungen verlangt. Wenn man ihn so lebt, wie Christus es uns lehrt, birgt der Schmerz auch einen Segen und sogar eine gewisse Freude. Eine zwar schmerzliche, aber echte Freude. Wie tröstlich ist es, gemeinsam als durch den Glauben vereintes Volk dieses Evangelium von den Seligpreisungen Jesu zu hören! Jesus geht ganz nahe heran an die Dinge, die uns schmerzen, die uns ängstigen, die uns Sorgen machen und uns bedrängen ... und verwandelt sie mit seinem Wort, mit diesem seinem Wort, das so nahe, das Gefährte ist: Freundeswort und Gotteswort.

Wir können sagen, dass *die Dinge anders aussehen, wenn Jesus sich unserem Schmerz nähert*: Jesus spricht zu uns von den Armen, von den Hungernden, von den Weinenden, von den zu Unrecht Verfolgten ... doch im Tonfall seiner Stimme schwingt Hoffnung mit, ja, es tröstet uns, ihm zuzuhören. Selig seid ihr, die ihr jetzt weint, denn ihr werdet getröstet werden, sagt er zu uns. Und es ist so, als hätte allein dieses Wort unsere Tränen bereits getrocknet. Und es geschieht noch etwas. Wenn Jesus sagt: Weh euch, die ihr reich seid, die ihr jetzt zufrieden seid, die ihr jetzt lacht, die ihr nur gelobt werdet..., diese Menschen, von denen Jesus spricht, erregen weniger unseren Ärger als unser Mitleid. Es ist, als sähen wir ihre Dummheit, als sähen wir, dass es mit ihnen ein schlimmes Ende nehmen wird.

Die gegensätzlichen Bilder, die Jesus bei den Seligpreisungen verwendet, erinnern mich an die Bilder, die wir in den Nachrichten sehen: arme Leute auf der Straße und reiche Leute, die ausschweifend feiern; Arme, die verfolgt werden, weil sie Arbeit fordern, und Reiche, die sich der Gerechtigkeit entziehen und dafür sogar noch Beifall bekommen, Leute, die über die Gewalt weinen, und Leute, die ihr Vergnügen daran haben, wie gut es sich in der besten aller Welten leben lässt, Leute, die hungern und Leute, die Essen wegwerfen... Wie in den Nachrichten. Und doch bewertet Jesus die Dinge anders als die Nachrichten. Er sieht tief in die Lebenswirklichkeit hinein und sagt uns: Weh über das Herz, das nicht weinen kann! Weh über das Herz, das nicht nach Gerechtigkeit hungert und dürstet! Weh über das Herz, das sich nicht arm an Liebe fühlt! Weh über das Herz, das aufgebläht ist vor Eitelkeit! Es ist ein armes Herz, ein Herz, das letztlich verhärtet, verachtet, allein sein wird.

Jesus sieht tief hinein in das Herz eines jeden von uns, die wir kummerbeladen und niedergedrückt von den Problemen der Arbeit hergekommen sind, und sagt zu uns: Selig bist du, der du hier bist und Schlange stehst, um Brot und Arbeit zu erbitten. Selig bist du, der du ein demütiges Herz hast und dich für nicht besser und nicht schlechter hältst als deinen Bruder, der neben dir steht. Selig bist du, der du stolz darauf sein darfst, kein Privileg zu haben außer dem, dass du mein viel geliebtes Kind bist. Selig bist du, der du diesen Zorn in dir trägst, der Hunger und Durst nach Gerechtigkeit ist, und der du dich aufs Fordern und Protestieren verstehst, doch ohne irgendjemandem damit zu schaden, und der du vor allem anderen gekommen bist, um zu deinem Gott und Herrn zu beten. Selig bist du, der du das Richtige tust und so oft missverstanden und kritisiert wirst, aber die Arme deiner Hoffnung nicht sinken lässt. Selig bist du, der du sanftmütig weinen kannst und auf niemanden hoffst als auf Gott… Selig, nicht aufgrund dessen, was dir fehlt, und auch nicht, weil sich alle deine Leiden genau in diesem Moment in Luft auflösen werden (irgendein Leid gibt es immer), sondern selig, weil das Geschenk Gottes so groß ist, dass du es nur empfangen kannst, wenn dein Herz übermäßig weit geöffnet ist. Deshalb nennt Jesus die glücklich, denen Dinge widerfahren, die ihnen das Herz öffnen und weiten.

Von allen Seligpreisungen möchte ich einen Moment lang bei der Seligpreisung der Tränen verweilen, weil sie uns die Segnungen Jesu schmecken lässt und uns das Herz für Gott öffnet, während wir betend in der Schlange vorrücken und unseren geliebten heiligen Kajetan um alles bitten, was wir brauchen.

Der Segen über die, die weinen, lädt uns ein, mit diesem so alten Gebet um unser Heimatland zu weinen, dem Klagegebet, in dem ein Volk es versteht, seine Sünden zu bereuen und seine Augen auf den einzigen wahren Gott zu richten – den einzigen, der zu retten vermag –, und die eitlen Trugbilder und falschen Götter hinter sich lässt. Es ist, als würde Jesus zu uns sagen: Selig seid ihr, die ihr mit diesen Tränen um unsere Heimat weint, Tränen, die nicht nur die Tränen eines Einzelnen, sondern die Tränen aller sind, mit den Tränen dessen, der das Vaterunser betet und, wenn er »Brot« sagt, »unser Brot« sagt, und, wenn er »Vergebung« sagt, »vergib uns unsere Schuld« sagt.

Der Segen über die, die weinen, erinnert uns auch an unsere familiären Klagen. Es ist, als würde Jesus zu uns sagen: Selig seid ihr, die ihr weint, wenn die Familie schläft und niemand euch sieht und ihr mit euren Händen fest mein Kreuz umklammert, bis es euch Kraft gibt. Denn in den Tränen einer Mutter oder eines Vaters, der um seine Kinder weint, ist das beste Gebet verborgen, das man auf dieser Erde beten kann: dieses Gebet der Tränen, still und sanft wie das Unserer Lieben Frau unter dem Kreuz, die ohne Gefühlsausbrüche und Aufheben an der Seite ihres Sohnes auszuharren weiß, da ist und Fürbitte hält.

Selig seid ihr, die ihr weint, wenn ihr euch dem heiligen Kajetan nähert und um Brot und Arbeit bittet und in dieser kaum sichtbaren Träne ohne viele Worte euer Anliegen und eure Bitte vorbringt und sicher seid, dass ihr Gehör und Beachtung gefunden habt. Der heilige Kajetan bittet für sein gläubiges Volk, für das ganze argentinische Volk. Und in diesen so schweren Zeiten verdoppeln wir unseren Glauben und unser Vertrauen auf Jesus, unseren Herrn. Er hat uns versprochen, dass er selbst, in Person, sich darum kümmern wird, dass unsere Tränen getrocknet werden. Selig sind wir, wenn wir auf ihn all unsere Hoffnung setzen.

Und schließlich erinnert uns der Segen über die, die weinen, daran, wie wir als Kinder geweint haben. Es ist, als würde Jesus zu uns sagen: Selig seid ihr, die ihr weint, wie ihr geweint habt, als ihr noch Kinder wart und eure Mutter euch getröstet hat. Es ist wahr, was gesagt wird: dass nur Gott, unser Herr, und unsere Mutter uns wahrhaft trösten können. Deshalb bringen wir unsere Tränen vor die Augen der Jungfrau und seufzen »trauernd und weinend in diesem Tal der Tränen« und sagen zu ihr: »Wohlan denn, unsre Fürsprecherin, wende deine barmherzigen Augen uns zu, und nach diesem Elend zeige uns Jesus ...«

Predigt am Fest des heiligen Kajetan,
Buenos Aires, 7. August 2001

1 In der Wallfahrtskirche San Cayetano de Thiene (zum heiligen Kajetan von Thiene) im Viertel Liniers am Stadtrand von Buenos Aires. Das Fest des Heiligen wird alljährlich am 7. August gefeiert. (*A. d.* R.)

150

Das Licht der Hoffnung

»Das Volk, das im Finstern wandelt, schaut ein großes Licht.«
(Jes 9,1)

Mit prophetischen Worten verheißt Jesaja ein großes Licht inmitten der Finsternis. Ein Licht, das dem Volk Gottes Hoffnung gibt. Ein Licht, auf das sich sein Glaube und seine Gottestreue stützen. Dieses Licht kommt in Betlehem zur Welt, wird von Marias mütterlichen Händen, von Josefs zärtlicher Fürsorge, von der Eile der Hirten empfangen. Sie übernehmen Verantwortung für die Hoffnung eines ganzen Volkes. Maria übernahm Verantwortung, als sie völlig auf sich gestellt und überrascht die Worte des Engels hört: »Für Gott ist nichts unmöglich.« (Lk, 1,37) Sie glaubte und hielt die Hoffnung hoch. Josef hielt die Hoffnung hoch, als er die ersten Anzeichen der Schwangerschaft erkannte und Maria im Stillen fortschicken wollte, dann aber die Stimme des Engels hörte und sie zu sich nahm, obwohl sein Herz es nicht verstand. Beide hielten die Hoffnung hoch in jener traurigen Nacht, als ihnen alle Türen verschlossen waren. Sie glaubten, dass dieses Kind die Hoffnung war, und übernahmen Verantwortung in dieser so schwierigen Lage. Sie übernahmen Verantwortung, als sie zum Tempel gingen und in zwei alten Menschen die Weisheit ihres ganzen Volkes erkannten. Josef und Maria hielten die Hoffnung hoch, als erneut eine Weisung an sie erging: »Steh auf, nimm das Kind und seine Mutter und flieh nach Ägypten

[…], denn Herodes will nach dem Kind suchen, um es zu töten.«
(Mt 2,13) Drei angstvolle Tage lang hielten Josef und Maria die
Hoffnung hoch, als das Kind im Tempel zurückgeblieben war;
und selbst noch in der finsteren Nachmittagsstunde auf Golgota
hielt sie die Hoffnung hoch. Und heute sind wir an der Reihe:
Heute wird von uns erwartet, dass wir vor diesem Kind, dem
Licht, das die Finsternis erhellt, der Hoffnung, die uns verheißen
ist, Verantwortung übernehmen wie diese beiden; dass wir die
Hoffnung hochhalten, weil wir glauben, dass für Gott nichts
unmöglich ist; dass wir die Hoffnung hochhalten inmitten der
Trostlosigkeit und Zerstörung der verschlossenen Türen. Dass
wir unsere Tatkraft und Energie in den Aufbau investieren. Man
erwartet von uns, dass wir Verantwortung für unsere alten Menschen übernehmen, die mit ihrer Weisheit die Hoffnung eines
Volkes verkörpern; dass wir Verantwortung für unsere Kinder
übernehmen, die durch die Zivilisation des Konsenses und der
»Angleichung nach unten« zermürbt werden und ihren Glauben
verlieren. Die Hoffnung hochhalten, heißt, in den dunkelsten
Stunden des Kreuzes an der Seite Jesu zu gehen: in jenen Stunden,
da wir nichts mehr verstehen und nicht wissen, wie es weitergeht.
Wir verstehen heute vieles nicht mehr in Argentinien, und wir
wissen auch nicht, wie es weitergeht. Deshalb ist es gut, auf das
Kind zu schauen, auf Maria und Josef, und die Stimme zu hören,
die zu uns sagt: »Steht auf, nehmt das Kind und seine Mutter und
geht den Weg der Hoffnung!« Halten wir die Hoffnung hoch.
Darum möchte ich Sie heute in dieser Nacht ganz einfach bitten.
Jesus ist die Hoffnung: Halten wir diese Hoffnung hoch: in
unserer Arbeit, unserem Gebet und unserem Kampf; indem wir
Gott anbeten, die Arme nicht sinken lassen und nach denen
suchen, die vor verschlossenen Türen stehen, um ihnen neue
Türen zu öffnen; in der Begegnung mit unseren alten Menschen,
die heute so viel zu leiden haben und deren Weisheit so wertvoll

ist; in der Sorge um unsere Kinder.

Inmitten der Dunkelheit bleibt uns Argentiniern ein Licht, das nicht einfach irgendein x-beliebiges Licht und auch nicht irgendwer ist: Es ist Jesus Christus. Nur er schenkt eine Hoffnung, die nicht trügt. Halten wir diese Hoffnung hoch, übernehmen wir Verantwortung für Jesus Christus, wie Maria und Josef es getan haben. Und heute möchte ich mit meinem Volk jenes Gebet sprechen, das einer der großen Dichter unseres Heimatlandes in einer traurigen Weihnachtsnacht verfasst hat. Mit seinen Worten wollen wir den Herrn bitten, dass er uns helfen möge, seine Hoffnung hochzuhalten.

»Herr, der du nie mir etwas hast verweigert,
ich bitte nicht für mich, ich bitte einzig
für jeden meiner schmerzensreichen Brüder,
für jeden Armen der geliebten Heimat.
Ich bitte um ihr Brot und ihre Tage,
um ihre vogelgleich zerzauste Trauer,
ihr Lachen und ihr Singen und ihr Pfeifen,
da heute unser Haus stillschweigend dasteht.
Ich bitte dich mit Worten und auf Knien
um Krumen nur, ein kleines bisschen Wunder
für ihre Hände, Brosamen der Liebe,
um einen Traum, nur eine Tür, die aufgeht;
da heute unser Tisch verlassen dasteht
und meine Brüder weinen in der Nacht.«
Amen.
(José María Castiñeira de Dios)

Predigt, Weihnachten, Buenos Aires, 24. Dezember 2001

2002

Er salbt ihn, um zu heilen, er salbt ihn, um zu befreien...

Das Bild von Jesus, der gesalbt und geweiht ist, um sein Volk zu salben und damit bei den Bedürftigsten zu beginnen, erfüllt uns mit Hoffnung und gibt uns auch in dieser für unser Land so schwierigen Lage die Richtung vor. Der Vater salbt den Sohn mit einer Salbung, die ihn zu einem Menschen »für« die anderen macht. Er salbt ihn, um ihn auszusenden, damit er die Gute Nachricht verkündet, er salbt ihn, um zu heilen, er salbt ihn, um zu befreien... Wie im Sohn nichts ist, das nicht vom Vater stammt, so ist auch nichts in ihm, das nicht »für« uns bestimmt ist. Jesus ist gesalbt, um zu salben. Und wir, seine Priester, sind ebenfalls gesalbt, um zu salben.

An der besagten Szene fällt etwas auf: Jesus liest Jesaja, setzt sich und verkündet mit Salbung und schlichter Majestät: »Heute ist dieses Schriftwort vor euren Ohren erfüllt worden.« (Lk 4,21) Obwohl der Herr schon seit Längerem in den Synagogen lehrte (vgl. Lk 4,15) und die Kunde von ihm sich in der ganzen Gegend verbreitete, steht er offenbar erst am Anfang seiner Sendung. Wie kann er da von Erfüllung sprechen? Dieser Anspruch schockiert die Bewohner seines Dorfs, und sie fordern ihn heraus: »Was wir in Kafarnaum geschehen hörten, tu auch hier in deiner Vaterstadt.« (Lk 4,23) Ebenso gut könnten sie zu ihm sagen: Beweise uns mit neuen Wundern, dass du der Gesalbte bist. Immer wieder ist diese Forderung nach weiteren Zeichen das Erkennungsmerkmal derer, die sich weigern, an Jesus zu glauben.

Auch uns fällt auf, dass der Herr von Erfüllung spricht, obwohl er seine Mission doch gerade erst begonnen hat; und wird nicht manchmal sogar in uns diese Frage laut: Warum tust du nicht hier und jetzt diese Wunder, von denen wir gehört haben, dass du sie damals gewirkt hast? Dieser Satz entspricht nicht dem Stil des Gesalbten: In Jesus erfüllt sich die Verheißung täglich … und wenn wir das nicht erkennen oder nicht sehen können, dann sollten wir mit einem anderen Satz aus dem Evangelium reagieren: »Ich glaube, Herr, hilf meinem Unglauben!«

Mit der Heilung und Befreiung, die der Herr uns schenkt, verhält es sich genauso wie mit der Eucharistie, die sich in der einfachen Gestalt des Brotes Tag für Tag erneuert. Wir können sagen, dass alle Taten des Gesalbten – seine Verkündigung, seine Heilungen, die Vision, an der er uns teilhaben lässt, und die Freiheit, die er uns schenkt – diese Einfachheit an sich tragen. Es sind einfache Gesten und Taten: Sie reichen für einen Tag, für heute, und müssen – obwohl er »ein für alle Mal« gesalbt worden ist – beständig erneuert und aktualisiert, müssen fortwährend in der Einfachheit jedes Augenblicks unserer Geschichte verankert werden.

Das ist die Vorgehensweise Jesu. Einen Kranken zu heilen, heißt für ihn nicht einfach nur, ihn gesund zu machen, sondern ihn zu salben, damit er mit seinem gesalbten Schmerz zu einem Zeugen der Liebe Gottes wird und sich dem Heil bringenden Leiden des Herrn anschließt. Wenn Jesus den Blinden das Augenlicht zurückgibt, dann heißt das nicht, dass sie fortan nur ihre eigenen Interessen in den Blick nehmen und nicht auf die anderen achten sollen. Jemanden sehend zu machen, bedeutet für ihn, seine Augen zu salben, damit er im Glauben und in der tätigen Nächstenliebe erstarkt, weil ihm die Freude geschenkt ist, »zu sehen, was man nicht sehen kann«: mit den Augen der Hoffnung zu sehen. Wenn Jesus die Geknechteten befreit, dann bezweckt er damit nicht, dass sie frei von aller Last allein durchs Leben gehen und Karriere machen. Jemanden aus der Knechtschaft zu befreien, bedeutet, ihn zu salben, damit die gesalbte Last zur Heil bringenden Last des Kreuzes wird und damit wir, frei von aller Unterdrückung, entschlossen unser Kreuz auf uns nehmen, dem Herrn nachfolgen und auch den anderen helfen, ihre Last zu schultern.

Was ich damit sagen will, ist, dass die Salbung dem Innersten der Person und nicht so sehr »den Dingen« gilt, die sie gleichsam überquellend nur mit erfasst. Die Tiefe und Wirksamkeit der Salbung des Herrn misst sich nicht an der Anzahl der gewirkten Wunder, nicht am Radius seiner Verkündigungstätigkeit und auch nicht an der Schwere seines Leidens… Die Tiefe, die bis ins Mark reicht, und die Wirksamkeit, die ihn für den, der sich ihm nähert, ganz und gar Erlösung sein lässt, wurzelt in der innersten Einheit und völligen Übereinstimmung mit dem Vater, der ihn gesandt hat. Durch die Salbung lebt Jesus seine Einheit mit dem Vater, und deshalb ist alles, was er tut, Erfüllung. Die Salbung ist es, die seine Zeit in *kairós*, in eine Zeit der fortwährenden Gnade verwandelt.

Die Sendung erfüllt sich »heute«, weil der Herr nicht nur Brot gibt, sondern selbst Brot wird. Diese Befreiung, die er den Geknechteten bringt, erfüllt sich »heute«, weil der Herr nicht nur vergibt und aus fremden Kleidern »Flecken auswäscht«, sondern selbst »zur Sünde wird«, sich schmutzig, sich verwundbar macht … und sich so in die Hände des Vaters gibt, der ihn annimmt. Diese Gute Nachricht erfüllt sich »heute«, weil der Herr nicht nur Maßnahmen ankündigt, sondern selbst Maßnahme und Maß ist und uns mit jedem seiner Worte das Licht schenkt, auf dass wir sehend werden.

Auch wir, liebe Mitbrüder im Priesteramt, sind gesalbt, um zu salben. Gesalbt, das heißt bis ins Mark mit Jesus und mit dem Vater vereint. Genauso wie die Taufe wirkt auch die priesterliche Salbung von innen nach außen. Entgegen dem Anschein ist das Priestertum keine Gnade, die von außen kommt und nie wirklich bis in die tiefsten Tiefen unseres sündigen Herzens vorzudringen vermag. Wir sind Priester im innersten und heiligsten Geheimnis unseres Herzens: genau dort, wo wir durch die Taufe Söhne und Wohnstatt der Dreifaltigkeit sind. Unsere moralische Anstrengung besteht darin, unsere täglichen und selbst noch die äußerlichsten Gesten mit dieser tiefsten Salbung zu salben, damit durch unser Zutun unser ganzes Leben sich in das verwandelt, was wir aus Gnade schon sind.

Gesalbt, um zu salben – das heißt: gesalbt, um jeden Menschen in diese Einheit mit dem Vater und dem Sohn in demselben Geist einzubeziehen. Möge die priesterliche Salbung uns in Brot verwandeln, während wir das tägliche Brot in jeder Eucharistiefeier salben, um es zu weihen und solidarisch mit unseren Brüdern und Schwestern zu teilen. Möge die priesterliche Salbung uns zu zärtlichen und liebevollen Menschen machen, während wir das Leid der Kranken mit Balsam salben. Möge die priesterliche Salbung uns von unseren Sünden befreien, während wir die Sünden unserer Brüder und Schwestern mit dem Geist der Vergebung salben und ihnen helfen, ihr Kreuz zu tragen. Möge die priesterliche Salbung uns zum Licht der Welt machen, während wir als Gesalbte das Evangelium verkünden, wie der Herr es uns aufgetragen hat, und die Gläubigen lehren, alles zu bewahren, was er uns gesagt hat. Möge die priesterliche Salbung unsere Zeit und das, was wir damit anfangen, salben, damit sie zu einer »Zeit der Gnade« für unsere Mitmenschen wird, während wir – im kirchlichen Rhythmus des Breviers – dem üblichen Verlauf des Lebens folgen, das der Herr uns schenkt.

Möge uns in diesem Klima der mangelnden Glaubwürdigkeit,

in dem jede öffentliche Person täglich Rechenschaft ablegen muss, nicht dasselbe passieren wie den Menschen in der Heimatstadt des Herrn. Die einzige Glaubwürdigkeit, die wir anstreben und einfordern dürfen, stammt aus der Salbung Christi. Wie uns der heilige Johannes sagt: »Was aber euch anbelangt, so bleibt die Salbung, die ihr von ihm empfangen habt, in euch, und ihr habt nicht nötig, dass euch jemand belehrt. Wie euch seine Salbung über alles belehrt, so ist es wahr und keine Lüge.« (1 Joh 2,27) Glaubwürdig ist einzig und allein das, was mit Salbung gelebt und getan wird. Möge Maria, die die Gegenwart des Gesalbten als Erste in ihrer ganzen Fülle erfahren hat, uns mit der Freude ihrer hoffnungsfrohen Erwartung anstecken und uns mit ihrer kirchlichen Zärtlichkeit zu jenem Ort werden lassen, an dem das Glaubensvolk – aus unseren Händen – Gottes Salbung empfängt.

Predigt, Chrisammesse, Buenos Aires, 28. März 2002

Ein Ereignis, das der Geschichte eine neue Richtung gibt

Das Evangelium erzählt uns vom Weg der Frauen zum Grab. Sie wussten, dass Jesus gestorben war, und in der Gewissheit dieser Tatsache waren sie unterwegs. Das Unerwartete geschieht; der fortgewälzte Stein, der Engel, der zu ihnen sagt: »Fürchtet euch nicht! [...] Er ist auferweckt worden.« (Mt, 28, 5–6) Die Tatsache wird zum Ereignis; zu einem Ereignis, das ihrem Leben eine grundsätzlich andere Richtung gibt. Das unser aller Geschichte eine andere Richtung gibt. Geht nach Galiläa, dort werdet ihr ihn sehen, sagt der Engel zu ihnen. Sie machen sich auf den Rückweg und begegnen Jesus, der ihnen dasselbe aufträgt: »Geht und sagt meinen Brüdern, sie sollen nach Galiläa gehen; dort werden sie mich sehen.«

Es scheint, als hätte alles die Richtung gewechselt. Statt zum Grab zu gehen, sollen sie an ihren Ausgangspunkt zurückkehren, zurück nach Galiläa, den Ort ihrer ersten Begegnung mit Jesus, den Ort ihrer ersten Verwunderung, des ersten Staunens, in dem sie ausgerufen hatten: »Wir haben den Messias gefunden!« Geraume Zeit war seither vergangen. Jene erste Begegnung war beinahe in Vergessenheit geraten. Auf unserem Weg durch die Geschichte laufen wir immer Gefahr, Dinge zu vergessen. Jesus jedoch weist ihnen den Weg: Kehrt zurück zur Erinnerung an die erste Begegnung; kehrt zurück zur Erinnerung an eure erste Liebe.

Das Ereignis der Auferstehung Jesu Christi lädt uns alle ein, an unseren Ausgangspunkt zurückzukehren, zu jenem ersten Ruf, jener ersten Begegnung – um ihn mit neuer Hoffnung zu betrachten: mit der Hoffnung des sicheren Triumphs, mit der Hoffnung, gesiegt zu haben. Zu jener ersten Begegnung zurückzukehren, sie noch einmal zu erleben, aber in der Überzeugung, dass dieser Weg, den wir zurückgelegt haben, nicht vergeblich war. Ein Kreuzweg, ja, aber einer, der zum Sieg führt.

In dieser Nacht kann ich nicht umhin, an unser Volk zu denken, dass heute traurig vor einem versiegelten Grab steht, das von Tod spricht, von Verfall und Niederlage. In dieser Nacht erinnern wir uns auch daran, dass nicht alles zu Ende ist; dass es Hoffnung gibt; dass Tod, Verfall und Niederlage nichts versprechen. Diese Nacht aber spricht zu uns von der Hoffnung, der Verheißung, und sie lädt uns ein, an den Ausgangspunkt zurückzukehren, noch einmal miteinander diesen Weg zu gehen, der uns zu einer Nation zusammengeführt hat. Heute ist jeder von uns aufgerufen, im Licht des Ereignisses Jesu Christi auf unsere Geschichte zu blicken, wieder an sie anzuknüpfen und nötigenfalls um Vergebung zu bitten. Wir sind zur Wiedergutmachung aufgerufen, wir sind angehalten, voller Hoffnung dafür zu arbeiten, dass die Auferstehung Christi in unser aller Leben, in unserem ganzen Heimatland Wirklichkeit wird. Wir sind aufgerufen, zum Ausgangspunkt zurückzukehren!

Und wenn ich von einem Weg spreche, dem Weg, den wir gegangen sind, dann kann ich auch nicht umhin, jene zu erwähnen, die uns ein Stück dieses Weges voraushaben: meine lieben alten Menschen, die Weisen unseres Volkes. Zu Ihnen sage ich: »Fürchten Sie sich nicht!« Wir wissen, dass Sie vieles erleiden. Wir wissen, dass Egoismus, Ehrgeiz, Diebstahl und Korruption Ihnen Ihre Rechte genommen und Sie an die Grenzen Ihrer Kraft gebracht haben. Doch wir wissen auch, dass Sie uns helfen können, als Nation zu unserem Ausgangspunkt zurückzukehren, um das zu ernten, was Sie gesät haben. Ihnen gilt diese Botschaft in ganz besonderer Weise: »Christus ist auferstanden!« Darin liegt unsere Hoffnung. Nehmen Sie uns bei der Hand und helfen Sie uns, in das Galiläa unserer ersten Liebe zurückzukehren.

In dieser Nacht, in der aus einer Tatsache ein Ereignis wird, wollen wir die Kraft der Auferstehung Jesu Christi sehen, die die Dinge von innen her, die unsere Herzen verändern kann. Die auch unser Vaterland verändern kann. Hier ist unsere Hoffnung. Setzen wir sie nicht auf Versprechungen, die langfristig doch nur Trugbilder und Götzen sind. Was haben sie uns nicht schon alles versprochen ...! So viele Dinge ...! Lassen wir uns nicht täuschen. Diese Versprechungen kommen nicht vom Herrn.

Er ist auferstanden. Geht zurück zum Ausgangspunkt, geht zurück in das Galiläa eurer ersten Liebe. Wir als Volk wollen an der Hand unserer alten Menschen zum Ausgangspunkt zurückkehren. Sie sind unsere Weisheit, und dort werden wir unsere Liebe wiederfinden und als Nation neu geboren werden. Darum bitte ich ganz besonders die Frau, die den Glauben nie verloren, ihre erste Liebe nie vergessen hat und die nie zum Ausgangspunkt zurückkehren musste, weil sie ihren Weg immer lebendig im Herzen trug. Möge Maria uns auf diesem Weg zurück zu unseren Wurzeln behüten.

Amen.

Predigt, Osternacht, Buenos Aires, 30. März 2002

Lasst euch von der Wahrheit besitzen

Dass so viele Kinder zu Beginn des neuen Schuljahres hier sind, macht mir Hoffnung. Der Ausdruck eben bei der Führung hat mir Spaß gemacht und mir gut gefallen: »sture Hoffnung«. Wo ein Kind ein neues Schuljahr beginnt, gibt es »sture Hoffnung«. Wo ein Mann oder eine Frau als Lehrkraft, in der Verwaltung oder in der Leitung die Arbeit an der Schule aufnimmt, gibt es »sture Hoffnung«. Wo Hoffnung ist, ist Freude. Da schneidet keiner Grimassen.

Das ist das erste Gefühl, das ich heute habe. Hoffnung. Hoffnung auf jeden Einzelnen, der hier ist, Hoffnung auf euch, Kinder. Hoffnung, dass ihr auf dem Weg des Lichts seid, auf dem Weg derer, die so handeln, wie es der Wahrheit entspricht. Auf dem Weg der Wahrheit. Und die Wahrheit ist immer kämpferisch, aber sie wird auch bekämpft. Sie ist kämpferisch, weil sie bekämpft wird. Die Wahrheit ist keine Sache, die Wahrheit ist die Treue meines Herzens zu dem, was mir geoffenbart worden ist. Dem, was mir einleuchtet, dem, was meinem Leben Sinn gibt. Ihr Jungen und Mädchen macht Hoffnung, weil ihr im Licht der Wahrheit gehen wollt. Die Apostel sind, wie wir in der ersten Lesung gelesen haben, um der Wahrheit willen verfolgt worden, sie haben sie nie verhandelt. Die Lüge ist die Tochter der Finsternis; aber zwischen Wahrheit und Lüge ist diese ganze Palette von

Halbwahrheiten im Angebot, von halben Wahrheiten. Das »Jein«, die Sprache des »Jein«. Nicht das »Ja-ja, Nein-nein«, sondern das »Jein-jein«. Wo man sich einrichten kann, wie man will, wie es einem passt. Und das ist die Sprache der Finsternis.

Doch die Finsternis ist nicht immer dunkel. Es gibt Finsternisse, die als Licht verkleidet sind, das müsst ihr wissen, Kinder. Man hat uns die Geschichte erzählt, wie sie den Indios damals Glasperlen verkauft und gesagt haben, es seien Edelsteine. »*Chafalonería, Trödelladen*«, hat meine Oma dazu gesagt. Auch heute gibt es überall Glasperlenverkäufer, die euch sagen: Das ist die Wahrheit, diese ist die Wahrheit: die leichte, deine, die, die dir gefällt. Aber der Weg der Wahrheit ist mühsam, das müsst ihr wissen. Den Aposteln hat er Verfolgung und Kerker eingebracht, … er ist mühsam.

Das ist es, was ich euch zu Schuljahresbeginn mit diesem Gefühl der »sturen Hoffnung« sagen will. Wo die Wahrheit ist, da ist das Licht, aber verwechselt es nicht mit dem »Blitzlicht«. Wo die Wahrheit ist, da gibt es innere Freude, keinen Zirkus. Es ist sehr leicht, einen Zirkus zu veranstalten, um uns eine Zeit lang zum Lachen zu bringen, und danach bleibt nur die Grimasse. Verteidigt die Wahrheit, sucht die Wahrheit, lasst euch von der Wahrheit besitzen, die der mühsame Weg ist, der, der eurem Leben Sinn geben und euch mit Freude und Glück erfüllen wird! In dem Wissen, dass die Wahrheit nicht verhandelt wird, dass sie nicht das Leichte ist. Und euch Größeren, die ihr auf dem Weg der Wahrheit arbeitet, indem ihr den Kleineren helft, in der Wahrheit zu wachsen, auch mit euch muss ich über das Mühsame sprechen. Denn es ist sehr mühsam, in einer Welt der Mühelosigkeit an die Wahrheit zu glauben.

Wenn eine Zivilisation die Orientierung verliert, dann spielt der Kompass verrückt und die Nadel dreht sich im Kreis. Sie zeigt in alle Richtungen, alles ist möglich. Doch an dieser verrückten

Kompassnadel gibt es zwei entscheidende Merkmale. Zwei Kennzeichen einer tief greifenden existenziellen Orientierungslosigkeit. In einer Zivilisation, die die Wahrheit relativiert, wird – das ist eine Konstante – immer mit den Kindern und den alten Menschen experimentiert. Und unsere Zivilisation experimentiert mit den Kindern und den alten Menschen.

Macht die Augen auf, macht bei diesem Spiel nicht mit. Der Norden der Wahrheit, der Norden des Lichts, nicht des »Blitzlichts«, das blendet, und danach bleibt nur die Finsternis. Wenn man mit Anfang und Ende des Lebens experimentiert, experimentiert man mit der Hoffnung eines Volkes. Denn die Kinder sind die Hoffnung eines Volkes, und die alten Menschen sind die Hoffnung eines Volkes. Die Kinder, weil sie unseren Platz einnehmen werden, sie sind die, denen wir die Fackel übergeben. Und die alten Menschen, weil sie die Weisheit dieses Volkes sind, weil sie die sind, die uns das geben müssen, was sie auf ihrem Lebensweg erlebt haben. Und heute, in diesem so anmaßenden 21. Jahrhundert, wird mit den Kindern und den alten Menschen experimentiert.

Die Kompassnadel spielt verrückt. Selbst hier, in dieser Stadt, nicht ganz und gar, aber es besteht die Versuchung, mit Kindern und mit alten Menschen zu experimentieren. Das lässt üble Bilder in mir aufsteigen, Bilder aus der ersten Hälfte des letzten Jahrhunderts. Versteht ihr? Wie lange überlebt ein alter Mensch mit 120 Pesos in der Tasche ohne Medikamente und ohne Arzt? Man experimentiert mit der Weisheit des Alters. Oder wir experimentieren mit den Kindern, probieren Werte an ihnen aus … probieren wir dieses…, nein, jenes … probieren wir es so … probieren wir es anders. Auf diese Weise verbildet man ihnen das Gewissen und lässt sie unmerklich in diese Welt des Relativismus hineingeraten, der als Licht verkleidete Finsternis ist. Und das nicht nur auf dem Gebiet der Kultur, sondern auch im sozialen Bereich.

166

Seit dem 16. Juli des letzten Jahres leben 192 Kinder auf der Straße, im Bajo Soldati, das ist das Ergebnis einer »Zwangsräumung« in einer Siedlung. Und das unter den Augen derer, die für das Gemeinwohl verantwortlich sind. Im sozialen Bereich wird mit den Kindern experimentiert. Im kulturellen Bereich wird mit den Kindern experimentiert. Im ethischen, im moralischen Bereich wird mit den Kindern experimentiert.

Hier hat der Satz unseres Propheten aus Buenos Aires[1] keine Gültigkeit: *Dale que va... todo es igual,* »mach nur ... alles ist egal«, denn wenn wir diesen Weg gehen, dann *allá en el horno se vamo' a encontrar,* »werden wir uns alle dort im Ofen treffen«. Hier gilt nur eines: die Wahrheit, die Licht schenkt, die Wahrheit wird nicht verhandelt, die Wahrheit ist ein mühsamer Weg, und mit Kindern und alten Menschen macht man keine Experimente.

Ihnen, die an dieser vornehmen Aufgabe arbeiten, unsere Kinder in der Wahrheit wachsen zu lassen, sage ich danke. Danke. Von Herzen. Ich weiß, dass es nicht leicht ist. Ich weiß, dass es immer bequemer ist, den Kopf einzuziehen. Aber danke von Herzen. Ich fühle mich als Schuldner dessen, was Sie tun.

Und ihr, Kinder, habt keine Angst davor, euch anzustrengen. Geht nicht den leichten Weg. Sucht die Wahrheit, denn nur die Wahrheit wird euch frei machen.

Mögen der Herr und Unsere Mutter uns diese Gnade gewähren.

Predigt, Messe für das Bildungswesen,
Buenos Aires, 10. April 2002

1   Gemeint sind Carlos Gardel und ein Vers aus seinem berühmten Tango *Cambalache.* (A. d. R.)

Wir haben Grund zu hoffen

»Dann kam er nach Jericho und zog hindurch. Dort lebte ein Mann mit Namen Zachäus, der war oberster Zöllner und reich. Er wollte gern sehen, wer Jesus sei, konnte es aber nicht wegen der Volksmenge; denn er war klein von Gestalt. Da lief er voraus und stieg auf einen Maulbeerfeigenbaum, um ihn zu sehen; denn da musste er vorüberkommen. Als nun Jesus an die Stelle kam, schaute er hinauf und sagte zu ihm: Zachäus, steig schnell herunter, denn heute muss ich in deinem Haus bleiben. Schnell stieg er herunter und nahm ihn mit Freuden auf. Alle, die das sahen, empörten sich und sagten: Bei einem Sünder ist er eingekehrt, um zu wohnen! Zachäus aber wandte sich an den Herrn und sagte zu ihm: Herr, die Hälfte meines Vermögens gebe ich den Armen und wenn ich etwas zu Unrecht von jemand gefordert habe, gebe ich es vierfach zurück. Jesus sagte zu ihm: Heute ist diesem Haus Heil widerfahren, weil auch dieser Mann ein Sohn Abrahams ist. Denn der Menschensohn ist gekommen, um zu suchen und zu retten, was verloren war.« (Lk 19,1–10)

Wie vielleicht nur selten in unserer Geschichte blickt diese geschundene Gesellschaft einer neuen Ankunft des Herrn entgegen. Sie erwartet den Heil und Versöhnung bringenden Einzug dessen, der Weg, Wahrheit und Leben ist. Wir haben Grund zu hoffen. Wir haben nicht vergessen, dass sein Vorübergang und seine heilbringende Gegenwart eine Konstante unserer Geschichte gewesen sind. Wir entdecken die wundersame Spur seines Schöpfungswerks in einer unvergleichlich reichen Natur. Die göttliche Großzügigkeit hat sich auch im Zeugnis des Lebens, der Hingabe und des Opfers unserer Väter und Ahnen gespiegelt, genauso wie in Millionen von demütigen und gläubigen Gesichtern, den Gesichtern unserer Brüder und Schwestern, namenloser Protagonisten der Arbeit und heldenhafter Kämpfe, Inkarnation jenes stillschweigenden Epos des Geistes, das Völker gründet.

Und doch sind wir weit von der Dankbarkeit entfernt, die ein solches Geschenk verdient hätte. Was hindert uns daran, diese Ankunft des Herrn zu sehen? Warum ist es uns trotz einer so verschwenderischen Fülle des Landes und der Menschen unmöglich, »zu kosten und zu sehen, wie gütig der Herr ist« (Ps 34,9)? Was hält uns davon ab, die Begegnung zwischen dem Herrn, seinen Gaben und uns in unserer Nation voll und ganz auszuschöpfen? Wie damals, als Jesus durch Jerusalem zog und der Mann mit Namen Zachäus ihn wegen der Menschenmenge nicht sehen konnte, so hindert auch uns irgendetwas daran, seine Gegenwart zu sehen und zu spüren. In der Szene aus dem Evangelium wird uns in den beiden Begriffen der Höhe und des Heruntersteigens der Schlüssel gegeben. Höhe, weil Zachäus sich von dem Wunsch hinreißen lässt, Jesus zu sehen, und, da er klein war, vorausläuft und auf einen Maulbeerfeigenbaum klettert. Kein Talent, kein Reichtum kann der moralischen Niedrigkeit abhelfen, oder es gibt jedenfalls – wenn das Problem kein moralisches ist – keinen Ausweg für den gesenkten, hoffnungslosen Blick, der sich mit seinen Grenzen abfindet und dem es an Kreativität mangelt.

In diesem gesegneten Land haben sich unsere Blicke, wie es scheint, unter der Last unserer Schuld gesenkt. Viele von denen, die unsere Interessen vertreten sollen, haben in ihrem Herzen

einen traurigen inneren Pakt geschmiedet, und die Konsequenzen sind erschütternd: Die Schuld ihrer Ränke ist ein stechender
Wundschmerz, und statt um Heilung zu bitten, verrennen sie
sich und flüchten sich in die Anhäufung von Macht, in die Ver-
stärkung der Fäden eines Spinnennetzes, das den Blick auf die
zunehmend schmerzliche Wahrheit verstellt. Und so kommt der
Zeitpunkt, da das Leid der anderen und die Zerstörung, die diese
Spiele der Macht- und Habgierigen hervorrufen, für diese selbst
kaum mehr sind als die Figuren auf einem Brett, Zahlen, Statisti-
ken und Variablen eines Planungsbüros. Je mehr diese Zerstörung zunimmt, desto mehr sucht man nach Argumenten, um sie
zu rechtfertigen und weitere Opfer zu verlangen und sich – ein
Vorwand, um ihr Gewissen zu beruhigen – hinter dem oft gehörten Satz »Es gibt keine andere Lösung« zu verschanzen. Diese spirituelle und ethische Niedrigkeit würde nicht ohne die Unterstützung derer überleben, die an einer anderen alten Krankheit des
Herzens leiden: der Unfähigkeit, Schuld zu empfinden. Der ehr-
geizigen Karrieristen, die mit ihren internationalen Diplomen
und ihrem – übrigens ganz leicht austauschbaren – Fachjargon
ihre dürftigen Kenntnisse und ihre praktisch nicht vorhandene
Menschlichkeit kaschieren.

Wie Zachäus kann uns bewusst werden, dass es uns schwer-
fällt, in spiritueller Höhe zu leben: die Last der vergeudeten Zeit,
der versäumten Gelegenheiten zu spüren und uns innerlich
dagegen zu sträuben, dass wir in unsere eigenen Widersprüchlichkeiten verstrickt und unfähig sind, unser Schicksal voranzubringen. Natürlich, es ist üblich, dass wir angesichts von Ohnmacht und Grenzen der einfachen Lösung zuneigen, die gesamte
Vertretung und Wahrnehmung unserer eigenen Interessen an
andere zu delegieren. Als wäre das Gemeinwohl eine fremde
Wissenschaft, als wäre die Politik – ihrerseits – keine erhabene
und heikle Form der praktizierten Gerechtigkeit und Nächsten-

liebe. Kurzsichtigkeit, wenn es darum geht, Gott unter uns einherschreiten zu sehen, uns der vielen Gaben wegen dankbar und würdig zu fühlen und sie bedenkenlos in die Waagschale zu werfen, ohne dabei unsere historische Berufung einer nicht vereinnahmenden Offenheit gegenüber anderen Völkern preiszugeben, die unsere Brüder sind.

Wie wir litt auch Zachäus an dieser Kurzsichtigkeit. Und doch geschieht das Wunder: Die Figur aus dem Evangelium erhebt sich über ihre Mittelmäßigkeit und entdeckt die Höhe, zu der sie sich aufschwingen muss. Denn aus dem Schmerz und aus den eigenen Grenzen lernt man am besten zu wachsen, und gerade aus unseren Übeln steigt die tiefe Frage auf: Haben wir genug Schmerz erlebt, dass wir uns dazu entschließen können, mit den alten Mustern zu brechen, die so festgefahrenen törichten Verhaltensweisen aufzugeben und unser eigentliches Potenzial zur Entfaltung kommen zu lassen? Haben wir nicht die historische Chance, alte und tief verwurzelte Missstände, die wir nie mit letzter Konsequenz zur Sprache gebracht haben, neu zu überdenken und zusammenzuarbeiten? Muss noch mehr Blut vergossen werden, damit unser verletzter und gescheiterter Stolz sich seine Niederlage eingesteht?

Zachäus hat sich angesichts seiner Schwierigkeiten nicht für die Resignation entschieden, er hat seine Chance nicht zugunsten der Ohnmacht aufgegeben, sondern ist vorausgelaufen, hat sich einen Platz in der Höhe gesucht, von dem aus er besser sehen konnte, und hat sich vom Herrn ansehen lassen. Ja, sich vom Herrn ansehen lassen, sich vom eigenen Schmerz und vom Schmerz der anderen berühren lassen; zulassen, dass das Scheitern und die Armut uns unsere Vorurteile, unsere Ideologismen, unsere abstumpfenden Verhaltensmuster wegnehmen und wir – auf diese Weise – den Ruf hören können: »Zachäus, komm schnell herunter!« Das ist der zweite Schlüssel zu dieser Stelle aus dem

Evangelium: Zachäus reagiert, als Jesus ihn auffordert, herabzusteigen. Herabzusteigen von seiner Selbstzufriedenheit, herabzusteigen von der Person, die er mit seinem Reichtum erfunden hat, herunterzukommen von dem Schwindel, den er über seinen armseligen Komplexen aufgetürmt hat. Denn keine spirituelle Höhe, kein Projekt großer Hoffnungen kann Wirklichkeit werden, wenn es nicht vom Boden her aufgebaut und gestützt wird: vom Boden, auf den wir unsere Eigeninteressen herabgeholt haben, vom Boden der geduldigen täglichen Arbeit, zu der wir uns herabgelassen haben und die allen Hochmut zunichtemacht.

Heute, da die Gefahr des nationalen Zerfalls vor der Tür steht, dürfen wir uns weniger denn je von unserer Trägheit dahinraffen, von unserer Ohnmacht unfruchtbar machen oder von den Drohungen einschüchtern lassen. Versuchen wir uns dort zu positionieren, wo wir dem Blick Gottes in unser Gewissen besser standhalten können, wo wir uns von Angesicht zu Angesicht und in Anerkennung unserer Grenzen und unserer Möglichkeiten verbrüdern können. Kehren wir nicht zum Hochmut der hundertjährigen Spaltung zwischen den zentralistischen Interessen zurück, die, von der Währungs- und Finanzspekulation und von der zwingenden Notwendigkeit leben, ein Hinterland voranzubringen und zu fördern, das gegenwärtig zum Schicksal einer »touristischen Sehenswürdigkeit« verdammt ist. Und auch der Hochmut des rebellischen Partikularismus soll nicht unser Ansporn sein, der grausamsten all unserer Nationalsportarten, bei der die Goldene Regel darin besteht, auch noch die besten Vorschläge und Errungenschaften des Gegenübers unerbittlich niederzumachen, statt sich durch die Auseinandersetzung mit den Unterschieden bereichern zu lassen. Dass wir uns nicht (im Namen einer Konsequenz, die keine ist) durch die Rigidität der Zahlen den Weg versperren lassen. Dass wir uns nicht weiterhin an dem traurigen Schauspiel derer weiden, die schon gar nicht mehr wissen, wie sie noch lügen und sich widersprechen sollen, um an ihren Privilegien, ihrer Raffgier und ihren unrechtmäßig erworbenen Gewinnquoten festzuhalten, während wir unsere historischen Chancen versäumen und uns in einer Sackgasse festfahren. Man muss Mut fassen wie Zachäus, um den Ruf nach unten zu hören: nach unten zur geduldigen und beständigen Arbeit – nicht mit Besitzansprüchen, sondern mit dem Drang zur Solidarität.

Wir haben in dem Glauben, der ersten Welt anzugehören, vieles an Fiktionen erlebt; wir fühlten uns angezogen von dem »Goldenen Kalb« der Stabilität, die es – um den Preis der Verarmung von Millionen – einigen wenigen ermöglicht hat, zu konsumieren und zu reisen. Wenn obskure Seilschaften nach innen und außen vorgeschoben werden, um die Dinge bedenkenlos zum Äußersten zu treiben, ohne an die Schäden zu denken: zwielichtige Geschäfte, Manöver, um Verpflichtungen aus dem Weg zu gehen, Bereichs- und Parteieninteressen, die ein souveränes Handeln verhindern, gezielte Fehlinformation, die verwirrt, destabilisiert und Druck ausübt, bis das Chaos ausbricht; wenn das geschieht, dann nutzt uns die trügerische Versuchung wenig, nach Sündenböcken zu rufen, die den Preis für die vermeintliche Entstehung einer besseren, reinen und magischen Klasse zahlen sollen. Das hieße nur, einer weiteren Illusion zu erliegen. Wir müssen mit Schmerzen eingestehen, dass es unter den eigenen Leuten und unter den Gegnern viele Zachäusse mit unterschiedlichen Titeln und Funktionen gibt; Zachäusse, die auf der Bühne einer beinahe autoritären Habgier und zuweilen in der Maske der Legitimität die Rollen tauschen.

Das Beste ist, zuzulassen, dass der Zachäus, der in einem jeden von uns steckt, sich vom Herrn ansehen lässt und die Einladung annimmt, hinunterzusteigen. Dieser Ruf des Evangeliums ist Erinnerung und Weg der Hoffnung. Wer das Erhabene sucht und sich von ihm erreichen lässt, eröffnet den Raum für eine neue Freude und für eine Möglichkeit der Erlösung. Und Zachäus wird erlöst, mit Freuden willigt er in die Einladung des Einzigen ein, der uns versöhnen kann, in die Einladung Gottes. Er willigt ein, sich an den Tisch aller, an den Tisch der sozialen Freundschaft zu setzen. Niemand hat von diesem Zöllner verlangt, zu sein, was er nicht sein konnte: Er sollte einfach nur von seinem Baum heruntersteigen. Er soll sich mit dem Gesetz versöhnen, einer von vielen zu sein, Bruder und Landsmann zu sein, er soll das Gesetz erfüllen.

Das gilt es zu erreichen: dafür zu sorgen, dass das Gesetz erfüllt wird, dass unser System funktioniert, dass das Festmahl, zu dem wir im Evangelium eingeladen werden, dieser Ort der Begegnung und des Miteinanders, des Arbeitens und des Feierns ist, den wir uns wünschen, und nicht bloß ein »Stehcafé« für die »zugvogelhaften« Interessen der Welt; für die, die kommen, sich bedienen und weiterziehen. Das Gesetz ist die unabdingbare Bedingung der Gerechtigkeit, der Solidarität und der Politik, und es bewahrt uns davor, wenn wir vom Baum herabsteigen, der Versuchung der Gewalt, des Chaos und der Rachsucht zu erliegen. Nehmen wir den Schmerz des vielen Blutes auf uns, das in unserer Geschichte vergeblich vergossen worden ist. Öffnen wir rechtzeitig die Augen: Ein stummer Kampf wird in unseren Gassen ausgefochten, der schlimmste von allen, der Kampf zweier Feinde, die zusammenleben und einander nicht sehen, weil sich ihre Interessen überschneiden, die von schmutzigen, kriminellen Organisationen – und Gott weiß, wer sich die Schutz-, Recht- und Straflosigkeit noch alles zunutze macht – manipuliert werden.

Es ist jetzt nicht der Zeitpunkt, Angst vor uns selbst zu haben und sich für uns zu schämen. Wir alle sind ein bisschen wie Zachäus, und wir alle haben beträchtliche Talente und Werte.

Wir blicken nostalgisch auf die natürlichen Gaben und brillanten Anlagen unserer vielen Landsleute, die in alle Welt verstreut sind. Wir blicken nostalgisch auf die schweigende und unglaubliche Widerstandskraft eines demütigen Volkes, das seine Reserven verteidigt und sich weigert, seinen Glauben und seine Überzeugungen aufzugeben, das sich dem Verschleiß entgegenstemmt. Wagen wir es – jetzt oder nie! –, unsere soziale Bindung neu zu knüpfen, wie wir es so oft mit der gesamten Gesellschaft gefordert haben, und lassen wir wie dieser reuige und glückliche Zöllner unsere Größe zur Entfaltung kommen: die Größe, zu geben und uns selbst zu geben. Wir müssen – das ist die große Herausforderung – darauf verzichten, auf alles ein Recht haben zu wollen: darauf, unsere Privilegien zu behalten; auf ein leichtes Leben und Einkommen ... weiter dumm und kleingeistig zu sein. Wir haben uns wie bei diesem Ruf im Evangelium viele Male von Gott ansehen lassen. Bei diesen Gelegenheiten ist das Große und Erhabene in uns entstanden. Es gibt in der ganzen Gesellschaft eine Sehnsucht, die sich bereits geäußert hat und nicht ignoriert werden kann, eine Sehnsucht, sich zu beteiligen und die eigene Vertretung zu kontrollieren – wie an jenem Tag, dessen wir heute gedenken, an dem aus der Gemeinschaft eine Ratsversammlung wurde.[1]

Außer dem Hinaufsteigen, um Jesus zu sehen, und dem Wieder-Hinabsteigen, um seiner Einladung Folge zu leisten, gibt es im Evangelium einen dritten Schlüssel: das Geben, das Sich-Geben als Wiedergutmachung des Bösen, das man getan hat. Zachäus entschließt sich, das, was er sich unrechtmäßig angeeignet hat, zurückzugeben und zu teilen. Wie der bekehrte Zachäus verspürt auch dieses Volk den Wunsch, »die Hälfte zu geben« und »das Vierfache zurückzugeben«. Aus tiefster Seele sehnt es sich danach, zur Arbeit und großzügigen Solidarität, zum egalitären Kampf und zur sozialen Errungenschaft, zur Kreativität und zum Feiern zurückzufinden. Wir wissen genau, dass dieses Volk Demütigungen einstecken kann, Demütigungen, ja: aber nicht die Verleumdung, es habe die Ausgrenzung von 20 Millionen Brüdern und Schwestern nicht erkannt, die Hunger leiden und deren Würde mit Füßen getreten wird. Wenn sich Zachäus, ehe er sich von Jesus ansehen ließ, klargemacht hätte, dass seine Schuldner von Mal zu Mal immer noch tiefer sanken, hätte er keine angeblichen ethischen Verpflichtungen und exemplarischen Strafen einfordern können. Jetzt, da er sich bekehrt hat, muss er seinen wucherischen Betrug einsehen und zurückgeben, was er gestohlen hat. Betrachten wir das Ende der Geschichte: ein Zachäus, der mit dem Gesetz versöhnt ist und ohne Komplexe und Verstellung mit seinen Brüdern zusammenlebt und neben dem Herrn sitzt, lässt seinen Initiativen zuversichtlich und beharrlich ihren Lauf und ist in der Lage, zuzuhören und mit den anderen zu reden und vor allem, mit aufrichtiger Daseinsfreude abzugeben und zu teilen.

Die Geschichte sagt uns, dass viele Völker sich wie Zachäus aus ihren Trümmern erhoben und ihre Niederträchtigkeiten hinter sich gelassen haben. Wir müssen der Zeit und der organisatorischen und schöpferischen Beständigkeit Raum geben, uns weniger auf fruchtlose Forderungen, Illusionen und Versprechungen berufen, und uns dem entschlossenen und beharrlichen Tun widmen. Auf diesem Weg blüht die Hoffnung, diese Hoffnung, die nicht trügt, weil sie ein Geschenk ist, das Gott dem Herzen unseres Volkes macht. Mehr denn je lädt uns heute die Hoffnung ein. Sie inspiriert uns dazu, uns zu erheben und uns von Gott ansehen zu lassen, in die Demut des Dienens hinabzusteigen und zu geben, indem wir uns selbst hinschenken. Manchmal träumen wir von einem Ruf, und wir stellen ihn uns magisch und zaubermächtig vor. Der Weg ist einfacher: Wir müssen nur zum Evangelium zurückkehren, müssen uns ansehen lassen wie

Zachäus, der Einladung zur gemeinsamen Aufgabe Gehör schenken, unsere Begrenzungen nicht kaschieren, sondern die Freude des Teilens lieber akzeptieren als die Ruhelosigkeit des Raffens. Und dann, ja, dann werden wir das Wort des Herrn hören, und es wird an unser Heimatland gerichtet sein: »Heute ist diesem Haus Heil widerfahren [...]. Denn der Menschensohn ist gekommen, um zu suchen und zu retten, was verloren war« (Lk 19,9–10).

Predigt, *Te Deum*, Buenos Aires, 25. Mai 2002

1 Gemeint ist der Nationalfeiertag der argentinischen Unabhängigkeit am 25. Mai, an dem das Ende der spanischen Herrschaft im Jahr 1810 und die Bildung der ersten nationalen Regierung durch einen außerordentlichen Zusammenschluss angesehener Bürger begangen wird. (*A. d.* R.)

Sich einreihen und gemeinsam aufbrechen

Liebe Brüder und Schwestern, liebe Freunde und Gläubige des heiligen Kajetan, ich möchte Sie alle mit den Worten des heiligen Paulus begrüßen, die das Beste sind, was wir uns als Christen wünschen können: Wäre doch jeder, wären doch alle »untereinander gesinnt, wie es einem Leben in Christus Jesus angemessen ist« (Phil 2,5). Alle Gefühle Jesu kreisen um eine einzige, um die grundlegendste Gesinnung: dass »niemand eine größere Liebe hat als die, dass er sein Leben für seine Freunde hingibt« (vgl. Joh 15,13). »Ihr seid meine Freunde«, sagt Jesus zu uns (Joh 15,14). Und ich habe keinen anderen Wunsch, als für jeden Einzelnen von euch mein Leben hinzugeben. Hätten Sie doch dieselbe Gesinnung: Wäre doch jeder mir gegenüber und auch seinen Freunden, seinen Kindern, seinen älteren Verwandten, seiner Familie gegenüber so gesinnt!

Und könnten doch auch wir als Volk diese Gnade empfangen: dass uns der Sinn danach steht, unser Leben für unsere Brüder und Schwestern hinzugeben, mit denen wir in unserer geliebten argentinischen Nation zusammenleben!

Das diesjährige Motto lautet: »Mit dem heiligen Kajetan fordern wir das Brot, das nährt, und die Arbeit, die Würde gibt.«[1] In der Forderung nach dem Brot, das nährt, drückt sich der Wille aus, das Leben hinzugeben: Wir fordern Brot, weil man, um das

Leben hinzugeben, ein Brot haben muss, das man teilen kann. Jesus selbst wollte sich, ehe er sein Leben am Kreuz hingab, mit seinen Freunden um den Tisch herum versammeln, er wollte ein Brot in den Händen halten, um es zu brechen und zu verteilen, um sich zu brechen und zu verteilen.

In der Forderung nach der Arbeit, die Würde gibt, drückt sich der Wille aus, das Leben hinzugeben: Wir fordern Arbeit, weil sie die würdige Art ist, sich kreativ für die anderen aufzureiben. Man kann das Leben nicht hingeben, ohne das Brot zu teilen und ohne zu arbeiten. Doch ein Leben, das nicht täglich hingegeben wird, ist kein wahres Leben. Deshalb soll unser Volk nicht so gesinnt sein, dass es sich von der Forderung schon alles erhofft, sondern Teil seiner Forderung soll sein, dass es Tag für Tag das bisschen Brot, das es hat, teilt und tausenderlei Arten erfindet, solidarisch für die Gemeinschaft zu arbeiten. Wir fordern Gerechtigkeit und kommen gleichzeitig hierher, um zum Herrn des Lebens zu beten und ihn auf die Fürsprache des heiligen Kajetan um Brot und Arbeit zu bitten.

»Seid untereinander gesinnt, wie es einem Leben in Christus Jesus angemessen ist.« Es tut uns gut, uns daran zu erinnern, dass Jesus im schlimmsten Augenblick seines Lebens, in der Nacht des Verrats und der Verlassenheit die vornehmste Gesinnung hatte. Ihm wurde alles genommen, und er wandelte sich selbst zum Brot für sein Volk. Er verwandelte den Raub in ein Geschenk. »Niemand nimmt es mir, sondern ich gebe es freiwillig hin.« (Joh 10,18)

Dieses stille Beispiel Jesu, der das Kreuz schultert und die Schuld, selbst die Schuld derer, die ihn töten, auf sich nimmt, enthält eine Einladung. Und es gibt Menschen, die diese Einladung annehmen, es gibt ganze Völker, die sich aus ihren Trümmern erheben, mit stiller Würde Hand anlegen und eine Situation der Erniedrigung und Gewalt in eine Zeit der Gnade verwandeln.

Völker, die sich der Arbeit widmen und, wenn der Lohn nicht

ausreicht, mit Freuden ihre Güter tauschen. Völker, die sich der Solidarität widmen und, wenn das Brot nicht ausreicht, teilen, was nötig ist. Völker, die sich dem Gebet widmen und ihre Hoffnung in den Gott des Lebens setzen. Völker, die fähig sind, »Schlange« zu stehen, sich hier beim heiligen Kajetan unter die Wartenden einzureihen: in eine Menschenschlange, die friedfertig einige Straßen kreuzt: nicht, um irgendjemandem den Durchgang zu verwehren, sondern um darauf hinzuweisen, dass das einzig wahre Tor offen steht, das enge Tor, das eine Bresche schlägt zum Innersten Gottes, des Heiligen, wo wir alle Brüder und Schwestern sind; eine »Menschenschlange«, die Brücke ist, weil sie die Hände nach Jesus Christus ausstreckt: der wahren Brücke zwischen den Menschen guten Willens und unserem himmlischen Vater.

Diese Demonstration des Glaubens veranstaltet unser gläubiges Volk schon immer. Die Forderung nach Brot und Arbeit, die es uns ermöglichen, unser Leben hinzugeben, ist nicht von den Umständen abhängig und auch nicht bloß eine Maßnahme für schwierige Zeiten. Deshalb muss dieser Marsch, diese Demonstration, diese »Menschenschlange«, mit der unser Volk seit so vielen Jahren seine alltäglichen Wege unterbricht und gemeinsam mit dem heiligen Kajetan, gemeinsam mit der Jungfrau die Aufmerksamkeit des Herrn und der Mitmenschen einfordert, alle Märsche, alle Demonstrationen, alle Menschenschlangen in unserem Heimatland anstecken. Damit wir andere mit dieser Gnade anstecken können, bitten wir den Vater, dass wir so gesinnt sind wie Jesus.

Wir wollen diese tiefen Werte wiederentdecken, die wir als Volk empfangen haben, und in diesen schwierigen Zeiten, nach Gerechtigkeit hungernd und dürstend, ein Zeugnis der Hoffnung, der Solidarität, des friedfertigen und nachdrücklichen Protests ablegen. Wie ich es Ihnen Jahr für Jahr in ebendieser Messe gesagt habe: Wir wollen diese Hoffnung wiederentdecken, die in der demütigen Geste enthalten ist, sich »einzureihen und auf den Weg zu machen«, sich einzureihen wie die Körner in der Ähre des Heiligen – erinnern Sie sich? –, um voranzugehen, ohne irgendjemanden mit Füßen zu treten, ohne sich einzuschleichen, ohne enttäuscht zu sein. Wir wollen den Wert der Inklusion wiederentdecken, für den unsere geliebte Wallfahrtskirche steht, deren geöffnete Türen alle empfangen, ohne irgendjemanden auszuschließen, und die ein Sinnbild unserer Häuser und Institutionen sein soll. Wir wollen diese Stärke unseres gläubigen Volkes wiederentdecken, das imstande ist, »die Schulter hinzuhalten« und sich das Kreuz aufzuladen, um den anderen zu helfen. Wir wollen diese Solidarität, diesen Samaritergeist wiederentdecken, den unser gläubiges Volk in sich trägt und der es davon abhält, angesichts von Leid und Unrecht einfach »weiterzugehen«; diesen Wunsch, wie Jesus zu jedem Leidenden hinzugehen und ihm die Hand zu reichen. Wir wollen die Gnade der Weinenden wiederentdecken, die Jesus seligpreist, weil sie nach der Gerechtigkeit hungern und dürsten, und aus seinen Händen den Trost empfangen, den wir brauchen.

Deshalb wollen wir alle zusammen mit dem heiligen Kajetan zum Herrn rufen und das schöne Gebet beten, das eigens für die Novene verfasst worden ist:

Wir möchten dein Antlitz sehen,
auf die Worte deines Mundes achten,
dir ins Ohr sprechen,
uns von deinen Augen ansehen lassen und,
wenn wir dich küssen, Christus,
in dir die Züge deiner Mutter wiederfinden,
deiner Heiligen,
deines leidgeprüften Volkes.
Wir wollen dein Antlitz sehen,
Gott, Freund,
Weggefährte.

Predigt am Fest des heiligen Kajetan,
Buenos Aires, 7. August 2002

1 Dies ist das Motto zum alljährlichen Fest des heiligen Kajetan von
Thiene (San Cayetano de Thiene) am 7. August, der als der Schutzpatron
der Armen und Ausgegrenzten gilt. (*A. d. R.*)

2003

Erziehen heißt, das Leben wählen

Ein Akt der Hoffnung

Vor genau einem Jahr habe ich gleich zu Beginn meiner Botschaft an die Erziehungsgemeinschaften von einem kritischen und entscheidenden Moment im Leben unseres Volkes gesprochen. Seither ist viel passiert: es gab viel Leid, Verwirrung und Empörung, aber auch viel Engagement. Viele Männer und Frauen haben nicht weggesehen oder »ihr Heil in der Flucht gesucht«, sondern sich ihres Nächsten angenommen. Nach allem, was war, sind wir inzwischen davon überzeugt, dass es keinen Sinn hat, auf einen Erlöser oder eine »magische Formel« zu warten, die all unsere Probleme löst oder uns unser »wahres Schicksal« enthüllt. Es gibt kein *wahres Schicksal,* und es gibt auch keine Magie. Es gibt nur ein Volk mit einer Geschichte voller Fragen und Zweifel, mit Institutionen, die beinahe untragbar geworden sind, mit erschütterten Werten und mit denkbar knappen Mitteln, die selbst auf kurze Sicht kaum ausreichend scheinen. Diese Dinge sind zu *schwerwiegend,* als dass man sie einem einzelnen besonders charismatischen oder besonders pragmatischen Menschen anvertrauen könnte. Nur etwas, das wir als Gemeinschaft und auf der Erfahrung unserer Geschichte erschaffen, kann uns auf einen glücklicheren Kurs bringen. Und ich glaube mich nicht zu irren, wenn ich sage, dass Sie als Pädagogen die Aufgabe haben, auf diese Herausforderung *hinzuwei-*

sen. Mit den Mitteln unserer Geschichte – ihren Grenzen, aber auch ihren Chancen – eine bessere Wirklichkeit zu schaffen, ist *ein Akt der Hoffnung.* Kein Akt der Gewissheiten oder bloßen Annahmen: kein Schicksal und auch kein blinder Zufall. Wir brauchen Überzeugungen und Tugenden. Wir müssen alles in die Waagschale werfen – und noch mehr: ein unwägbares *Mehr,* das dem Ganzen erst seine Dramatik verleiht.

Wir wollen in diesem Jahr auch über die Hoffnung nachdenken, aber vor allem geht es um einen wesentlichen Bestandteil ihrer aktiven Dimension: die *Kreativität.* Denn wenn es Zeit ist für eine gemeinschaftliche und geschichtlich geerdete Schöpfung, dann kann sich unsere Aufgabe als Erzieher nicht darauf beschränken, »so weiterzumachen wie bisher«, ja nicht einmal darauf, sich einer äußerst widrigen Realität »entgegenzustemmen«, nein: Wir müssen etwas aufbauen, wir müssen mitten in die Geschichte hinein den Grundstein für ein neues Gebäude legen, das heißt, uns in einer Gegenwart verorten, die eine Vergangenheit und – so hoffen wir zumindest – auch eine Zukunft hat.

Utopie und Schöpfung, die in der Geschichte verwurzelt sind

Der Begriff der »Schöpfung« hat für uns eine unmittelbar religiöse Konnotation. Der Glaube an den Schöpfergott lehrt uns, dass die Menschheitsgeschichte keine grenzenlose Leere ist: Sie hat einen Anfang, und sie hat eine Richtung. Der Gott, der »Himmel und Erde erschaffen hat«, ist derselbe, der seinem Volk eine Verheißung geschenkt hat, und seine absolute Macht ist die Garantie für die Wirksamkeit seiner Liebe. *Deshalb ist der Schöpfungsglaube Träger der Hoffnung.* Die Menschheitsgeschichte, unsere

Geschichte, die Geschichte eines jeden von uns, unserer Fami-
lien, unserer Gemeinschaften, die konkrete Geschichte, die wir
Tag für Tag an unseren Schulen erschaffen, ist nie *ausgeschöpft*,
nie am Ende ihrer Möglichkeiten, sondern kann sich immer für
das Neue, das noch nicht Dagewesene, das noch nicht in Betracht
Gezogene öffnen. Für das scheinbar Unmögliche. Weil diese
Geschichte Teil einer Schöpfung ist, die in der Macht und Liebe
Gottes wurzelt.

Eines müssen wir – zum wiederholten Male – klarstellen: Es
geht hier nicht um irgendeinen Kompromiss zwischen Pessimismus und Optimismus. Wir sprechen von der Hoffnung, und die
Hoffnung macht sich mit keiner dieser beiden Optionen gemein.
Konzentrieren wir uns also nun auf die Kreativität als Ausdruck
einer aktiven Hoffnung. Wie können wir als Menschen kreativ
und schöpferisch tätig sein? Sicherlich nicht so wie Gott, der *aus
dem Nichts erschafft*. Unsere Schöpferkraft ist sehr viel bescheide-
ner und begrenzter, denn sie ist ein Gottesgeschenk, das wir
zunächst einmal annehmen müssen. Wenn wir unsere Kreativität ausüben, müssen wir lernen, uns im Spannungsfeld zwischen
Neubeginn und Kontinuität zu bewegen. Das heißt, wir müssen
das Neue auf der Grundlage des schon Bekannten entstehen
lassen. Die menschliche Kreativität ist weder eine Schöpfung aus
dem Nichts noch die identische Reproduktion des schon Dage-
wesenen. Kreativ handeln heißt, das, was da ist, in seiner ganzen
Bedeutungsdichte und mit großer Ernsthaftigkeit aufzugreifen
und einen Weg zu entdecken, wie von dort aus etwas Neues
werden kann.

In diesem Zusammenhang können wir uns wie schon im
letzten Jahr auf einen der wichtigsten Lehrer unseres Glaubens
berufen: den heiligen Augustinus. In seinem Werk *Der Gottesstaat* hat dieser Kirchenvater die Geschichte aus dem Blickwinkel
der in Christus gewirkten *eschatologischen Erlösung* zu deuten

versucht. Der bevorstehende Untergang des Römischen Imperiums kündete, historisch betrachtet, etwas grundlegend Neues an: das Ende der einen und den ungewissen Beginn einer anderen Epoche. Augustinus wollte die Pläne Gottes verstehen, um seiner Kirche, für die er als Bischof verantwortlich war, eine Erklärung anbieten zu können. Die zentralen Elemente dieses Werkes haben wir bereits in der Botschaft des vergangenen Jahres erörtert. In letzter Konsequenz haben wir dabei die Menschheitsgeschichte als Ort der Unterscheidung identifiziert: zwischen den *Angeboten der Gnade,* die darauf ausgerichtet sind, den Menschen, die Gesellschaft und die Geschichte in der eschatologischen Erlösung voll und ganz zu verwirklichen, und den Versuchungen der Sünde, die der göttlichen Heilsdynamik das Konstrukt eines angeblichen Schicksals entgegenhalten.

Diese augustinische Deutung bietet jedoch noch weitere Anknüpfungspunkte, die uns bei unserer Suche nach einer geschichtlich geerdeten Schöpferkraft von Nutzen sein können. Um von seiner Lehre zu profitieren, sollten wir zunächst über den *Sinn der Utopie* nachdenken. Utopien sind in erster Linie Produkte unserer Fantasie, auf die Zukunft projizierte Konstellationen aus Wünschen und Sehnsüchten. Zwei Dinge sind es, die der Utopie ihre Kraft verleihen: zum einen das Unbehagen, die Unzufriedenheit oder der Verdruss über die tatsächliche Realität; und zum anderen die unerschütterliche Überzeugung, dass eine andere Welt möglich ist. Deshalb vermag eine Utopie Menschen in Bewegung zu setzen. Denn sie ist mehr als bloß ein trügerischer Trost oder eine Verirrung der Fantasie: Die Utopie ist die konkrete Gestalt der Hoffnung in einer bestimmten historischen Situation.

Jede utopische Konstruktion speist sich aus dem Glauben, dass die Welt vervollkommnet werden kann und die menschliche Person die Voraussetzungen besitzt, zu einer größeren Fülle des

Lebens zu gelangen. Dieser Glaube geht Hand in Hand mit der konkreten Suche nach Möglichkeiten, dieses Ideal zu verwirklichen. Denn obgleich der Begriff, wörtlich übersetzt, auf etwas verweist, das »an keinem Ort« existiert und sich nicht lokalisieren lässt, bezeichnet die Utopie doch nichts, was der historischen Wirklichkeit völlig entfremdet wäre, im Gegenteil: Sie ist der Entwurf einer möglichen, wenn auch für den Moment nur vorgestellten Entwicklung. Diesen Punkt wollen wir festhalten: Eine Utopie ist etwas, das noch nicht existiert, etwas Neues, auf das hin man sich aber vom Jetzigen her ausrichten muss. In diesem Sinne beinhalten alle Utopien die Beschreibung einer idealen Gesellschaft, aber auch eine Analyse der Mechanismen oder Strategien, mittels deren sich eine solche verwirklichen ließe. Eine Utopie ist, so könnten wir sagen, eine Projektion in die Zukunft, die aber dazu neigt, in die Gegenwart zurückzukehren und dort ihre Möglichkeitswege zu suchen: zuerst das lebendig entworfene Ideal und dann die zuverlässigen Mittel, durch die sie gegebenenfalls verwirklicht werden kann.

Außerdem aber stützt sich die Utopie, wenn sie so von der Gegenwart ausgeht und wieder zu ihr zurückkehrt, ganz grundlegend auf die Negation der unerwünschten Aspekte der bestehenden Realität. Sie erwächst aus der (nicht intuitiven, sondern reflektierten) Ablehnung einer Situation, die als Missstand wahrgenommen wird: als schlecht, ungerecht, unmenschlich, entfremdend usw. So gesehen trifft es zu, dass die Utopie etwas Neues vorschlägt – ohne sich aber je vom Bestehenden loszukoppeln. Sie formuliert ihre Erwartung des Neuen anhand dessen, was wir uns jetzt, gegenwärtig wünschen würden – wenn wir uns denn von den Faktoren, die uns unterdrücken, und von den Tendenzen, die uns am Fortkommen hindern, befreien könnten. Damit ist die untrennbare Verbindung zwischen der erwünschten Zukunft und der erduldeten Gegenwart eine doppelte. Die

Utopie ist keine bloße Fantasie: Sie ist auch eine Kritik an der Realität und eine Suche nach neuen Wegen.

Mit dieser Absage an die Gegenwart zugunsten einer möglichen anderen Welt – einer Absage, die sich zunächst als Sprung in die Zukunft präsentiert und erst später in die Suche nach gangbaren Wegen mündet – stößt die Utopie an *zwei ernst zu nehmende Grenzen:* erstens eine gewisse »*Verrücktheit*«, die ihrem fantastischen oder imaginären Charakter geschuldet ist, und, wenn der Aspekt der Praktikabilität darüber vernachlässigt wird, die Utopie in einen bloßen Traum oder unerfüllbaren Wunsch verwandeln kann. Etwas davon schwingt in der Bedeutung mit, in der gewisse *realistische* Kreise den Begriff heute verwenden. Zweitens kann die Utopie mit ihrer Ablehnung des Bestehenden und ihrer Sehnsucht, etwas Neues zu schaffen, in einen Autoritarismus verfallen, der noch viel radikaler und unnachgiebiger ist als der, den sie eigentlich überwinden wollte. Wie oft haben utopische Ideale in der Menschheitsgeschichte alle nur erdenklichen Arten von Ungerechtigkeit, Intoleranz, Verfolgung, Gewalt und Diktaturen unterschiedlichster Prägung hervorgebracht!

Diese beiden Grenzen des utopischen Denkens sind auch der Grund dafür, dass die Utopie gegenwärtig so in Verruf geraten ist: sei es, weil man sich aus vermeintlichem Realismus auf das Mögliche konzentriert und dieses Mögliche im Spiel der herrschenden Kräfte und nicht in der Fähigkeit des Menschen verortet, aus einer ethischen Motivation heraus Realität zu schaffen; oder weil man dem Versprechen einer neuen Welt, das im letzten Jahrhundert immer nur noch mehr Leid über die Völker gebracht hat, inzwischen gründlich misstraut.

Genau an diesem Punkt wollen wir wieder auf den *Gottesstaat* zurückkommen. Die Utopie, wie wir sie kennen, ist eine typisch moderne Konstruktion (wenngleich sie im Millenarismus des späteren Mittelalters wurzelt). Der heilige Augustinus aber gibt uns mit seinem Schema von den »zwei Staaten« (dem Gottesstaat, in dem die Liebe regiert, und dem Erdenstaat, in dem der Egoismus herrscht), deren weltliche Erscheinungsformen unentwirrbar eng miteinander verflochten sind, einige wichtige Anhaltspunkte, um das Verhältnis zwischen Neuheit und Kontinuität zu bestimmen. Ebendieses Verhältnis ist der kritische Punkt des utopischen Denkens und der Schlüssel zu jeder Kreativität, die aus der Geschichte schöpft. Augustinus' *Gottesstaat* ist in erster Linie eine Kritik an einer Sichtweise, die die politische Macht und den *Status quo* als heilig betrachtete. Alle antiken Reiche stützten sich auf eine solche Vorstellung. Die Religion war wesentlicher Bestandteil eines ganzen Konstrukts aus Symbolen und Fiktionen, das die herrschende Macht für sakrosankt und zum Fundament der Gesellschaft erklärte. Und das galt durchaus nicht nur für die *Heiden:* Sobald das Christentum im Römischen Imperium Staatsreligion geworden war, wurde eine *offizielle Theologie* erarbeitet, die diese politische Gegebenheit zementieren sollte – ganz so, als wäre mit ihr das Reich Gottes auf Erden Wirklichkeit geworden.

Genau dieser theologischen Deutung einer historischen Wirklichkeit trat Augustinus mit seinem Werk entgegen. Dadurch, dass er die Saat der Korruption im kaiserlichen Rom aufdeckte, machte er jede Gleichsetzung zwischen dem Reich Christi und dem Reich dieser Welt unmöglich. Und dadurch, dass er den Gottesstaat als eine zwar in der Geschichte bereits gegenwärtige, aber mit dem Erdenstaat vermischte Wirklichkeit darstellte, die erst beim Letzten Gericht von diesem *geschieden* werden kann, gab er der *Möglichkeit einer anderen Geschichte* Raum, die auf der Grundlage anderer Werte und anderer Ideale gelebt und aufgebaut wird. War die Geschichte in der *offiziellen Theologie* der ausschließliche und ausschließende Ort einer auf sich selbst bezogenen Macht, so öffnet sie sich im *Gottesstaat* für eine Freiheit, die sich mit Erlösung beschenken lässt und dem göttlichen Plan einer verwandelten Welt und Menschheit zustimmt. Einem Plan, der sich zwar erst in der Eschatologie erfüllen wird, aber schon in der Geschichte neue Realitäten schaffen, falsche Determinismen entlarven und uns ein ums andere Mal Perspektiven der Hoffnung und Kreativität eröffnen kann, weil er auf ein *Mehr* an Sinn verweist: auf eine Verheißung, die uns immer wieder anspornt, weiterzumachen.

Der Bischof von Hippo betrachtet seine aktive Zugehörigkeit zur Kirche sehr *realistisch*, obwohl seine Kritik an der Sakralisierung des *Status quo* durchaus etwas »Utopisches« hat. Ein weiterer Charakterzug unseres Heiligen ist sein engagierter und konkreter Kampf für den *Aufbau einer Kirche,* die stark und einig und von einer vor allem auch von ihm selbst bezeugten Glaubenserfahrung durchdrungen ist – und sich doch auch auf historische und irdische Weise in einer konkreten Gemeinschaft verwirklicht. Seine Unnachgiebigkeit gegenüber den Donatisten (einer Strömung, die für eine Kirche der Reinen eintrat, in der für Sünder kein Platz war) fußte auf seiner realistischen Überzeugung, dass wir die Erwartung eines neuen Himmels und einer neuen Erde nicht als Vorwand nehmen dürfen, uns den Herausforderungen der Gegenwart zu entziehen, nur weil wir auf unsere *Reinheit* bedacht sind und die Verunreinigung durch das Irdische scheuen. Vielmehr können wir uns aus der Berührung mit dem Irdischen heraus orientieren und eine ganz eigene Kraft gewinnen: die Kraft, den Lehm des Alltäglichen, diesen ambivalenten Stoff, aus dem die Geschichte der Menschheit gemacht ist, zu *kneten* und zu einer Welt zu formen, die der Söhne und Töchter Gottes würdiger ist. Nicht den Himmel auf Erden, sondern einfach *eine menschlichere Welt*, die Gottes eschatologisches Handeln erwartet.

Aus christlicher Sicht ist das beste Beispiel für eine Kreativität, die aus der Geschichte schöpft, das *Gleichnis vom Unkraut unter dem Weizen*. *Utopien* sind notwendig, und genauso notwendig ist es, *mit dem Bestehenden zu arbeiten*. Wir können nicht einfach alles »ausradieren« und von vorne beginnen. Kreativ sein heißt nicht, alles über Bord zu werfen, was die bestehende Wirklichkeit ausmacht, so begrenzt, korrupt und verschlissen sie auch sein mag. Es gibt keine Zukunft ohne Gegenwart und ohne Vergangenheit: Kreativität braucht Erinnerung und Unterscheidung, Ausgeglichenheit und Gerechtigkeit, Klugheit und Kraft. Wenn wir von pädagogischer Seite etwas zu unserem Heimatland beitragen wollen, dann dürfen wir keinen der beiden Pole, weder den utopischen noch den realistischen, aus den Augen verlieren, weil beide unabdingbar zu einer Kreativität, die aus der Geschichte schöpft, dazugehören. Wir müssen Mut zu Neuem haben, jedoch ohne deshalb das in den Schmutz zu ziehen, was andere (und auch wir selbst) im Schweiße ihres Angesichts aufgebaut haben.

Kreativität: ein Beispiel aus der argentinischen Geschichte

Wir wollen versuchen, dies ein wenig zu konkretisieren – und zwar an einem historischen Beispiel. Was läge näher, da wir doch ohnehin gerade von der Geschichte sprechen? In den Anfängen unseres Heimatlandes bin ich auf eine Persönlichkeit gestoßen, deren Bedeutung für das noch junge Argentinien gemeinhin unterschätzt wird. Ich spreche von *Manuel Belgrano*[1].

Was lässt sich über ihn sagen, abgesehen davon, dass er Mitglied der ersten *Junta* gewesen ist und unsere Flagge entworfen hat? Er war kein erfolgreicher Mann, zumindest nicht in dem Sinne, in dem unsere so pragmatische und oberflächliche Zeit den Begriff heute gerne verwendet. Seine Feldzüge waren nicht so brillant und auch nicht so effizient wie die, die José de San Martín den Titel eines *Libertador*, eines Befreiers, eingetragen haben. Sein Schreibstil war nicht mit dem eines Literaten und Propagandisten wie Sarmiento zu vergleichen. Als Politiker stand er immer eher in der zweiten Reihe. Und auch sein Privatleben gab nicht allzu viel her: Seine Gesundheit ließ zu wünschen übrig, die Frau, die er liebte, durfte er nicht heiraten, und als er mit 50 Jahren starb, war er verarmt. Und doch hat Sarmiento über ihn gesagt, er sei »einer der ganz wenigen« gewesen, »die die Nachwelt und die strenge Kritik der Geschichte nicht um Vergebung bitten müssen. Sein unauffälliger Tod ist immerhin die Gewähr dafür, dass er ein integrer Staatsbürger und ein tadelloser Patriot gewesen ist.« Das kann man nur von sehr wenigen *Erfolgreichen* unserer nationalen Geschichte sagen ... Belgrano war – von seinen unbestreitbaren persönlichen Tugenden und seinem tiefen christlichen Glauben einmal abgesehen – ein Mann, der im richtigen Augenblick die Dynamik, Motivation und Ausgeglichenheit besaß, die jede echte Kreativität auszeichnen: jene schwierige, aber fruchtbare Kombination aus realistischer Kontinuität und großherzigem Neubeginn. Sein Einfluss auf die Anfänge unserer nationalen Identität ist sehr viel größer, als man meint; und deshalb soll er uns in dieser Zeit der Ungewissheit, aber auch der Herausforderung zeigen, *wie* »man es anstellt«, dass eine Schöpfung auf sicheren Fundamenten steht, also in der Geschichte verwurzelt ist.

Ein kreativer Revolutionär

Belgrano lebte in einer Epoche der Utopien. Der Sohn eines Italieners und einer Kreolin hatte an einigen der besten Universitäten des spanischen Mutterlandes Rechtswissenschaften studiert: in Salamanca, Madrid und Valladolid. Im krisengeschüttelten Europa des ausgehenden Jahrhunderts hatte der junge Belgrano nicht nur sein Studium abgeschlossen, sondern auch einige der aufkeimenden Ideen kennengelernt, die eine neue Epoche einläuten sollten. Vor allem die politische Ökonomie hatte sein Interesse geweckt. Fest von den avantgardistischsten Fortschrittsgedanken seiner Zeit überzeugt, fasste er einen Entschluss: Er wollte all dies in seinem Heimatland in den Dienst einer großen Sache stellen. Und so wurde er 1794 zum ersten Ständigen Sekretär des Königlichen Industrie- und Handelskonsulats des Vizekönigtums Río de la Plata ernannt. Dies entspricht heute in etwa dem Amt eines Ressortleiters im Wirtschaftsministerium. Es war durchaus nicht selbstverständlich, dass das stark zentralisierte bourbonische Spanien dem Sohn einer Kreolin und eines Ausländers einen so wichtigen Posten übertrug. Doch in Buenos Aires gab es nicht viele gut ausgebildete Männer. Schon bald holte den frischgebackenen Sekretär, der seine Aufgabe, die Produktion und den Handel anzukurbeln, mit echtem Reformgeist in Angriff genommen hatte, die amerikanische Wirklichkeit ein. Er musste erkennen, dass die hehren Ideale der Menschenrechte und des Fortschritts sich nicht mit den konservativen Einstellungen der Kolonialverwaltung und der privilegierten Schichten von Buenos Aires vereinbaren ließen, die vom spanischen Monopol und vom Schmugglerwesen profitierten:

>Ich begriff, dass Männer, die ihre Einzelinteressen über die der Allgemeinheit stellten, nichts für die Provinzen tun würden.

194

Da es aber zu meinen dienstlichen Pflichten gehörte, über solche nützlichen Dinge zu sprechen und zu schreiben, nahm ich mir vor, wenigstens die Saat auszustreuen, die eines Tages vielleicht Frucht bringen würde, sei es, weil einige Gleichgesinnte sich ihrer Pflege widmeten, oder weil die Ordnung der Dinge selbst sie zum Keimen brächte.«

So schreibt er in seiner kurzen Autobiografie. Doch was für eine Saat war das? »Schulen gründen, heißt, in die Seelen säen«, wird unser großer Landsmann später sagen. Belgranos revolutionärer Geist entdeckte rasch, dass das Neue – jene Kraft also, die eine statische und verknöcherte Wirklichkeit würde verändern können – aus der Bildung kommen musste. Deshalb förderte er mit allen Mitteln die Einrichtung von elementaren und weiterführenden Schulen. Die Jahrbücher des Konsulats, die Zeitung *Telégrafo Mercantil* und später der *Correo de Comercio* waren einige dieser Mittel, mit denen er die *Saat auszustreuen* versuchte. Unermüdlich predigte er die Notwendigkeit der technischen Bildung und plante Fachschulen für Landwirtschaft, Handel, Architektur, Mathematik und Zeichnen. Viel früher als andere begriff Belgrano, dass Bildung und insbesondere die Schulung in den modernen Disziplinen und Techniken für die Entwicklung seines Heimatlandes von entscheidender Bedeutung waren. Wenn seine Pläne dennoch nicht griffen, dann deshalb, weil sie »allesamt« – wie er selbst Jahre später schrieb – »entweder an der Regierung von Buenos Aires oder am Hof oder an den Händlern selbst scheiterten, an einzelnen von ihnen, für die nichts wichtiger, gerechter, nützlicher und notwendiger war als ihr eigenes kaufmännisches Interesse; und so legten sie gegen alles, was dem zuwiderlief, ihr Veto ein, ohne dass man dies irgendwie hätte verhindern können«. Dennoch gab er nicht auf, sondern arrangierte sich je nachdem mit der einen oder mit der anderen Seite, damit er seine Ideen auch weiterhin verbreiten und umsetzen konnte. Denn dieser Mann, der unsere Flagge entworfen hat, besaß nicht nur Idealismus, sondern auch allergrößte Ausdauer – und er ließ sich trotz seines gemäßigten und versöhnlichen Charakters nicht so leicht einschüchtern.

Belgrano dachte jedoch nicht nur an die wirtschaftliche Entwicklung: »Ein gebildetes Volk kann niemals versklavt werden«, lautete sein Credo. Die Würde der menschlichen Person hatte in seinem ebenso christlichen wie aufgeklärten Denken einen zentralen Platz. Auch deshalb setzte er sich dafür ein, in der Stadt und auf dem Land Schulen einzurichten, wo alle Kinder die Grundlagen des Lesens und Schreibens, elementare Kenntnisse in der Mathematik, den Katechismus und einige nützliche Fertigkeiten erlernen konnten, um sich ihren Lebensunterhalt zu verdienen.

»Diese elenden Höfe, wo man unzählige Geschöpfe sieht, die, wenn sie in die Pubertät kommen, nichts anderes praktiziert haben als den Müßiggang, brauchen unsere allergrößte Aufmerksamkeit«, schrieb er 1796. »Eines der wichtigsten Mittel, die zu diesem Zweck Anwendung finden müssen, sind die kostenlosen Schulen, in die die Unglücklichen ihre Kinder schicken können, ohne dass sie etwas für ihre Unterweisung zu bezahlen haben; dort könnte man ihnen gute Grundsätze beibringen und ihnen die Liebe zur Arbeit vermitteln, denn in einem Volk, in dem der Müßiggang herrscht, verfällt der Handel, und an seine Stelle tritt das Elend.«

Mit derselben Beharrlichkeit engagierte er sich (in der eigenhändig von ihm verfassten *Schulordnung der Akademie für Geometrie, Architektur, Perspektive und Zeichnen*) auch für die bildungsrechtliche Gleichstellung von Spaniern, Kreolen und Indigenen und richtete vier Plätze eigens für Waisenkinder ein, »die Besitzlosesten dieser Erde«. Ebenso maß er der Ausbildung der Mädchen grundlegende Bedeutung bei – und das in einer Zeit, die noch sehr weit davon entfernt war, Männern und Frauen in der Praxis die gleichen Bedingungen und Rechte zuzugestehen. Wir sehen hier einen im besten Wortsinn kreativen Menschen bei der Arbeit, der sich nicht mit dem Erreichten zufriedengab und seine Position nicht zu seinem eigenen Vorteil nutzte, sondern sein Bestes tat und sich nach Kräften bemühte, eine neue, andere und für alle bessere Gesellschaft zu formen. Er war offen für die fortschritt- lichsten Ideen seiner Epoche und wusste doch gleichzeitig auch um die Notwendigkeit, niemanden aus dieser neuen Welt auszu- schließen, die hier Gestalt annahm. Doch das ist noch nicht alles: Belgrano war kein bloßer Idealist, der Pläne schmiedete, vor den praktischen Hindernissen aber die Augen verschloss. Bei all seinen Projekten versuchte er im Vorfeld die Finanzierung, die materiellen und menschlichen Ressourcen sicherzustellen, die zu ihrer Verwirklichung erforderlich waren, und er trug sogar aus seiner eigenen Tasche dazu bei, die nötigen Voraussetzungen für eine ernsthafte Bildungsanstrengung zu schaffen. Kurz nach der Revolution von 1810 stiftete er der öffentlichen Bibliothek von Buenos Aires (der heutigen Nationalbibliothek) 165 Bände. Und die Prämie von 40.000 Pesos, die man ihm nach seinem Sieg in der Schlacht von Salta ausbezahlt hatte, stellte er bekanntlich für den Bau von vier Schulen in Tarija, Salta, Tucumán und Santiago del Estero zur Verfügung. Er selbst verfasste die Schulordnung für diese Einrichtungen, in der er darlegte, wie diese Mittel verwandt werden sollten, um die Lehrer zu bezahlen, den Kindern armer Eltern die nötigen Utensilien und Bücher zur Verfügung zu stellen usw. Bezeichnend ist, dass er den Standpunkt vertrat, ein Lehrer solle als »Vater des Vaterlandes« betrachtet werden und einen Sitz im Gemeinderat innehaben. Und in einem anderen Sinne bezeich- nend ist, dass diese Schulen nie gebaut wurden.

»Es gibt mehr als das, was man sieht«

Ehe der Eindruck entsteht, der Erzbischof habe sich ganz unpassenderweise in einen Historiker verwandelt, möchte ich aus dem bisher Gesagten einige Schlussfolgerungen über die Kreativität ziehen. Von den tief greifenden Unterschieden zwischen seiner und unserer Epoche einmal abgesehen, finden wir bei Belgrano vieles, das bleibt, und vieles, das heute noch gültig ist. Er versucht immer weiterzudenken und sich nicht mit dem Bekannten, mit dem, was an der Gegenwart gut oder schlecht ist, zufriedenzugeben. Diese im besten Wortsinn »utopische« Einstellung ist zweifellos einer der wesentlichen Bestandteile der Kreativität. Wenn wir die bekannte Formel *What you see is what you get* ein wenig abändern (und umkehren), könnten wir sagen – und genau das ist die Botschaft einer auf der Hoffnung gründenden Kreativität –, dass das, was man sieht, eben nicht alles ist. Deshalb müssen wir, wenn wir kreativ sein wollen, zunächst einmal jeder Rede, jedem Denken, jeder Aussage und jedem Entwurf misstrauen, der sich uns als der »einzig mögliche Weg« präsentiert. Es gibt immer noch mehr. Es gibt immer eine Alternative. Sie mag schwieriger sein, anspruchsvoller, provozierender für die Etablierten, für die alles zum Besten steht und gerne alles so bleiben kann … Wir Argentinier haben diese Art der Argumentation in den letzten zehn Jahren nur allzu gut kennengelernt, und sie kam wichtig daher, mit dem Glanz und Pomp der Akademie und der Wissenschaft und mit dem überlegenen Know-how der Fachleute und Titelträger. Doch wir haben gesehen, wohin diese leeren Versprechungen der gerade angesagten »Gurus« letztlich führen. Heute scheint alle Welt zu wissen, was man stattdessen besser hätte tun sollen. Und alle Welt scheint zu vergessen, dass das, was tatsächlich getan worden ist, uns von den Wirtschaftsexperten und den Meinungsbildnern in den Medien als der »einzig mögliche Weg« dargestellt worden ist. Kreativ zu sein dagegen heißt, den Horizont immer offen zu halten. Damit ist nicht gemeint, dass wir in kurzsichtigem Optimismus die Verhaltensweisen eines großen Mannes kopieren sollen, der vor 200 Jahren gelebt hat. Die Aussage, dass das, was wir sehen, nicht alles ist, leitet sich direkt aus dem Glauben an den auferstandenen Christus ab: jenem definitiv Neuen, neben dem jede andere Errungenschaft provisorisch und unvollständig ist, jenem Neuen, an dem sich die Entfernung zwischen unserem Jetzt und der Wirklichkeit des neuen Himmels und der neuen Erde misst. Eine Entfernung, die nur die Hoffnung zu überbrücken vermag – die Hoffnung und ihr aktiver Arm: die Kreativität, die jede trügerische Perfektion entlarvt und neue Horizonte und Alternativen eröffnet.

Und was ist mit den »Steinen«, die wir auf einen Menschen – einen Schüler, einen Kollegen – werfen, was ist mit der Schublade, in die wir ihn stecken, dem Stempel, dem Etikett, der Kategorie, dem *Image,* das wir ihm »aufdrücken«? Wie leicht kann es geschehen, dass wir einem Menschen oder einer Bildungseinrichtung alle Chancen verbauen, sich zu erneuern und zu wachsen, weil wir mit resigniertem Schulterzucken erklären, dass »die Dinge nun einmal so sind«, »so funktionieren«, oder dass der Schüler XY »ein hoffnungsloser Fall ist«. Von allen nur denkbaren Institutionen sollten die vom christlichen Glauben inspirierten Schulen die Letzten sein, die resignieren und sich mit dem Bekannten zufriedengeben. Unsere Schulen sind berufen, ein echter, lebendiger Beweis dafür zu sein, dass »das, was wir sehen, nicht alles ist«: dass eine andere Welt, ein anderes Land, eine andere Gesellschaft, eine andere Schule, eine andere Familie möglich ist. Sie sind berufen, Institutionen zu sein, an denen neuartige Beziehungen erprobt werden: neue Wege der Brüderlichkeit, eine neue Aufmerksamkeit für das Unerhörte in jedem Menschen, größere Aufgeschlossenheit und Aufrichtigkeit und ein von Zusammenarbeit, Gerechtigkeit und der Wertschätzung jedes Einzelnen geprägtes Arbeitsumfeld; Institutionen, an denen Beziehungen der Manipulation und Konkurrenz, Machenschaften *im Hintergrund*, Autoritarismus und opportunistische Günstlingswirtschaft keinen Platz haben. Jeder geschlossene, endgültige Diskurs birgt zahllose Fallstricke; er verbirgt, was nicht gesehen werden darf. Er versucht, die Wahrheit zu knebeln, die immer für das eigentliche Endgültige offen ist – und dieses eigentliche Endgültige ist nicht von dieser Welt. Wir denken an eine Schule, die dem Neuen gegenüber aufgeschlossen ist; die bereit ist, sich überraschen zu lassen und von allem und allen zu lernen. Eine Schule, die in der Wahrheit wurzelt – und die Wahrheit ist immer überraschend. Eine Schule, die Aussaat ist, wie Belgrano es gesagt und gemeint hat, und vor allem, wie es das Evangelium gemeint hat: Aussaat einer neuen, verwandelten Welt.

Ich will Ihnen einen Vorschlag machen: Was wäre in einer Gesellschaft, wo Lüge, Heimlichkeiten und Heuchelei jedes Grundvertrauen erschüttert haben, revolutionärer als die Wahrheit? Was wäre revolutionärer, als wahrhaftig zu sein, die Wahrheit zu sagen und unsere Kriterien, Werte und Meinungen offen darzulegen? Wenn wir uns ab sofort jede Art von Lüge oder Verstellung verbieten, dann wird dies außerdem – gleichsam als »Nebeneffekt« – unsere Verantwortung und Nächstenliebe stärken. Die Lüge verwässert alles, doch die Wahrheit lässt das, was in den Herzen ist, klar und greifbar werden. Deshalb lautet mein *erster Vorschlag: Wir wollen immer die Wahrheit sagen, und wir wollen an unseren Schulen damit beginnen.* Ich versichere Ihnen, dass die Veränderung spürbar sein wird: In unserer Gemeinschaft wird sich etwas Neues Bahn brechen.

»Der ganze Mensch und alle Menschen«

Es gibt ein direkt aus dem Evangelium abgeleitetes Kriterium, das mit hundertprozentiger Treffsicherheit nicht nur Denkweisen aufspürt, die sich selbst absolut setzen und damit der Hoffnung den Weg versperren, sondern auch falsche Utopien entlarvt, die die Hoffnung missbrauchen. Das ist das Kriterium der Universalität. »Der ganze Mensch und alle Menschen«, so lautete der Grundsatz, den Paul VI. anwandte, wenn es darum ging, die echte von der falschen Entwicklung zu unterscheiden. Nichts anderes versucht der lateinamerikanische Episkopat mit seiner vorrangigen *Option für die Armen*: alle Menschen mit all ihren Dimensionen am Projekt einer besseren Gesellschaft zu beteiligen. Wahrscheinlich ist das auch der Grund dafür, dass uns Manuel Belgranos Anliegen so vertraut in den Ohren klingt: Bildung für alle und vor allem für die Bedürftigsten im Sinne einer echten und umfassenden Universalität. Können wir uns denn wirklich eine Gesellschaft wünschen, die einen großen oder kleinen Teil ihrer Mitglieder ausgrenzt? Und das ist gar nicht einmal nur selbstlos gedacht, denn: Wie kann ich sicher sein, dass ich nicht der Nächste bin, der an den Rand gedrängt wird?

Vielleicht hat unsere Gesellschaft diese Lektion im vergangenen Jahr zumindest in Teilen gelernt. »Armut gab es schon immer«, ja, aber in den letzten Jahrzehnten sind die Sicherheiten, die allen wenigstens die Chance auf ein menschenwürdiges Leben garantieren sollten, eine nach der anderen geschwunden. Markantestes Zeichen hierfür ist die stetig wachsende Arbeitslosigkeit. Arbeit und soziale Sicherheit – und auch die Wertschätzung für beides – haben über Jahre hinweg kontinuierlich abgenommen, die Ersparnisse der Provinzen haben sich in nichts aufgelöst ... und heute erschreckt es uns, wenn die Kinder an Mangelernährung sterben. Noch vor einigen Jahren hätten wir es uns in unserem Konsumrausch nicht träumen lassen (und auch nicht wahrhaben wollen), dass derselbe Prozess, der die einen zu Bürgern der ersten Welt gemacht hatte, die anderen in eine Art Zwischenwelt stürzte: eine Zwischenwelt ohne Arbeit, ohne Sinn, ohne Hoffnung und ohne Zukunft, die in einem ungerechten und herzlosen System als unlösbares Problem oder allenfalls als Objekt von (niemals ausreichenden) Hilfsmaßnahmen galt. Bis dann der *Corralito*[2] und der Kollaps kamen und viele Argentinier erkennen mussten, dass auch über sie, die doch »ihre Schäfchen vermeintlich im Trockenen hatten«, die Hölle hereinbrach.

Akzeptiert man ein System, das einige hereinlässt und die anderen ausschließt, dann öffnet man allen Verirrungen, die sich daraus ergeben, Tor und Tür. Und damit sind wir bei einem ganz zentralen Merkmal jener Kreativität, die wir suchen: der Fähigkeit, auch dorthin zu schauen, wo Dinge passieren, die wir vielleicht nicht von vorneherein einkalkuliert haben. Immer wieder hinzusehen, nachzusehen, ob nicht jemand draußen geblieben, ob nicht jemand vergessen worden ist. Aus vielerlei Gründen. Erstens, weil in der christlichen Logik jeder Mensch seinen Platz hat und unersetzlich ist. Zweitens, weil eine ausgrenzende Gesellschaft tatsächlich eine potenziell feindliche Gesellschaft ist – und zwar für alle! Und drittens, weil die, die vergessen worden sind, nicht so einfach aufgeben werden. Wer nicht durch die Tür hineinkommt, wird versuchen, durchs Fenster einzusteigen. Mit dem Ergebnis, dass unsere schöne Gesellschaft mit ihren Scheuklappen und ihrem Gedächtnisverlust immer repressiver wird – damit die Lazarusse, die draußen geblieben sind, nicht etwa auf die Idee kommen, etwas vom Tisch des reichen Prassers zu »stehlen«.

Deshalb muss jeder christliche Pädagoge – und das ist ein unverzichtbarer Teil seiner Mission – sich für die Inklusion einsetzen, für die Inklusion arbeiten. Ist es denn nicht uralte kirchliche Praxis, den Vergessenen Bildung zu bringen? Sind nicht zahllose Kongregationen und Bildungswerke zu ebendiesem Zweck geschaffen worden? Waren wir dieser unserer Berufung des Dienens und der Inklusion immer treu? Welche Winde haben uns von diesem Kurs abgebracht, den das Evangelium uns vorgibt? Auch die Kirche träumt ja davon, allen, die sich von ihr helfen lassen möchten, und insbesondere den Ärmsten der Armen kostenlose Bildung zu bringen. Doch was hat das mit uns zu tun?

Wir wissen alle, dass uns nichts geschenkt wird: In Zeiten wie diesen fällt kein Manna vom Himmel, und allein schon der Erhalt der bestehenden Institutionen ist alles andere als selbstverständlich. Und natürlich hat auch der Staat seine Verantwortung und Funktion: Er muss die Unentgeltlichkeit und Qualität der Bildung für alle garantieren und die Wahlfreiheit achten, die auch ein Recht der Armen ist. Doch mir geht es hier eher um eine Frage der Mentalität. Mit welcher Mentalität wir unsere Schulen betreiben, welche Mentalität wir vermitteln, mit welcher Mentalität wir Beschlüsse und Entscheidungen treffen. Unsere Schulen müssen nach einem klar definierten Kriterium geführt werden: dem Kriterium der solidarischen Mitmenschlichkeit. Sie muss der Prägestempel, das unverwechselbare Kennzeichen all ihrer Dimensionen und Aktivitäten sein und sie muss – wenn Sie mir diesen Hinweis erlauben – auch unser Prägestempel als Christen und Lehrer sein. Ihre Arbeit ist keine Ware! Keine Arbeit ist bloß eine Ware, doch für Ihre Arbeit gilt dies in ganz besonderem Maße. Sie ist ein Dienst an den Personen, an den Kindern: Personen, die sich in Ihre Hand geben, damit Sie ihnen helfen, das zu werden, was sie sein können. »Väter des Vaterlandes«, hat Belgrano Sie genannt und einen Sitz im Gemeinderat für Sie gefordert. Könnten doch all unsere Bildungseinrichtungen ihre Lehrer so entlohnen, wie sie es verdienen! Und das meine ich nicht nur finanziell, sondern auch in *puncto* Respekt, Beteiligung, Anerkennung. Was das Finanzielle betrifft, erlegt die Realität uns Beschränkungen auf, die wir nicht leugnen können. Doch wir alle – Lehrer, Schulleiter, Seelsorger, Eltern und Schüler – können Zeichen für eine andere Welt sein, in der jeder anerkannt, akzeptiert, integriert und gewürdigt wird, und das nicht nur um seiner Nützlichkeit willen, sondern weil er als Mensch, als Tochter oder Sohn Gottes einen unveräußerlichen Wert besitzt. Wir, die wir in diesem kritischen Augenblick unserer nationalen Geschichte zur Kreativität berufen sind, werden uns fragen müssen, was wir als Kirche, als Schule, als Lehrer tun wollen, um zu einer wahrhaft inklusiven und universalen Mentalität und Praxis beizutragen – und zu einem Bildungswesen, das nicht nur einigen wenigen, sondern allen, die wir mit unseren Mitteln erreichen können, die gleichen Chancen bietet.

Deshalb möchte ich Ihnen einen zweiten Vorschlag machen: Trauen wir uns, uns rückhaltlos für den christlichen Wert der solidarischen Mitmenschlichkeit einzusetzen. Lassen wir nicht zu, dass die von Individualismus und Rivalität geprägte Mentalität, die in unserer städtischen Kultur so tiefe Wurzeln geschlagen hat, auch auf unsere Schulen übergreift. Fassen wir uns ein Herz und lehren, nein, *fordern* wir Selbstlosigkeit, Großzügigkeit und den Primat des Gemeinwohls. Gleichheit und Anerkennung für alle: Ausländer (aus den Nachbarstaaten), Arme, Bedürftige. Kämpfen wir von unseren Schulen aus gegen jede Form von Diskriminierung und Vorverurteilung. Lernen und lehren wir, selbst die knappen Mittel unserer Institutionen und Familien mit anderen zu teilen. Und bringen wir dies mit jeder Entscheidung, jedem Wort, jedem Projekt zum Ausdruck. Auf diese Weise werden wir ein sehr viel deutlicheres (und wenn nötig sogar polemisches und streitbares) Zeichen für jene andere Gesellschaft setzen, die wir erschaffen wollen.

»Der Weg zur Hölle ist mit guten Vorsätzen gepflastert«

Das Vorbild des Mannes, der unsere Flagge entworfen hat, liefert uns schließlich auch noch ein drittes Kriterium der Kreativität. Belgrano war stets darauf bedacht, dass für seine Projekte auch die erforderlichen Mittel und Ressourcen zur Verfügung standen. Gute Absichten oder schöne Worte genügen nicht. Wir müssen die Dinge in die Hand nehmen, und zwar mit Effizienz. Es mag ja ganz nett sein, von Solidarität und gesellschaftlichem Wandel zu reden oder sich Gedanken über die Schule und die Notwendigkeit einer zeitgemäßen, personalisierten, bodenständigen Pädagogik zu machen. Es gibt tonnenweise Bücher über die Informationsgesellschaft, über die Bildung als wichtigstes Kapital unserer Gegenwartswelt und so weiter und so fort. Aber »der Weg zur Hölle ist mit guten Vorsätzen gepflastert«. Die wahre Kreativität verliert, wie wir schon gesehen haben, die Ziele, die Werte und die Richtung niemals aus den Augen. Und sie hat die konkreten Aspekte der Umsetzung ihrer Projekte im Blick. Eine *Technik* ohne *Ethik* ist leer und unmenschlich, sie ist ein Blinder, der die anderen Blinden führen will; doch eine Zielsetzung ohne angemessene Berücksichtigung der erforderlichen Mittel wird sich unweigerlich zu einem bloßen Hirngespinst verflüchtigen. Wie schon gesagt: Die Utopie ist nicht nur eine treibende Kraft, weil sie sich »vor« und »außerhalb« der begrenzten und verbesserungswürdigen Wirklichkeit positioniert, sondern hat aus demselben Grund auch etwas »Verrücktes« und »Entfremdendes« an sich, solange sie keine Wege findet, ihre faszinierenden Visionen in erreichbare Ziele zu verwandeln. Wenn wir der Gegenwart mit Kreativität begegnen wollen, dürfen wir daher nicht aufhören, unsere Fähigkeiten weiterzuentwickeln, unsere Hilfsmittel zu verfeinern und unsere Kenntnisse zu vertiefen. Um unser kraftloses Bildungssystem wiederaufzurichten, brauchen wir – jeder an seinem Platz, ob exponiert oder nicht – in jedem Fall Qualifikation, Verantwortung und Professionalität. Ohne die nötigen Mittel werden wir nichts ausrichten – und damit meine ich nicht nur die finanziellen Ressourcen, sondern auch die menschlichen Talente. Kreativität ist nichts für Mittelmäßige, aber auch nichts für Genies oder Überflieger: Träumer und Propheten sind immer vonnöten, aber ihr Wort fällt auf dürren Boden, wenn es keine Arbeiter gibt, die ihr Handwerk verstehen.

Die Schule, die sich diesen Herausforderungen stellt, wird sich auf eine Dynamik des Dialogs und der Beteiligung einlassen müssen, um neue Lösungen für neue Probleme zu finden. Sie weiß, dass niemand das gesamte Wissen oder die alleinige Deutungshoheit für sich beanspruchen kann: Der verantwortungsbewusste und kompetente Beitrag jedes Einzelnen ist unverzichtbar. Die sozioökonomische Ausgrenzung, die Sinn- und Wertekrise und die Schwächung der sozialen Bindung sind eine Realität, die alle angeht, die aber in besonderem Maße unsere Kinder und Jugendlichen betrifft. Wir müssen Mittel und Wege finden, ihnen zur Seite zu stehen und sie gegen die Gefahren zu wappnen, die sie erwarten. Und damit meine ich nicht nur Aids oder Drogen, sondern auch den Individualismus, die zunichtemachende Konsumsucht, die Chancenlosigkeit, die Versuchungen der Gewalt und der Verzweiflung, den Verlust von Bindungen und Perspektiven und die Schwächung der Fähigkeit, zu lieben. Sind wir dafür vorbereitet? Verfügen wir über genügend professionelle Teams? Gehen wir hinaus, um Erfahrungen, Know-how und Anregungen zu sammeln, oder neigen wir dazu, uns mit dem zu begnügen, was wir schon wissen, ganz gleich, ob es in der Vergangenheit funktioniert hat oder nicht? Sind wir bereit, uns zu vernetzen, und stehen wir auch den entsprechenden diözesanen Angeboten aufgeschlossen gegenüber? Wenn es uns gelingt, eine echte christliche Mystik der Zukunftsoffenheit und Solidarität im Allgemeinen wie im Besonderen mit einem umsichtigen und großherzigen Einsatz unserer menschlichen und institutionellen Talente zu kombinieren, uns nicht mit dem zufriedenzugeben, was wir schon haben, sondern unsere Fertigkeiten und Fähigkeiten immer weiter zu vervollkommnen, dann werden wir in der Lage sein, mit echter Kreativität auf die derzeitige Situation zu reagieren.

Und damit bin ich bei meinem dritten Vorschlag: Scheuen wir uns nicht, an unseren Schulen das Beste erreichen zu wollen. Befreien wir uns von diesem »Understatement«, das sich seit einiger Zeit in unseren Gemeinschaften breitmacht: Geben wir uns nicht länger damit zufrieden, die Dinge nur notdürftig auszubessern! Sorgen wir dafür, dass unsere Lehrer, unsere Schulleitung, unsere Seelsorger und unsere Verwaltung auf ihrem Gebiet wirklich gut und ernsthaft engagiert sind. Gewiss kommt es auf den Geist an – aber auch auf die professionelle Kompetenz. Nicht um dem Mythos einer unsolidarischen Exzellenz nachzujagen, die die anderen aussticht, sondern um all unsere Talente in die Waagschale zu werfen und unser Bestes für unsere Gemeinschaft und unsere Heimat zu geben.

Kreativität und Tradition: »auf gesundem Boden bauen«

Auch eine Kreativität, die sich aus der Utopie speist, in der Solidarität wurzelt und auf die geeigneten Mittel achtet, kann an einer Krankheit leiden, die sie entstellt und womöglich ins Schlimmste aller Übel verkehrt: an dem Glauben, dass wir selbst das Maß aller Dinge sind. Dieser Fehler kann, wie schon erwähnt, nur allzu leicht zum Autoritarismus führen.

Kehren wir zurück in das Jahr 1810. Wenige Monate nach der Mai-Revolution wurde Belgrano in militärischer Mission nach Paraguay geschickt. Ein Jahr später übernahm er das Kommando über die Nordarmee, um gegen beträchtliche Truppenkontingente der Königstreuen im *Alto Perú* zu kämpfen. Diesen Posten, den später San Martín bekam, hatte er mit wechselndem Erfolg bis 1814 inne. Natürlich ist dies nicht der Ort, um über die Feldzüge eines Generals Buch zu führen, der eigentlich Rechtsanwalt war, doch ich möchte Sie auf ein Detail aufmerksam machen, das einiges über die Grundeinstellung dieses unseres Vorfahren verrät und uns als Ausgangspunkt unserer letzten Überlegung zum Thema Kreativität dienen soll. Sie werden wissen, dass Belgrano als Offizier durchaus Respekt bei seinen Untergebenen genoss und bei ihnen auch beliebt war. Und doch waren bei der Truppe Scherze und Spötteleien im Umlauf: dass er zimperlich sei, ein schwacher Charakter ... Gewiss musste ein wohlhabender Kaufmannssohn, der an den besten Einrichtungen von Buenos Aires und Spanien studiert hatte, immer über seinen Büchern saß und sich mit intellektuellen Dingen beschäftigte, auf die Soldaten einen recht unnahbaren Eindruck machen. Doch ein großer Teil dieser Kritik hatte mit seiner Mäßigung und seiner Strenge in allem zu tun, was den Umgang mit Frauen, den Alkoholkonsum, Prügeleien, Kartenspiel und andere Aspekte der Truppendisziplin betraf. Tatsächlich war Belgrano der Ansicht, dass die Feldzüge im Namen der Revolution auch von den revolutionären Idealen durchdrungen sein mussten: Idealen wie der Menschenwürde, der Freiheit und der Brüderlichkeit, die überdies in den christlichen Tugenden wurzelten. Deshalb verlangte er von seinen Soldaten ein echtes Zeugnis der Integrität und des Respekts vor den Bewohnern der Gegenden, durch die sie zogen.

Besonders streng war er in allem, was die religiösen Empfindungen der Völker im Landesinneren hätte verletzen können.

Unmittelbar ehe sie im *Alto Perú* einmarschierten, ordnete er in einem Erlass an die Truppe Folgendes an:

»… die Sitten, Gebräuche und sogar die Sorgen der Völker sind zu respektieren; wer sich mit Taten, Worten oder auch nur Gesten über sie mokiert, wird füsiliert.«

Neben seinen eigenen religiösen Überzeugungen stand für ihn die Glaubwürdigkeit der Revolution und damit der Nation auf dem Spiel, die durch diese Revolution geschaffen werden sollte. In einem seiner Briefe an San Martín, der seine Nachfolge als Kommandant des Nordheeres angetreten hatte, schrieb Belgrano, dass er »… den Krieg im *Alto Perú* nicht nur mit Waffen, sondern mit der Meinung« führen müsse:

»Und dabei sollten Sie immer auf die natürlichen, christlichen und religiösen Tugenden bauen, denn die Feinde haben uns den Krieg erklärt, indem sie uns Ketzer nannten, und nur dadurch haben sie die Barbarenvölker zu den Waffen gelockt, dass sie ihnen zeigten, dass wir die Religion angriffen. […] Sie dürfen sich nicht von exotischen Meinungen hinreißen lassen und auch nicht von Männern, die das Land, das sie betreten, nicht kennen.«

Diese Warnungen waren nicht zuletzt der Tatsache geschuldet, dass frühere Offiziere und Zivilbeamte die Bewohner jener Gegenden mit ihren – für den aufklärerischen Geist der Französischen Revolution typischen – antikatholischen Reden und Ansichten ernsthaft vor den Kopf gestoßen hatten. Belgrano hingegen wusste, dass nichts auf der blinden Zerstörung des Vorherigen aufgebaut werden kann, sondern dass man immer damit beginnen muss, die Identität und den Wert des anderen anzuerkennen.

Und damit vervollständigen wir unsere Überlegungen zu einer im Spannungsfeld zwischen Neubeginn und Kontinuität verorteten Kreativität. Auch wenn kreativ sein etwas mit der Fähigkeit zu tun hat, sich dem Neuen zu öffnen, so bedeutet das doch nicht, dass man die Kontinuität mit dem Vorherigen außer Acht lassen dürfte. Nur Gott erschafft aus dem Nichts, haben wir weiter oben gesagt. Einen Kranken kann man nur heilen, wenn man mit dem arbeitet, was an ihm noch gesund ist – und genauso können wir in der Geschichte nur dann etwas Neues schaffen, wenn wir mit dem arbeiten, was ebendiese Geschichte uns als Rohstoff an die Hand gibt. Belgrano hatte erkannt, dass das geeinte und starke Amerika, von dem er träumte, nur auf dem Respekt und der Anerkennung der Identitäten der Völker gegründet werden konnte. Wenn die Kreativität nicht imstande ist, die lebendigen Aspekte der Gegenwartsrealität aufzugreifen, verwandelt sie sich nur allzu rasch in autoritären Zwang – und dann wird eine »Wahrheit« brutal durch eine andere ersetzt. Liegt nicht hierin vielleicht einer der Schlüssel zu unserem Problem, liegt nicht hierin eine Chance, eine positivere Dynamik in Gang zu setzen? Wenn wir, ehe wir etwas aufbauen, immer dazu neigen, das, was andere vorher geschaffen haben, umzustoßen und mit Füßen zu treten, wie können wir dann jemals etwas Solides gründen? Wie können wir es vermeiden, neuen Hass auszusäen, damit das, was wir aufgebaut haben, nicht später von anderen wieder niedergerissen wird?

Wenn wir als Pädagogen wirklich den Samen einer gerechteren, freieren und mitmenschlicheren Gesellschaft aussäen wollen, müssen wir lernen, die historischen Errungenschaften unserer Vorfahren anzuerkennen. Die Errungenschaften unserer Gründerväter, unserer Künstler, Denker, Politiker, Erzieher, Seelsorger … Vielleicht wird uns ganz allmählich bewusst, dass wir uns in den »fetten Jahren« von »bunten Glasperlen«, intellektuellen und anderen Modeerscheinungen haben blenden lassen und dass wir im Gegenzug einige Gewissheiten über Bord geworfen haben, die die Generationen vor uns auf sehr schmerzhafte Weise haben lernen müssen: etwa den Wert der sozialen Gerechtigkeit, die Gastfreundschaft, die Solidarität der Generationen untereinander, die Arbeit als Teil einer menschenwürdigen Existenz, die Familie als Grundlage der Gesellschaft …

Unsere Schulen sollten ein Ort sein, an dem unsere Kinder und Jugendlichen mit der Lebenskraft unserer Geschichte in Berührung kommen. Und das nicht nur bei der Aufführung am 25. Mai, wenn sie sich als *Mazamorra*-Verkäufer[4] verkleiden, nein: Wir alle müssen lernen, über die Gewissheiten und Irrtümer nachzudenken, aus denen sich unsere Gegenwartsrealität zusammensetzt. Das aber setzt voraus, dass wir Pädagogen diesen Prozess zunächst einmal mit vereinten Kräften in Gang gesetzt haben. Über alle Unterschiede der Meinungen und Denkweisen hinweg müssen wir lernen – und zwar nicht auf dem Weg einer Angleichung nach unten! –, Einigkeit über die Grundlagen herzustellen, auf denen alles Weitere aufgebaut werden soll. Das ist der einzige Weg, eine kollektive Identität zu definieren, in der sich alle wiedererkennen können.

Auf der Grundlage des Bestehenden Neues zu schaffen, setzt auch voraus, dass wir imstande sind, die Unterschiedlichkeit, das Vorwissen, die Erwartungen und sogar die Grenzen unserer Schüler und ihrer Familien anzuerkennen. Wir wissen, dass Erziehung keine Einbahnstraße ist. Aber handeln wir auch dementsprechend? Sind wir – die Lehrer – wirklich bereit, uns belehren zu lassen? Sind wir in der Lage, uns auf eine Beziehung einzulassen, die uns alle verändern kann? Glauben wir an unsere Schüler, an die Familien aus unserem Viertel, an unsere Landsleute? Die Fähigkeit, »auf gesundem Grund zu bauen«, ist das vierte und letzte Kriterium kreativen Handelns, das ich heute mit Ihnen thematisieren will.

Und ich mache Ihnen einen letzten Vorschlag: Trauen wir uns, unseren Schülern beispielhafte Lebensentwürfe anzubieten. In der postmodernen Kultur, die alles aufweicht, sind sämtliche konkreten ethischen Modelle aus der Mode gekommen. Wer die Bereitschaft zu dienen, für die Gerechtigkeit zu kämpfen oder sich für die Gemeinschaft einzusetzen, wer die Heiligkeit oder das Heldentum an gültigen Vorbildern veranschaulicht, handelt sich leicht den Vorwurf ein, andere in einen sinnlosen oder sogar gefährlichen »Zeittunnel« zu führen. Was aber bleibt auf einem verwüsteten Terrain außer dem Überlebenstrieb? Um es mit den leicht abgewandelten Worten eines Liedes[3] zu sagen, das Sie sicherlich alle kennen und gesungen haben: ¿Quién dijo que todo está perdido? Muchos han ofrecido su corazón. Wir wollen auch weiterhin an die Zeugen unserer Vergangenheit erinnern, weil wir davon überzeugt sind, dass ihr Einsatz nicht vergeblich gewesen ist. Dann werden wir uns der Gleichmacherei des »Eins ist so gut wie das andere, nichts ist besser« entgegengestemmt und ein unübersehbares Zeichen gesetzt haben, ein Zeichen, das allen sagt: Etwas Neues ist möglich.

Schlussfolgerung

Unsere Zeit braucht eine Kreativität, die aus der Geschichte schöpft. Aus unseren Überlegungen zu diesem Thema haben sich hierfür vier Leitsätze oder Unterscheidungskriterien ergeben:
– Immer über das Bestehende hinausdenken: »Es gibt mehr als das, was man sieht.«
– Immer »den ganzen Menschen und alle Menschen« im Blick haben.
– Immer die geeignetsten und wirkungsvollsten Mittel suchen: »Der Weg zur Hölle ist mit guten Vorsätzen gepflastert.«
– »Auf gesundem Grund bauen«, das heißt, die positiven Werte und Errungenschaften bewahren.

Und um einen (gewiss nicht den einzigen!) Weg aufzuzeigen, wie man diese Kriterien in die Praxis umsetzen kann, haben wir vier Vorschläge formuliert:
- immer die Wahrheit zu sagen;
- uns für Solidarität und Mitmenschlichkeit einzusetzen;
- unsere Fähigkeiten immer weiter zu entfalten;
- konkrete Zeugen und beispielhafte Lebensentwürfe anzubieten.

Unsere Brote und Fische können sich vervielfältigen wie bei der Speisung der Fünftausend (Mt 14,17–20). Wie in dem Beispiel, auf das der Herr seine Jünger aufmerksam gemacht hat, hat unser kleines Opfer allergrößten Wert (Lk 21,1–4). Wie im Gleichnis wächst aus unseren kleinen Samenkörnern ein großer Baum, und sie bringen reiche Frucht (Mt 13,23.31–32). Und dies alles speist sich aus der lebendigen Quelle der Eucharistie, in der sich unser Brot und unser Wein verwandeln, um uns ewiges Leben zu schenken. Die Aufgabe, vor der wir stehen, ist gewaltig und schwierig. Im Glauben an den Auferstandenen können wir sie mit Kreativität und Hoffnung annehmen. Versetzen wir uns dabei immer in die Lage der Diener bei jener Hochzeit: Sie waren nur der Anweisung einer Frau gefolgt – »Was er euch sagt, das tut« (Joh 2,5) – und stellten nun staunend fest, dass sie zu Jesu erstem Wunder beigetragen hatten. Kreativität und Hoffnung bringen Leben hervor. Und all das lässt sich in unserem diesjährigen Motto zusammenfassen, das wir mit Überzeugung verkünden wollen: »Erziehen heißt, das Leben wählen«. Bitten wir unsere Mutter mit den Worten um ihren Beistand, die Johannes Paul II. uns in *Evangelium Vitae* (105) geschenkt hat:

»O Maria,

Morgenröte der neuen Welt,

Mutter der Lebendigen,

Dir vertrauen wir die Sache des Lebens an:

o Mutter, blicke auf die grenzenlose Zahl

von Kindern, denen verwehrt wird, geboren zu werden,

von Armen, die es schwer haben zu leben,

von Männern und Frauen,

die Opfer unmenschlicher Gewalt wurden,

von Alten und Kranken, die aus Gleichgültigkeit

oder angeblichem Mitleid getötet wurden.

Bewirke, dass alle, die an deinen Sohn glauben,

den Menschen unserer Zeit mit Freimut und Liebe

das *Evangelium vom Leben* verkünden können.

Vermittle ihnen die Gnade, es *anzunehmen*

als je neues Geschenk,

die Freude, es über ihr ganzes Dasein hinweg

in Dankbarkeit *zu feiern,*

und den Mut, es mit mühseliger Ausdauer

zu bezeugen,

um zusammen mit allen Menschen guten Willens

die Zivilisation der Wahrheit und der Liebe zu errichten,

zum Lob und zur Herrlichkeit Gottes,

des Schöpfers und Freundes des Lebens.«

Amen.

Botschaft an die Gemeinschaft der Pädagogen,
Buenos Aires, 9. April 2003

1 Manuel Belgrano (1770–1820), Ökonom, Politiker und argentinischer General, ist ein Held der argentinischen Unabhängigkeit. Zudem war er Anführer der Mai-Revolution von 1810 und entwarf die Landesflagge. *(A. d. R.)*

2 »Corralito« heißt wörtlich übersetzt »der kleine Stall«/»Ställchen« und bezeichnet in Argentinien ein System zur Beschränkung des Bargeldumlaufs zur Zeit der Argentinienkrise in den Jahren 2001–2002.

3 Bergoglio bezieht sich hier auf das Lied *Yo vengo a ofrecer mi corazón* des argentinischen Sängers Fito Páez: »Quién dijo que todo está perdido? / Yo vengo a ofrecer mi corazón. / Tanta sangre que se llevó el río, / yo vengo a ofrecer mi corazón.« (»Wer hat gesagt, alles sei verloren? / Ich komme, um mein Herz zu geben. / So viel Blut hat der Fluss schon davongetragen, / ich komme, um mein Herz zu geben.«) *(A. d. R.)*

4 Die *Mazamorra* ist eine typisch kreolische Süßspeise aus Mais, Milch, Honig oder Zucker. *(A. d. R.)*
Sie wurde in der Kolonialzeit vor allem von Afroargentiniern verkauft. Deshalb tritt bei den Schulaufführungen anlässlich des Nationalfeiertags immer auch die *negra mazamorrera* auf.

215

Die Lähmung macht die Seele krank

Maria Magdalena, Maria, die Mutter des Jakobus, und Salome machen sich früh am Morgen auf den Weg. Auch wir haben uns in dieser Nacht auf den Weg gemacht und sind den Schritten des Gottesvolks auf den Pfaden der Auserwählung, der Verheißung und des Bundes gefolgt.

Der Weg der drei Frauen ist eine Etappe auf diesem langen Gang durch die Jahrhunderte … und auch unser Weg ist eine solche Etappe. Weil Auserwählung und Bund immer ein Unterwegs-Sein mit sich bringen. Genau dazu schließt ja Gott einen Bund mit seinem Volk und mit jedem von uns: damit wir einer Verheißung, einer Begegnung entgegengehen. Dieser Weg ist Leben.

Und dann liegt da dieser Stein im Weg. Unbeweglich und versiegelt von der Verschwörung der Korrupten; ein echtes Hindernis für den, der die Begegnung sucht. Die Frauen auf ihrem Weg schwankten zwischen Hoffnung und Sorge; sie gingen zum Grab, um ein Werk der Barmherzigkeit zu tun, doch der drohende Stein ließ sie zweifeln. Die Liebe trieb sie voran, doch der Zweifel hemmte sie. Wie sie fühlen auch wir den Drang, voranzugehen, den Wunsch, Großes zu tun. Wir tragen eine Verheißung und die Gewissheit der Treue Gottes im Herzen, doch der Zweifel lastet wie ein Stein auf unserer Seele, die Siegel der Korruption sind wie Fesseln, und oft erliegen wir der Versuchung, uns von der Hoffnungslosigkeit lähmen zu lassen.

Die Lähmung macht unsere Seele krank, entreißt uns die Erinnerung und nimmt uns die Freude. Sie lässt uns vergessen, dass wir Auserwählte und Boten der Verheißung sind und das Zeichen eines göttlichen Bundes an uns tragen. Die Lähmung raubt uns die Überraschung der Begegnung, sie hindert uns daran, uns der »Guten Nachricht« zu öffnen. Diese Gute Nachricht müssen wir heute wieder ganz neu hören: »Er ist nicht hier. Er ist auferweckt worden.« (Mt 28,5) Wir sind angewiesen auf diese Begegnung, die Steine bersten lässt, Siegel bricht und uns einen neuen Weg eröffnet: den Weg der Hoffnung.

Die Welt ist auf diese Begegnung angewiesen, unsere Welt, die »zu einem Friedhof geworden« ist. Unser Heimatland ist darauf angewiesen. Es bedarf der Botschaft, die aufrichtet, der Hoffnung, die vorantreibt, und Gesten der Barmherzigkeit – Gesten wie jene der drei Frauen, die aufbrechen, um einen Leichnam zu salben. Wir sind darauf angewiesen, dass unsere Zerbrechlichkeit von der Hoffnung gesalbt wird; und dass diese Hoffnung uns drängt, die Botschaft zu verkünden und die Zerbrechlichkeit unserer Mitmenschen mit Solidarität zu salben.

Das Schlimmste, was uns passieren kann, ist, dass wir uns für den Stein und das Siegel der Korruption entscheiden, für die Mutlosigkeit und dafür, uns still zu verhalten – ohne Auserwählung, ohne Verheißung, ohne Bund. Das Schlimmste, was uns passieren kann, ist, dass unser Herz sich dem Staunen der lebenspendenden Botschaft verschließt, die uns zum Weitergehen drängt.

Dies ist die Nacht der Verkündigung. Schreien wir es mit unserem ganzen Dasein hinaus: Jesus Christus, unsere Hoffnung, ist auferstanden! Bezeugen wir, dass er stärker ist als das Gewicht des Steins und die flüchtige Sicherheit, die das Siegel der Korruption uns bietet. Maria konnte sich schon in dieser Nacht wieder an der Gegenwart ihres Sohnes erfreuen. Ihrer Obhut wollen wir unseren Wunsch anvertrauen, unseren Weg in tiefem Staunen über die Begegnung mit dem auferstandenen Jesus Christus weiterzugehen.

Predigt, Osternacht, Buenos Aires, 19. April 2003

Niemanden »am Rand des Lebens« liegen lassen

»Ein Gesetzeslehrer trat auf, um ihn auf die Probe zu stellen, und sagte: Meister, was muss ich tun, um das ewige Leben zu erlangen? Er aber sagte zu ihm: Was steht im Gesetz geschrieben? Was liest du dort? Er antwortete: Du sollst den Herrn, deinen Gott, lieben mit deinem ganzen Herzen und mit deiner ganzen Seele und mit deiner ganzen Kraft und mit deinem ganzen Denken und deinen Nächsten wie dich selbst. Da sagte er zu ihm: Du hast richtig geantwortet: Handle danach und du wirst leben. Er aber wollte sich rechtfertigen und sagte zu Jesus: Und wer ist mein Nächster? Jesus erwiderte: Ein Mann ging von Jerusalem hinunter nach Jericho und fiel unter die Räuber. Sie plünderten ihn aus, schlugen ihn, machten sich davon und ließen ihn halb tot liegen. Zufällig ging ein Priester denselben Weg hinunter. Er sah ihn und ging vorüber. Ebenso kam ein Levit an der Stelle vorbei, sah ihn und ging vorüber. Ein Samariter aber, der des Weges zog, kam in seine Nähe, sah ihn und wurde von Mitleid bewegt. Er ging zu ihm hin, goss Öl und Wein auf seine Wunden und verband sie. Dann setzte er ihn auf sein eigenes Lasttier, brachte ihn in eine Herberge und trug Sorge für ihn. Am nächsten Morgen zog er zwei Denare heraus, gab sie dem Wirt und sagte: Sorge für ihn und was du noch darüber aufwendest, werde ich dir erstatten, wenn ich wiederkomme. Wer von diesen dreien hat sich deiner Meinung nach als der Nächste dessen erwiesen, der unter die Räuber gefallen war? Er antwortete: Der, der Barmherzigkeit an ihm geübt hat. Da sagte Jesus zu ihm: Geh und handle genauso.« (Lk 10,25–37)

Die Osterzeit ist ein Aufruf, von oben her wiedergeboren zu werden. Gleichzeitig ist sie eine Herausforderung, uns von Grund auf neu zu positionieren, unser ganzes Leben – als Personen und als Nation – von der Freude des auferstandenen Christus her neu zu deuten, damit in der Zerbrechlichkeit unseres Fleisches die Hoffnung aufblühen kann, als eine echte Gemeinschaft zu leben. Aus diesem Geheimnis innigster und geteilter Freude fühlen wir eine Maisonne aufgehen, die wir Argentinier wie stets als eine Erinnerung sehen wollen, die ein Aufstrahlen von Auferstehung ist. Sie ist der hoffnungsvolle Ruf Jesu Christi, dass unsere Berufung als Bürger und Erbauer einer neuen sozialen Bindung zu neuem Leben erwachen möge. Ein neuer Ruf, der dennoch als Grundgesetz unseres Seins von jeher geschrieben steht: dass die Gesellschaft sich auf den Weg macht, nach dem Gemeinwohl zu streben, und von dieser Zielsetzung her ein ums andere Mal ihre politische und soziale Ordnung wiederaufbaut.

Das Gleichnis vom barmherzigen Samariter ist ein erhellendes Bild und vermag die Grundentscheidung zu verdeutlichen, die wir alle treffen müssen, um dieses Heimatland, das uns Schmerzen bereitet, wiederaufzubauen. Angesichts eines solchen Schmerzes, angesichts solcher Verletzungen ist der einzige Ausweg der, wie der barmherzige Samariter zu sein. Jede andere Option führt früher oder später auf die Seite der Räuber oder auf die Seite derer, die einfach weitergehen, ohne Mitleid mit dem Schmerz des Verwundeten am Wegrand zu empfinden. Und »die Heimat darf«, wie einer unserer Dichter gesagt hat, »für uns nicht mehr sein als ein Schmerz, den man an der Seite *trägt*«.[1] Das Gleichnis vom barmherzigen Samariter zeigt uns, mit welchen Initiativen man eine Gemeinschaft wiederherstellen kann, wenn man sich auf Männer und Frauen stützt, die als echte *Socios* (in der alten Bedeutung des Wortes, nämlich »Mitbürger«) fühlen und agieren. Männer und Frauen, die sich die Zerbrechlichkeit der anderen zu eigen machen und begleiten, die nicht zulassen, dass eine Gesellschaft der Ausgrenzung errichtet wird, sondern die sich nähern – Nächste werden – und den Gefallenen aufheben und wiederherstellen, damit das Wohl allen gemein ist. Gleichzeitig warnt uns das Gleichnis vor gewissen Einstellungen, die nur auf sich selbst achten und sich nicht um die unumgänglichen Erfordernisse der menschlichen Wirklichkeit kümmern.

Im Leben der Kirche wurde der barmherzige Samariter von Anfang an und insbesondere von den kappadozischen Vätern mit Christus selbst gleichgesetzt. Er ist es, der unser Nächster wird, der den Menschen von den Rändern des Lebens aufliest, ihn sich auf die Schultern lädt, sich seiner Schmerzen und seiner Verlassenheit annimmt und ihn wiederherstellt. Die Geschichte vom barmherzigen Samariter – das wollen wir in aller Deutlichkeit sagen – belehrt uns nicht beiläufig über abstrakte Ideale und beschränkt sich auch nicht auf die Funktionalität einer ethisch-sozialen Morallektion. Vielmehr ist sie das lebendige Wort des Gottes, der sich herablässt und so nahekommt, dass er unsere alltäglichste Zerbrechlichkeit berührt. Dieses Wort offenbart uns ein oft vergessenes, aber wesentliches Merkmal des Menschen: dass wir für die Fülle des Seins geschaffen sind; deswegen dürfen wir dem Schmerz gegenüber nicht gleichgültig leben, deswegen dürfen wir nicht zulassen, dass irgendjemand »an einer Seite des Lebens«, im Abseits seiner Würde liegen bleibt. Das muss uns empören. Das muss uns dazu bringen, von unserer Gelassenheit herabzusteigen, sodass wir »außer uns geraten« über den menschlichen Schmerz, den Schmerz unseres Nächsten, unseres Nachbarn, unseres Mitbürgers in dieser Gemeinschaft von Argentiniern. In dieser Hingabe werden wir unsere existenzielle Berufung finden, werden wir uns dieses Bodens würdig erweisen, der nie dazu berufen war, irgendjemanden auszugrenzen.

Die Geschichte wird uns so linear präsentiert wie eine einfache Erzählung, doch sie enthält die ganze Dynamik dieses inneren Kampfes, der sich bei der Ausprägung unserer Identität und in jeder Existenz vollzieht, die »auf den Weg gebracht worden ist«, Heimat entstehen zu lassen. Verstehen Sie mich recht: Wenn wir auf den Weg gebracht worden sind, dann stoßen wir unweigerlich auf den verletzten Menschen. Heute und von Mal zu Mal mehr ist dieser Verletzte die Mehrheit. In der Menschheit und in unserer Heimat. Die Inklusion oder die Exklusion des Verletzten abseits des Weges entscheidet über sämtliche wirtschaftlichen, politischen, sozialen und religiösen Projekte. Wir alle sehen uns Tag für Tag vor die Option gestellt, barmherzige Samariter oder gleichgültige Reisende zu sein, die einfach weitergehen. Und wenn wir den Blickwinkel auf die Gesamtheit unserer Geschichte und die Länge und Breite unserer Heimat ausweiten, dann sind oder waren wir alle wie diese Personen: Wir alle haben etwas von dem Verletzten, etwas von dem Räuber, etwas von denen, die weitergehen, und etwas vom barmherzigen Samariter. Es ist bemerkenswert, wie die Unterschiede zwischen den Personen aus der Geschichte angesichts der schmerzlichen Manifestation des Gefallenen, des Gedemütigten völlig nivelliert werden. Es gibt keinen Unterschied mehr zwischen dem Bewohner von Judäa und dem Bewohner von Samarien, es gibt keinen Priester mehr und keinen Händler; es gibt einfach nur zwei Arten von Menschen: die, die sich des Leids annehmen, und die, die einfach weitergehen; die, die sich herabbeugen, weil sie sich in dem Gefallenen wiedererkennen, und die, die den Blick abwenden und ihren

Schritt beschleunigen. Denn unsere vielfältigen Masken, unsere Etiketten und Verkleidungen fallen: Es ist die Stunde der Wahrheit – werden wir uns bücken, um unsere Wunden zu berühren? Werden wir uns bücken, um einander auf die Schultern zu nehmen? Das ist die Herausforderung der gegenwärtigen Stunde, vor der wir uns nicht fürchten dürfen. In Krisenzeiten wird die Option akut: Wir könnten sagen, dass dann jeder, der kein Räuber ist, oder jeder, der nicht einfach weitergeht, entweder verwundet ist oder einen Verwundeten auf seine Schultern nimmt.

Die Geschichte vom barmherzigen Samariter wiederholt sich: Es wird von Mal zu Mal deutlicher, dass unsere soziale und politische Trägheit aus diesem Land letztlich einen verödeten Weg machen wird, auf dem die inneren Streitigkeiten und die Chancenausbeutung uns alle ins Abseits drängen und am Wegrand liegen lassen werden. Der Herr entwirft in seinem Gleichnis keine Erzählvarianten – was wäre zum Beispiel aus jenem Schwerverletzten oder aus seinem Helfer geworden, wenn der Zorn oder die Rachsucht sich ihrer Herzen bemächtigt hätte? Jesus Christus vertraut auf das Beste im menschlichen Geist und ermutigt ihn mit diesem Gleichnis, sich an die Liebe Gottes zu halten, den Verletzten wieder zu integrieren und eine Gesellschaft aufzubauen, die diesen Namen verdient.

Das Gleichnis beginnt mit den *Räubern*. Der Ausgangspunkt, den der Herr wählt, ist ein bereits begangener Überfall. Das führt aber nicht dazu, dass wir uns damit aufhalten, das Geschehene zu beklagen oder den Blick auf die Räuber zu richten. Wir kennen sie. Wir haben in unserem Heimatland gesehen, wie die dichten Schatten der Verwahrlosung, der für schäbige Machtinteressen und Spaltung gebrauchten Gewalt länger wurden, und wir kennen auch das ehrgeizige Streben nach einer öffentlichen Funktion, die als Beute betrachtet wird. Angesichts der Räuber könnte man fragen: Werden wir aus unserem nationalen Leben eine Geschichte machen, die es bei diesem Teil des Gleichnisses bewenden lässt? Werden wir den Verletzten liegen lassen, um uns selbst vor der Gewalt in Sicherheit zu bringen oder die Räuber zu verfolgen? Wird der Verletzte immer die Rechtfertigung unserer unversöhnlichen Spaltungen, unserer grausamen Gleichgültigkeit, unserer inneren Streitigkeiten sein? Die poetische Prophezeiung des *Martín Fierro*[2] sollte uns zur Warnung dienen: Unser ewiger und fruchtloser Hass und Individualismus öffnet jenen Tor und Tür, die uns von außen verschlingen.

Das Volk unserer Nation beweist ein ums andere Mal den deutlichen Willen, entsprechend seiner Berufung füreinander barmherzige Samariter zu sein: Es hat von Neuem und trotz seiner Schwächen und Mängel auf unser demokratisches System vertraut, und wir sehen, wie solidarisch und mit doppelter Kraft versucht wird, die Bruchstücke der Gesellschaft wieder zusammenzufügen. Unser Volk antwortet mit Kreuzesstille auf die zersetzenden Vorschläge und erträgt die unkontrollierte Gewalt derer, die im kriminellen Chaos gefangen sind, bis zum Äußersten.

Das Gleichnis lässt uns mit doppelter Aufmerksamkeit den Blick auf die richten, *die einfach weitergehen*. Diese gefährliche Gleichgültigkeit des Vorbeigehens, sei sie nun unschuldig oder nicht, Produkt der Verachtung oder einer traurigen Zerstreutheit, macht die Personen des Priesters und des Leviten zu einem nicht weniger traurigen Spiegel dieser amputationshaften Distanzierung, mit der viele versucht sind, auf die Wirklichkeit und den Willen, eine Nation zu sein, zu reagieren. Es gibt viele Arten des Vorbeigehens, die einander ergänzen: Die eine besteht darin, sich auf sich selbst zu konzentrieren, nicht auf die anderen zu achten, gleichgültig zu sein. Die andere besteht darin, nach draußen zu blicken. Was diese letztgenannte Weise des Vorbeigehens betrifft, so ist es bei einigen sehr ausgeprägt, dass sie mit einer Perspektive leben, die immer auf das gerichtet ist, was außerhalb unserer Wirklichkeit liegt, und die Eigenheiten anderer Gesellschaften nachahmen – doch nicht, um sie in die Bestandteile unserer Kultur zu integrieren, sondern um diese zu ersetzen. Als versuche sich eine Vorstellung von einem Land gegen eine andere durchzusetzen, indem es sie gewaltsam von ihrem Platz verdrängt: In diesem Sinne können wir heute historische Erfahrungen lesen, wo man sich geweigert hat, Räume und Ressourcen und ein Mehr an Identität zu gewinnen, und es stattdessen vorgezogen hat, skrupellosen Schmuggel und nackte Finanzspekulation zu betreiben und unsere Natur und – schlimmer noch – unser Volk auszubeuten.

Selbst in intellektueller Hinsicht ist man weiterhin unfähig, eigene Merkmale und Prozesse zu akzeptieren, wie es so viele Völker getan haben, und besteht auf einer Geringschätzung der eigenen Identität. Es wäre naiv, hinter diesen Tendenzen nicht mehr zu sehen als Ideologien oder kosmopolitische Überfeinerung; vielmehr treiben hier Machtinteressen ihre Blüten, die von den beständigen Konflikten im Inneren unseres Volkes profitieren.

Eine ähnliche Tendenz ist bei jenen zu beobachten, die sich scheinbar aufgrund gegensätzlicher Vorstellungen auf das schäbige Spiel der Herabsetzungen, der zuweilen sogar gewaltsamen Auseinandersetzungen oder auf die sattsam bekannte Unfruchtbarkeit vieler intellektueller Kreise einlassen, für die »nichts mehr zu retten ist, es sei denn so, wie ich es für richtig halte«. Was eigentlich eine ganz normale Übung des Debattierens oder der Selbstkritik sein sollte, die die gemeinsamen Ideen und Ziele unbeschadet lässt, scheint hier derart manipuliert, dass die Infragestellung und Konfrontation der grundlegendsten Prinzipien zum Dauerzustand geworden ist. Liegt es an der Unfähigkeit, zugunsten eines kleinsten gemeinsamen Projekts nachzugeben, oder an dem unbezähmbaren Drang derer, die sich nur verbünden, um ihre Machtgier zu befriedigen?

Stillschweigend sind die »Räuber« zu Verbündeten derer geworden, die »des Weges kommen und wegsehen«. Der Kreis schließt sich zwischen jenen, die unsere Gesellschaft benutzen und betrügen, um sie auszusaugen, und jenen, die mit ihrer kritischen Funktion vermeintlich die Reinheit hochhalten, aber von diesem System und von unseren Ressourcen leben, um sie draußen zu genießen, oder die Möglichkeit des Chaos aufrechterhalten, um ihre Schäfchen ins Trockene zu bringen.

Wir dürfen uns nicht täuschen: Kehrseite des ungestraften Verbrechens, dass Einzelne oder Gruppen die Institutionen der Gemeinschaft für ihre Interessen benutzen, und anderer Übel, die auszurotten uns einfach nicht gelingen will, sind die permanente Desinformation und die allgemeine Schlechtrederei, das beständige Säen von Argwohn, das Misstrauen und Ratlosigkeit wuchern lässt. Die Lüge: »Alles ist schlecht« wird beantwortet mit: »Das bekommt niemand in den Griff«. Und auf diese Weise nährt man Ernüchterung und Hoffnungslosigkeit. Damit, dass ein Volk in die Mutlosigkeit gestürzt wird, schließt sich ein perfekter Teufelskreis: die unsichtbare Diktatur der eigentlichen Interessen, dieser heimlichen Interessen, die sich der Ressourcen und unserer Fähigkeit zur Meinungsbildung und zum Denken bemächtigen.

Wir alle müssen aus unserer jeweiligen Verantwortung heraus *das Heimatland auf unsere Schultern nehmen*, denn die Zeit wird knapp. Wir haben schon zu anderen Gelegenheiten an diesem Heimattag vor dem möglichen Zerfall gewarnt. Dennoch sind viele auf ihrem Weg des Ehrgeizes und der Oberflächlichkeit weitergegangen, ohne auf die zu achten, die an der Seite liegen geblieben sind: Das ist die Gefahr, die uns nach wie vor bedroht.

Blicken wir zum Schluss auf *den Verwundeten*. Wir Bürger

fühlen uns wie er, schwer verletzt und am Rande des Weges liegen gelassen. Wir fühlen uns auch unserer Institutionen beraubt, die nicht handlungsfähig und mangelhaft ausgestattet sind, wir fühlen uns unterversorgt mit der Fähigkeit und der Bildung, die die Liebe zum Vaterland verlangt.

Tag für Tag müssen wir eine neue Etappe in Angriff nehmen, einen neuen Ausgangspunkt finden. Wir dürfen nicht alles von denen erwarten, die uns regieren, das wäre naiv; vielmehr müssen wir aktiv dazu beitragen, das verwundete Land wiederherzustellen und ihm zu helfen. Heute bietet sich uns die große Chance, unser religiöses, kindliches und brüderliches Wesen zu bekunden, um uns mit dem Geschenk der Heimat, mit der Gabe unseres Volkes gesegnet zu fühlen: barmherzige Samariter zu sein, die, statt Hass und Groll zu schüren, den Schmerz der Fehlschläge auf sich nehmen. Wie der Reisende aus unserer Geschichte, der zufällig vorbeikommt: Es braucht nur den uneigennützigen, reinen und einfachen Wunsch, eine Nation sein zu wollen, sich beständig und unermüdlich für Inklusion und Integration einsetzen zu wollen und den Gefallenen aufzuheben. Auch wenn sich die Gewalttätigen, diejenigen, die nur für sich selbst ehrgeizig sind, und diejenigen, die Verwirrung stiften und Lügen verbreiten, selbst ausgrenzen und andere wiederum nur um ihrer Machtspiele willen über Politik nachdenken, so wollen wir uns in den Dienst des für alle Bestmöglichen stellen. Wir wollen unten und beim Einzelnen beginnen, auch noch im letzten Winkel unseres Heimatlandes für das denkbar Konkrete und Lokale kämpfen, und zwar mit derselben Fürsorge, mit der sich der Reisende aus Samarien um jede einzelne Wunde des Verletzten gekümmert hat. Vertrauen wir nicht auf die wiederkehrenden Reden und angeblichen Berichte über die Realität. Nehmen wir uns der Realität an, die uns angeht, ohne uns vor Schmerz oder Ohnmacht zu fürchten, denn dort ist der Auferstandene. Wo ein

227

Stein und ein Grab waren, wartete das Leben. Wo ein verödetes Land war, ließen unsere indigenen Vorfahren und später die anderen, die unsere Heimat besiedelt haben, Arbeit und Heldentum, soziale Ordnung und sozialen Schutz sprießen.

Die Schwierigkeiten, die gewaltig scheinen, sind die Chance zum Wachstum und keine Ausrede für die träge Traurigkeit, die die Unterwerfung bevorzugt. Verzichten wir auf den Kleingeist und den Groll fruchtloser interner Streitigkeiten und endloser Auseinandersetzungen. Verbergen wir nicht länger den Schmerz über die Verluste und übernehmen wir Verantwortung für unsere Verbrechen, unsere Trägheit und unsere Lügen, weil nur die wiedergutmachende Versöhnung uns auferstehen und uns die Angst vor uns selbst verlieren lässt. Es geht nicht darum, einen Ethizismus der Ansprüche zu predigen, sondern die Dinge aus einer ethischen Sicht in den Blick zu nehmen, die immer in der Wirklichkeit wurzelt.

Der Samariter geht seiner Wege, ohne Anerkennung oder Dankbarkeit zu erwarten. Die Hingabe an den Dienst war seine Wiedergutmachung im Angesicht seines Gottes und seines Lebens und deshalb eine Pflicht. Das Volk dieser Nation sehnt sich danach, dieses Beispiel in jenen zu sehen, die es in der Öffentlichkeit repräsentieren: Seelengröße ist vonnöten, denn nur die Seelengröße weckt Leben und ruft zusammen.

Wir haben kein Recht, gleichgültig und desinteressiert zu sein oder wegzusehen. Wir können nicht einfach »weitergehen« wie die Männer im Gleichnis. Wir sind verantwortlich für den Verletzten, der die Nation und ihr Volk ist. Heute beginnt eine neue Etappe in unserem Heimatland, das zutiefst von der Zerbrechlichkeit gekennzeichnet ist: Zerbrechlichkeit unserer ärmsten und ausgegrenzten Brüder und Schwestern, Zerbrechlichkeit unserer Institutionen, Zerbrechlichkeit unserer sozialen Bindungen ...

Kümmern wir uns um die Zerbrechlichkeit unseres verletzten Landes! Ein jeder mit seinem Wein, seinem Öl und seinem Reittier!

Kümmern wir uns um die Zerbrechlichkeit unseres Heimatlandes! Jeder soll aus seiner Tasche zahlen, was noch fehlt, bis unser Land wirklich eine Herberge für alle ist, ohne irgendjemanden auszuschließen.

Kümmern wir uns um die Zerbrechlichkeit jedes Mannes, jeder Frau, jedes Kindes und jedes alten Menschen, mit dieser solidarischen und aufmerksamen Einstellung – der Einstellung der Nächstheit – des barmherzigen Samariters. Möge unsere Mutter, die heiligste Maria von Luján, die bei uns geblieben ist und uns als Zeichen des Trosts und der Hoffnung auf dem Weg unserer Geschichte begleitet hat, uns Wandernde flehen hören, uns trösten und uns ermutigen, dem Beispiel Christi zu folgen, der unsere Zerbrechlichkeit auf seine Schultern nimmt.

Predigt, *Te Deum*, Buenos Aires, 25. Mai 2003

1 *Descubrimiento de la Patria* von Leopoldo Marechal (1900–1970). (*A. d. R.*)
2 *Martín Fierro* ist ein argentinisches Epos, das José Hernández im 19. Jahrhundert verfasst hat. (*A. d. R.*)

»Er brach das Brot und gab es ihnen«

Der Bericht vom letzten Abendmahl ist immer wieder ergreifend – umso mehr, wenn man ihn im feierlichen Rahmen des Fronleichnamsfestes hört. Aus allen Gemeinden sind wir als Familie, als Volk Gottes hier auf der *Plaza de Mayo* vor unserer Kathedrale zusammengekommen, und die Worte und Gesten Jesu treffen uns mitten ins Herz: »Während des Mahls nahm Jesus Brot, sprach das Segensgebet, brach es und gab es den Jüngern mit den Worten: Nehmt, esst, das ist mein Leib.« (Mt 26,26)

Gerade hat sich der Herr den Seinen anvertraut, ihnen sein Herz geöffnet und ihnen gesagt, dass einer von ihnen ihn ausliefern wird. Einer, der das Brot in dieselbe Schüssel taucht. Doch statt noch weiter über den Verrat zu sprechen, konzentriert sich Jesus auf den Bund, den er mit uns schließen will. Wir sollten einen Augenblick bei diesem Bild verweilen: Jesus teilt das Brot aus, das er gesegnet hat und in kleine Stücke bricht. Es ist ein Bild der Zerbrechlichkeit. Einer Zerbrechlichkeit der Liebe. Einer Zerbrechlichkeit, die man mit anderen teilt.

Am Gründonnerstag haben wir Priester um die Gnade gebeten, »uns der Zerbrechlichkeit unseres Volkes anzunehmen«, und unsere eigene Zerbrechlichkeit als heiliges Opfer dargebracht. Am 25. Mai haben wir für uns alle, für unsere Nation die

Gnade erbeten, »unser Heimatland auf unsere Schultern zu nehmen« und dem Beispiel Jesu, des guten Samariters, zu folgen, der unsere Zerbrechlichkeiten auf seine Schultern nimmt. Heute schenkt uns das Evangelium ein noch tieferes Bild: keine Zerbrechlichkeit, die Verletzung oder Schwäche ist und von den Stärkeren kompensiert werden muss, sondern eine Zerbrechlichkeit, die notwendige Voraussetzung für das Leben ist – die liebevolle Zerbrechlichkeit der Eucharistie.

»Zerbrechlich« ist, was sich »leicht in Stücke brechen lässt«. Und das Bild aus dem Evangelium, das wir betrachten, ist das Bild des Herrn, der »sich in Stücke bricht« …, in Brotstücke, und sich hingibt. Im gebrochenen – zerbrechlichen – Brot verbirgt sich das Geheimnis des Lebens. Des Lebens jedes Menschen, jeder Familie und unseres ganzen Landes.

Wie merkwürdig! Dabei ist es doch gerade das, wovor wir uns am meisten fürchten: dass unser gesellschaftliches oder auch unser inneres Leben in die Brüche geht. Bei Jesus dagegen wird ebendies – dass er sich in der Gestalt des mürben Brotes zerbricht – zu einer denkbar lebendigen, einheitsstiftenden Geste. Er muss zerbrechen, um sich ganz hinzuschenken! In der Eucharistie ist Zerbrechlichkeit Stärke. Stärke der Liebe, die schwach wird, damit wir sie empfangen können. Stärke der Liebe, die zerbricht, um zu nähren und Leben zu schenken. Stärke der Liebe, die sich in Stücke reißt, um solidarisch geteilt zu werden. Jesus, der das Brot mit seinen Händen bricht! Jesus, der sich uns in der Eucharistie selbst schenkt!

Diese liebevolle Zerbrechlichkeit des Herrn enthält eine gute Nachricht, eine Botschaft der Hoffnung für uns alle. Die großzügige und rückhaltlose Hingabe, durch die Jesus uns hat retten wollen, ist allen menschlichen Manipulationsabsichten zum Trotz – ungeachtet der Absichten des Judas, der Hohenpriester und der Ältesten, trotz der Pläne der römischen Besatzungsmacht und sämtlicher Fälschungsversuche der späteren Geschichte – in der Eucharistie bewahrt geblieben.

Beim Mahl trat mit der Fußwaschung und der Eucharistie die Botschaft vom Bund klar und deutlich zutage: Jesus will nichts anderes sein als Lebensbrot für die Menschen. Wer diesen Bund nicht erlebt hat, der wird angesichts der Passion vielleicht denken, das Blut des Herrn sei umsonst vergossen worden, sein ans Kreuz gehefteter Körper wie ein nutzloses Überbleibsel für immer zerstört gewesen. Doch für die, die mit ihm Kommunion halten, ist dieser durchbohrte und ausgeblutete Jesus vollständiger und lebendiger denn je. Schon beim letzten Abendmahl gibt es Hoffnung auf Auferstehung.

Die Geste Jesu, der das mürbe, zerbrechliche Brot bricht, wurde zum Erkennungszeichen des Auferstandenen: »Sie erkannten ihn beim Brotbrechen« (vgl. Lk 24,31). Auch für uns ist dies das Zeichen, an den auferstandenen Jesus zu glauben.

»Dies ist das Geheimnis unseres Glaubens«, sagen wir nach der Wandlung und weisen auf die Zerbrechlichkeit des Brotes, auf den zerbrochenen, vom Blut im Kelch getrennten Leib Christi. Dies ist das Zeichen, damit wir glauben, dass der Herr sich für uns hingegeben hat.

Wenn wir ihn gläubig empfangen, schenkt er uns Leben, verbindet uns innig mit sich und dem Vater, heilt die Zerrissenheit in unserem Inneren und vereinigt uns mit den anderen Menschen in dem einen Leib der Kirche.

Wenn wir die Eucharistie betrachten, glauben wir. Sie ist die Kraft des zerbrechlichen Brotes, das Geheimnis unseres Glaubens, bis der Herr kommt.

Blicken wir nun auf die Zerbrechlichkeit unseres Volkes. Mit Jesus erhält unsere Zerbrechlichkeit einen neuen Sinn. Zwar trifft es zu, dass die Zerbrechlichkeit die verschiedensten Versuchungen mit sich bringt: die Versuchung, uns unseren wechselnden

Stimmungen hinzugeben, die Versuchung, uns von vermeintlichen Lösungen täuschen zu lassen, welche die Dinge allenfalls kurzfristig verbessern, die Versuchung, uns, abgetrennt von allen anderen, im Bruchstück der eigenen Schwäche zu isolieren. Es trifft zu – wir können es nicht leugnen –, dass die Zerbrechlichkeit die Stärkeren einlädt, die Schwächeren mit Gewalt zu berauben.

Doch es trifft auch zu – und diese Wahrheit greift tiefer –, dass die Zerbrechlichkeit unseres Volkes eine Frucht seiner Sanftmut, seiner Friedenssehnsucht und seiner – zuweilen naiv wirkenden – Beharrlichkeit ist, mit der es seine Hoffnung wieder und wieder erneuert. Sie ist eine evangelisierte Zerbrechlichkeit, in der vieles von der Sanftmut und Zuversicht dieses Jesus enthalten ist, der uns vor über 500 Jahren hier in unserem Heimatland verkündet worden ist und unsere Geschichte geteilt hat. Deshalb wollen wir gemeinsam mit Jesus ein Volk sein, welches das Brot in die Hände nimmt, es segnet, es bricht und es teilt. Den Herrn, der sich in Stücke reißt, um sich jedem von uns ganz hinzugeben, bitten wir, dass er uns als Personen, als Kirche und als Gesellschaft wiederherstellen möge.

Gegen die Zerstückelung, die aus dem Egoismus stammt, bitten wir ihn um die Gnade der liebevollen Zerbrechlichkeit, die aus der Hingabe erwächst.

Gegen die Zerstückelung, die uns ängstlich und angriffslustig macht, bitten wir ihn um die Gnade, wie das Brot zu sein, das geteilt wird, damit es für alle reicht – vor allem auch um der Freude willen, es miteinander zu teilen und auszutauschen.

Gegen die Zerstückelung, welche in die Isolation der Eigensucht führt, bitten wir ihn um die Gnade, ganz zu sein und uns entsprechend der eigenen Möglichkeiten für alle, für das Gemeinwohl einzusetzen.

Gegen die Zerstückelung, die aus Skepsis und Argwohn

erwächst, bitten wir den Herrn um die Gnade des Glaubens und der Hoffnung, die uns drängt, uns im Vertrauen auf ihn und auf unsere Mitmenschen aufzureiben und aufzubrechen.

Möge unsere Liebe Frau und Mutter, die allerseligste Jungfrau, – die mit der Zerbrechlichkeit Jesu zusammenlebte, sie im Kind umsorgte und sie in ihren Armen hielt, nachdem man ihren Sohn vom Kreuz abgenommen hatte – uns das Geheimnis lehren, alle menschliche Zerbrechlichkeit mit den Augen des Glaubens anzusehen und mit Liebe zu umsorgen, weil Jesus, der in der Eucharistie wahrhaftig gegenwärtig ist, genau hier jede echte Hoffnung wachsen lässt.

Predigt, Fronleichnam, Buenos Aires, 21. Juni 2003

»Verlieren wir nicht den Mut«

Das Evangelium stellt uns eine ganz geringfügige Begebenheit vor Augen, etwas, das in zwei Sekunden vorbei war und so schnell und so insgeheim geschah, dass niemand davon Notiz nahm. Der Einzige, der es bemerkte, war Jesus. Er würdigte es und machte die Jünger darauf aufmerksam. (vgl. Mk 12,41–44) Und dadurch wurde es zu einer großen Geste, einer Lehre für alle: Inmitten all der Menschen, die Almosen gaben, fiel der Blick Jesu auf eine einfache Frau, die ihren Mann verloren hatte und ihre Familie allein versorgte. Diese Frau tat die zwei kleinen Münzen, die sie hatte, um sich für diesen Tag etwas zu essen zu kaufen, in den Opferstock des Tempels. Zwei kleine Münzen, die keinen Lärm machten wie die großen Silbermünzen – und doch hallte ihr Klingeln im Herzen Jesu nach wie ein Gebet.

Es gibt Menschen, die diese uneigennützigen Gesten nicht verstehen. Sie sehen auf uns, die wir zum heiligen Kajetan kommen, und verstehen es nicht und sagen: Wenn sie keine Arbeit haben, warum verschwenden sie ihre Zeit damit, hier Schlange zu stehen?[1] Sie kommen und bitten um Brot, und statt sich mit den wenigen Münzen, die sie haben, welches zu kaufen, bringen sie ein Opfer, geben Almosen! Es gibt Dinge, die man nicht versteht oder falsch versteht, wenn man nicht wie Jesus in das Herz der Menschen blickt. Die Liebe und der Glaube, mit dem diese gute Frau ihr Opfer in den Opferstock der Armen warf, hat nur Jesus verstanden. Sie vertraute und setzte alles auf eine Karte, legte ihre ganze Hoffnung in die Hände Gottes. Ihre Logik war diese: Wenn es mir schlecht geht, dann werde ich einem helfen, dem es noch schlechter geht als mir, und mit dieser Geste werde ich den Herrn bitten, dass er mich bemerkt und meine Kinder segnet. Und der Herr, der nach diesen kleinen Details derer Ausschau hielt, die viel lieben, sah sie, und ihre Geste wurde in das lebendige Wort des Evangeliums eingegraben wie die Gussform für alle diese kleinen Gesten, die uns mit Hoffnung erfüllen.

Hin und wieder schaffen es solche Nachrichten in die Zeitungen – neulich hat eine Mutter, eine ganz einfache Frau, eine Summe Geld zurückgegeben, die sie in ihrem Einkaufswagen gefunden hatte. In den Zeitungen werden solche Meldungen nur einen Tag alt, doch dem Herzen Jesu prägen sich die Gesten dieser Hände, die hoffnungsvoll geben, dieser Hände, die ehrlich zurückerstatten, für immer ein.

Das Motto dieses Jahres lautet: »Verlieren wir nicht den Mut, an der Hand des heiligen Kajetan werden wir den Weg zum Neubeginn finden.« Machen Sie sich das klar: Es sagt uns, dass wir den Mut nicht verlieren, dass wir Hoffnung haben sollen, und im Zentrum steht die Hand des heiligen Kajetan. Wenn man wissen will, ob jemand Hoffnung hat oder mutlos ist, muss man nur auf seine Hände achten.

Heute werden wir auf die Hände achten. Die Hände des heiligen Kajetan, die das Jesuskind und die Ähre halten. Und wir achten auch auf unsere Hände: die eine, die zwei kleine Münzen für die Kollekte hält, und die andere, mit der wir das Bild streicheln und ihm die Zerbrechlichkeit unserer Familie, unsere eigene Zerbrechlichkeit, unsere Bitten und unseren Dank und all unsere tränenbenetzten Hoffnungen zu Füßen legen … So viele Dinge gelangen in diese Hände, die sich der Zerbrechlichkeit annehmen, die das Brot teilen, die Gnade empfangen und von dem abgeben, was sie haben! In diesen Händen liegt das Geheimnis des Neubeginns, das, was wir brauchen, um uns wieder neu auf den Weg zu machen, ohne den Mut zu verlieren und von einer Hoffnung erfüllt, die niemals trügt.

An der Hand des Jesuskindes wollen wir fest die Hand unserer Familie ergreifen. Vor allem in diesen Zeiten, in denen die Familie so sehr angegriffen wird und man sie auf so viele verschiedene Weisen zerstören will. So verwandelt die Hand des Kindes mit ihrem festen, warmen Griff unsere Zerbrechlichkeit in Stärke.

An der Hand des heiligen Kajetan wollen wir die Hand aller Argentinier und insbesondere derer ergreifen, die keine Hoffnung mehr haben, um so gemeinsam die Gabe des Brotes und die Gabe der Arbeit zu empfangen. Gott, unser Vater, gibt diese Gaben jenen, die alle integrieren wollen. Und wenn er sie uns allen ohne Ausnahme schenkt, kann niemand sie uns verweigern. Sie sind ein unveräußerliches Recht.

Das Brot und die Arbeit, die wir gemeinsam empfangen und die wir miteinander teilen, machen unsere Würde als Menschen und als Nation aus. Sie für alle wiederzuerringen, kann größere oder kleinere Kämpfe mit sich bringen. Zuweilen muss man sie einfordern, zuweilen darum bitten, und immer muss man sie teilen ... Doch in dem Bewusstsein, dass dies kein Almosen ist, sondern Gerechtigkeit.

Mit der Hand, mit der wir die Gnade entgegennehmen, wollen wir anerkennen, dass es zuallererst – vor der Hand irgendeines Menschen, vor der harten oder weichen Hand irgendeiner Regierung, vor der »unsichtbaren Hand« irgendeines Wirtschaftssystems – die Hand Gottes ist, aus der jede Gabe und jede Gerechtigkeit kommt.

Und wenn wir mit der anderen Hand unsere beiden kleinen Münzen geben, dann wollen wir damit bezeugen, dass wir frei und souverän sind, denn wir sind Herren über unser Geben, Herren darüber, dass wir in unserer Armut und Zerbrechlichkeit zuerst geben und erst dann bitten.

Gib uns die Hand, Jesuskind, wie unsere Kinder uns die Hand geben, die uns vertrauen. Wir wollen wieder Mut schöpfen, nach vorne zu schauen und alles für sie zu geben. Sie sind die Hoffnung unseres Volkes, und wir wollen sie nicht enttäuschen.

Gib uns die Hand, heiliger Kajetan, diese Hand mit der Ähre, auf dass die Hoffnung auf das tägliche Brot und die tägliche Arbeit uns die Arme wieder heben lässt, die wir haben sinken lassen. Wir wollen ein Volk sein, das arbeitet, wie unsere Vorfahren gearbeitet haben, und wir wollen, dass die Erinnerung an sie jede falsche Illusion von einem Brot auslöscht, das nicht im Schweiße unseres Angesichts verdient werden muss.

Gib uns die Hand, himmlischer Vater, auf dass wir, wenn wir die Gnade des Heiligen empfangen, deine väterliche Vorsehung spüren. Du weißt genau, was wir brauchen, auf dich vertraut unsere Familie, die argentinische Familie. Wir wollen ein Volk sein, das sich in seiner Zerbrechlichkeit umsorgt weiß. Niemand soll sagen können, dass du uns im Stich lässt, Herr! Um der Ehre deines Namens willen!

Gib uns die Hand, *Virgencita*, unsere Mutter! In deinen Händen liegt unsere Hoffnung. Du bist die, die zu uns sagt: »Was er euch sagt, das tut!« (Joh 2,5) Möge dieser zärtliche und anspruchsvolle Rat, den du uns in deiner mütterlichen Sprache erteilst, uns die Hände stärken, damit sie wieder rege und fleißig werden für die Arbeit und angefüllt werden mit der arbeitsamen Freude der Nächstenliebe. Du bist die starke Mutter unserer Heimat, die Tag für Tag diese beiden kleinen Münzen, die fehlen, in den Opferstock einer jeden Familie tut, damit es niemandem an Brot fehlt.

Gib uns die Hand, Herr, durch Deine Heiligen! ... Und an der

Hand des heiligen Kajetan wollen wir nicht den Mut verlieren!
Denn wir werden den Weg zum Neubeginn finden.

Predigt am Fest des heiligen Kajetan,
Buenos Aires, 7. August 2003

1 Gemeint ist die Wallfahrt zur Kirche des heiligen Kajetan von Thiene
(San Gaetano da Thiene), dessen Fest am 7. August Tausende von Gläubigen anzieht. (*A. d. R.*)

»Das Volk, das im Finstern wandelt, schaut ein großes Licht«

Am Anfang steht die prophetische Verheißung: »Das Volk, das im Finstern wandelt, schaut ein großes Licht« (Jes 9,1) – ein neuer Kurs für das ganze Leben, ein Kurs für die ganze Geschichte, der uns festigt »in der Erwartung der seligen Hoffnung und der Offenbarung der Herrlichkeit des großen Gottes und unseres Retters Christus Jesus« (Tit 2,13). Finsternis und Licht, Weg und Hoffnung, Ahnung und Offenbarung. Es ist die Prophezeiung der Erwählung, der Verheißung und des Bundes. Es ist der Weg aus der Finsternis am Abend des irdischen Paradieses hinein in die Nacht, da die Hirten »die Herrlichkeit des Herrn umstrahlte« (Lk 2,9).

Auch wir treten als Pilger der Auserwählung, der Verheißung und des Bundes an Gottes Altar. Die Finsternis lastet auf uns, doch uns trägt die Hoffnung, dem Licht zu begegnen. Wir treten an den Altar, wo die Herrlichkeit sich in einer Krippe verbirgt und sich den einfachen Herzen offenbart. Voller Staunen hören sie den himmlischen Lobpreis: »Herrlichkeit in den Höhen für Gott und auf der Erde Friede den Menschen seines Wohlgefallens!« (Lk 2,14) und glauben – mit dem Glauben derer, die ihr Gewissen nicht verkaufen –, dass »der Retter geboren« ist: »ein Kind […], in Windeln gewickelt und in einer Krippe liegend« (Lk 2,11–12). Auch wir können, wenn wir unsere Herzen öffnen, in dieser Nacht inmitten unserer Finsternis das Wunder des Lichts schauen, das Wunder der Kraft Gottes in der Schwäche, das Wunder des Allergrößten im Kleinsten.

Gehen wir »von Glaube zu Glaube« und suchen wir nach der Fülle und dem Sinn unseres Lebens. Dieser Weg ist dann wahrhaftig, wenn wir uns nicht vom Lärm flüchtiger oder trügerischer Entwürfe in die Irre führen lassen. Wir sind Teil des Gottesvolks, das Tag für Tag und Schritt für Schritt aus der Finsternis ins Licht geht. Wir alle wollen diesem Licht begegnen, dieser verborgenen Herrlichkeit, wir wollen ihr begegnen, weil Gott, der uns erschaffen hat, uns selbst den Keim dieser Sehnsucht ins Herz gelegt hat. Doch zuweilen ist unser Herz von Eigensinn verhärtet oder, schlimmer noch, von Hochmut aufgebläht. Dann erstickt unsere Sehnsucht, die Herrlichkeit des Lichts zu schauen, und unser Leben droht seinen Sinn zu verlieren und sich in Finsternis zu erschöpfen. So wiederholt sich, was in jener Nacht geschah, als Gott bei uns kein Obdach fand und Maria »ihn in eine Krippe legte, weil in der Herberge für sie kein Platz war« (Lk 2,7).

Das ist das Drama der Seele, die, vom Warten ungeduldig geworden, sich die Zeit mit falschen Verheißungen des Lichts vertreibt. Diese falschen Verheißungen stammen vom Teufel, den Jesus den »Vater der Lüge« (Joh 8,44) und den »Fürst der Finsternis« nennt. Dann geht die Hoffnung auf die Verheißung und das feste Vertrauen auf den Bund mit einem Gott verloren, der nicht lügt, weil er »sich selbst nicht verleugnen« (2 Tim 2,13) kann. Dann geht das tiefe Bewusstsein verloren, von Gott mit zärtlicher Liebe auserwählt zu sein. Dann schlagen die Türen zu. Und es gibt heute und immer viele Türen in der Welt, in unserer Stadt, in unseren Herzen, die Jesus vor der Nase zugeschlagen werden. Es ist einfacher, sich mit den Lichtern am Weihnachtsbaum abzulenken, als sich in die Betrachtung der Herrlichkeit der Krippe zu versenken. Und dieser Anti-Weg, dieser Weg der zugeschlagenen

Türen beginnt in der Gleichgültigkeit und endet in der Ermordung Unschuldiger. Die Entfernung ist gar nicht so groß zwischen jenen, die Josef und Maria die Tür vor der Nase zuschlugen, weil sie fremd und mittellos waren, und Herodes, der »die Kinder tötet, weil ihm die Angst das Herz tötete«. Es gibt keinen Mittelweg: Licht oder Finsternis, Hochmut oder Demut, Wahrheit oder Lüge. Entweder wir öffnen Jesus die Tür, der kommt, um uns zu retten, oder wir sperren uns ein im selbstgefälligen Stolz derer, die glauben, sich selbst erlösen zu können.

In dieser Heiligen Nacht bitte ich Sie, auf die Krippe zu schauen: Dort sah »das Volk, das im Finstern wandelt, ein großes Licht« (Jes 9,1) ... Das Volk, das einfach und für Gottes Geschenk offen war, hat das Licht gesehen. Nicht die Selbstgefälligen, die Hochmütigen, die sich ihre eigenen Gesetze nach ihrem eigenen Maßstab machen. Schauen wir auf die Krippe und beten wir für uns selbst, für unser Volk, das so viel leidet. Schauen wir auf die Krippe und sagen wir zur Mutter: »Maria, zeig uns Jesus.«

Predigt, Weihnachten, Buenos Aires, 25. Dezember 2003

2004

Werfen wir die Netze in tieferem Wasser aus

Liebe Brüder und Schwestern, im Jahr 2003 habe ich Sie darum gebeten, die Mission des Erzbistums der Sorge um die Zerbrechlichkeit unseres Volkes zu widmen und sie mit der Zerbrechlichkeit Jesu selbst auf uns zu nehmen, des menschgewordenen Gottes, der stark war, aber schwach wurde, reich war, aber arm wurde, groß war, aber klein wurde. (vgl. *Missale Romanum*) In diesem Sinne sind in einigen Gemeinden konkrete Aktionen durchgeführt worden: mehr Gebet, Gesten der Nähe, solidarische Aufgaben… In anderen ist bislang noch wenig geschehen. Doch wir können sicherlich sagen, dass diese tiefe pastorale Sorge im Erzbistum Fuß fasst.

Die Zerbrechlichkeit unseres Volkes auf uns nehmen zu wollen, ist ein Streben nach Großmut, das nur in großzügigen und solidarischen, einfachen und aufmerksamen Herzen nisten kann. An diesem Vorsatz festzuhalten, wird die Frucht der Gnade des Heiligen Geistes sein, der uns drängt, jedem Mangel und jedem Schmerz nahe zu sein, und der uns in der Beständigkeit unterstützt.

Wir erleben schlimme Situationen, die entmutigend sind und uns oft resignieren lassen. Über solche Situationen haben wir in jeder Gemeinde nachgedacht und versucht, sie uns wirklich zu Herzen zu nehmen. Diejenigen, die den Wegweiser noch nicht durchgearbeitet haben, den der Pastoralrat des Erzbistums herausgegeben hat, bitte ich, dies in diesem Jahr zu tun, damit wir alle diese Öffnung der Seele mitvollziehen, um die Zerbrechlichkeit unseres Volkes auf uns zu nehmen. Es wird uns guttun, diese Zerbrechlichkeiten von innen her noch einmal Revue passieren zu lassen: etwa jene, die das Glaubensleben betreffen (Wie viele Kinder wissen nicht, wie man betet! Wie viele Jugendliche haben keine Perspektive ...!), das Familienleben (den fehlenden Dialog, die vernachlässigten alten Menschen ...), das gesellschaftliche Leben (die Arbeitslosigkeit, den Hunger, die Ungerechtigkeit ...).

Angesichts des Leids und der Enttäuschung sind wir Christen zur Hoffnung berufen. Diese Hoffnung besteht nicht darin, illusorischen Fantastereien nachzurennen, sondern als Jünger und Apostel darauf zu vertrauen, dass die Hoffnung nicht zugrunde gehen lässt, »weil die Liebe Gottes in unsere Herzen ausgegossen ist durch den Heiligen Geist« (Röm 5,5). Diese Hoffnung ist der Anker, der schon im Himmel festgemacht ist und an den wir uns klammern, um weiterzugehen. Jesus selbst kommt uns entgegen, um uns mit Zuversicht und Festigkeit immer wieder zu sagen: »Fürchtet euch nicht« (Mk 6,50); »Seht, ich bin bei euch alle Tage bis ans Ende der Welt« (Mt 28,20); »Geht« und »lehrt« (Mt 28,19). Gehen und lehren und mit der eigenen Zerbrechlichkeit denen nahe sein, die Zerbrechlichkeit leiden, ist nur möglich, wenn man auf die Verheißung des auferstandenen Herrn vertraut: »Ich bin bei euch alle Tage.« Und weil wir keine Superhelden und auch keine tapferen Kämpfer sind, die blind auf ihre eigenen Kräfte vertrauen, handeln wir mit dem Wagemut der Jünger Jesu, der Mitglieder seiner Familie. Mit der Kühnheit von Brüdern und Schwestern des Herrn.

In diesem Jahr bitte ich Sie, mit dieser Kühnheit, mit leidenschaftlichem apostolischem Eifer zu arbeiten. Wenn wir die Zerbrechlichkeit – unsere eigene und die unseres Volkes – auf uns nehmen, wollen wir mit Kühnheit vorwärtsgehen: mit dieser Haltung, die der Heilige Geist in den Aposteln hervorgerufen und die sie dazu gebracht hat, Jesus Christus zu verkündigen. Kühnheit, Mut, freimütige Rede, apostolischer Eifer ... all das ist eingeschlossen in das Wort *Parrhesia*, mit dem der heilige Paulus »die Freiheit und den Mut eines Daseins« bezeichnet, »das in sich offen, weil für Gott und für den Nächsten verfügbar ist«. Paul VI. benannte das Fehlen ebendieser *Parrhesia* als eines der Hindernisse, die der Evangelisierung im Wege stehen: »den Mangel an Eifer, der umso schwerwiegender ist, weil er aus dem Innern entspringt. Er zeigt sich in der Müdigkeit, in der Enttäuschung, der Bequemlichkeit und vor allem im Mangel an Freude und Hoffnung« (EN 80). Johannes Paul II. spricht von glühender Liebe, Eifer, apostolischem Mut, missionarischem Schwung (RM 30, 67, 91). Und denken wir an die Emmausjünger bei ihrer Begegnung mit dem auferstandenen Herrn: »Brannte uns nicht das Herz in der Brust, als er auf dem Weg mit uns redete und uns die Schriften erschloss?« (Lk 24,32). Überzeugung vom Wirken des Geistes und Inbrunst, die aus der Begegnung mit dem lebendigen Christus erwächst. Überzeugung und Inbrunst, die wir, die Jünger, aufbringen müssen, um die Zerbrechlichkeiten auf uns zu nehmen und den auferstandenen Christus zu verkündigen.

Oft fühlen wir uns müde und erschöpft. Der Geist der *Acedia*, der Trägheit versucht uns. Und wir sehen all das, was zu tun ist, und das wenige, was wir sind. Wie die Apostel sagen wir zum Herrn: »aber was ist das für so viele?« (Joh 6,9), was sind wir, dass wir uns um so viel Zerbrechlichkeit kümmern könnten? Und genau dort wurzelt unsere Stärke: in dem demütigen Vertrauen dessen, der liebt und sich vom Vater geliebt und umsorgt weiß, in dem demütigen Vertrauen dessen, der sich allein aus Gnade erwählt und ausgesandt weiß. Die Erfahrung des heiligen Paulus war, dass er einen Schatz in einem Tongefäß trug (2 Kor 4,7), und er gibt sie an uns alle weiter. Es ist der Blick auf sich selbst und auf die anderen. Er scheut sich nicht, das Tongefäß anzusehen, eben weil der Schatz, den er darin trägt, auf Jesus Christus gegründet ist, und von ihm kommt sein Mut, seine Kühnheit, sein apostolischer Eifer.

Wie oft haben wir das Gefühl, dass etwas an uns zerrt und uns am bequemen Ufer zurückhalten will! Doch der Herr ruft uns hinaus auf den See, damit wir in tieferem Wasser die Netze auswerfen. (vgl. Lk 5,4) Er ruft uns, damit wir ihn mit Kühnheit und apostolischem Eifer verkündigen, damit wir uns aufreiben in Seinem Dienst. An ihn geklammert fassen wir Mut, ihm aus nächster Nähe nachzufolgen und unsere jeweiligen Charismen in der Kirche des Erzbistums in den Dienst der Gemeinschaft zu stellen. Dabei werden wir die verschiedenen, aufeinander abgestimmten pastoralen Hilfsmittel aus unserem Pastoralplan zum Einsatz bringen, der zum Jahresende mit den für den Dreijahreszeitraum 2002–2004 vorgeschlagenen Aktionen eine neue Etappe zum Abschluss bringt. Im Bischofsrat haben wir es als zweckmäßig erkannt, 2005 eine Diözesanversammlung abzuhalten, die uns die Möglichkeit gibt, im kirchlichen Zusammengehörigkeitsgefühl zu wachsen und – unter Berücksichtigung der in *Navega mar adentro* (»Fahr hinaus auf den See«, *A. d. R.*) formulierten Richtlinien – an der Neuerstellung unseres Pastoralplans mitzuarbeiten. Ich habe den Pastoralrat des Erzbistums gebeten, einen Wegweiser für die Vorbereitung auf diese Versammlung zu erarbeiten.

Zum Abschluss möchte ich Sie mit den Worten Pauls' VI. einmal mehr zum apostolischen Eifer ermuntern:

»Bewahren wir also das Feuer des Geistes. Hegen wir die innige und tröstliche Freude der Verkündigung des Evangeliums, selbst wenn wir unter Tränen säen sollten. Es sei für uns – wie für Johannes den Täufer, für Petrus und Paulus, für die anderen Apostel und die vielen, die sich in bewundernswerter Weise im Lauf der Kirchengeschichte für die Evangelisierung eingesetzt haben – ein innerer Antrieb, den niemand und nichts ersticken kann. Es sei die große Freude unseres als Opfer dargebrachten Lebens. Die Welt von heute, die sowohl in Angst wie in Hoffnung auf der Suche ist, möge die Frohbotschaft nicht aus dem Munde trauriger und mutlos gemachter Verkünder hören, die keine Geduld haben und ängstlich sind, sondern von Dienern des Evangeliums, deren Leben voller Glut erstrahlt, die als Erste die Freude Christi in sich aufgenommen haben und die entschlossen sind, ihr Leben einzusetzen, damit das Reich Gottes verkündet und die Kirche in das Herz der Welt eingepflanzt werde.« (EN 80)

Ich bitte den Herrn, dass wir alle uns von seiner Liebe gedrängt fühlen (vgl. 2 Kor 5,14) und mit dem heiligen Paulus sagen können: »Weh mir, wenn ich das Evangelium nicht verkünde!« (1 Kor 9,16). Die Mutter des Herrn, die die »besondere Mühe des Herzens« erfahren hat (RMA 17), möge uns in unseren täglichen Mühen begleiten und unterstützen und uns die Gnade der evangelisierenden Kühnheit und apostolischen Eifer erwirken. Ich bitte Sie, für mich zu beten. In brüderlicher Zuneigung.

Botschaft an die Priester, Ordensleute und gläubigen
Laien des Erzbistums, Buenos Aires, 25. Februar 2004

Die Wirklichkeit des ungeborenen Kindes

Das Ja Mariens öffnet die Tür zu einem langen Weg: dem des Gottessohnes unter uns. Heute beginnt dieser Wandel des Herrn, der »umherzog und Gutes tat« (vgl. Apg 10,38), mit seinen Wunden unsere Verletzungen heilte, mit seiner Auferstehung unseren Triumph verkündete. Vom Mutterleib an wandelt Jesus inmitten seines Volkes; er will alle unsere Schritte nachvollziehen: selbst den Weg des ungeborenen Kindes. Er ist uns in allem gleich geworden außer der Sünde. Dieses Ereignis verändert das menschliche Dasein von Grund auf. Der Herr nimmt unser Leben an und hebt es empor in die übernatürliche Ordnung. Die Gegenwart des Gotteswortes, das im Fleisch gekommen ist, verwandelt alles Menschliche, ohne es zu verneinen, hebt es empor, verortet es in der Dimension des Reiches Gottes. Somit erhellt auch der ungeborene Jesus im Leib seiner Mutter das Leben der Person. Von unserem Glauben her erhält das Menschliche, das, was in der Ordnung des Naturgesetzes angesiedelt ist, die neue, übernatürliche Dimension, die das Natürliche vervollkommnet und zur Erfüllung bringt.

Mit diesem Ereignis eröffnet sich eine neue Perspektive im Hinblick auf den Ursprung und die Entwicklung unseres Lebens, und was den Fall betrifft, der uns hier beschäftigt, so ist Christus im Schoß Mariens ein hermeneutischer Schlüssel, um den Weg, das Leben zu begreifen und zu deuten; die Rechte des ungeborenen Kindes, damit wir das, was das Naturrecht uns in dieser Hinsicht sagt, noch klarer verstehen.

Jesus wird ein Kind. Jesus beginnt wie jedes Kind und fügt sich in das Familienleben ein. Die Zärtlichkeit der Mutter für dieses Ungeborene, die Hoffnung des Vaters (des Ziehvaters in diesem Fall), der auf die Zukunft der Verheißung gesetzt hat, das geduldige Wachsen, Tag für Tag ein bisschen mehr bis zu dem Moment, da es das Licht der Welt erblickt. All das, was während einer Schwangerschaft geschieht, erhält mit Jesus eine neue Bedeutung, in deren Licht das Geheimnis des Menschen verständlicher wird und die unser Dasein mit Werten kennzeichnet, die sich in Haltungen ausdrücken: Zärtlichkeit, Hoffnung, Geduld. Ohne diese drei Tugenden kann man das Leben und Wachsen des Ungeborenen nicht respektieren. Die Zärtlichkeit bindet uns, die Hoffnung treibt uns der Zukunft entgegen, die Geduld begleitet unsere Erwartung im schleppenden Verstreichen der Tage. So bilden die drei Haltungen eine Art Einfassung für dieses Leben, das von Tag zu Tag wächst.

Wenn diese drei Tugenden nicht gegeben sind, dann wird das Kind für seinen Vater und seine Mutter zu einem fernen »Objekt« und oft zu einem lästigen »Etwas«, einem Eindringling im Leben der Erwachsenen, die ihre Ruhe haben und sich in lähmendem Egoismus ganz auf sich selbst konzentrieren wollen. Vom Mutterleib an akzeptiert es Jesus, sich allen Risiken des Egoismus auszusetzen. Nach seiner Geburt, noch als Baby, wurde er von Herodes verfolgt, der »die Kinder in ihrem Fleisch tötete, weil ihn die Angst in seinem Herzen tötete«. Auch heute sind die Kinder und die ungeborenen Kinder vom Egoismus derer bedroht, deren Herzen von der Hoffnungslosigkeit überschattet sind, der Hoffnungslosigkeit, die Angst sät und Menschen zu Mördern macht. Auch heute weigert sich unsere individualistische Kultur, fruchtbar zu sein, flüchtet sich in einen Permissivismus, der nach unten angleicht, auch wenn als Preis für diese Nicht-Fruchtbarkeit unschuldiges Blut vergossen wird. Auch heute werden wir von einem Theismus beeinflusst, der das Menschliche biologisch abbauen will; einem aufgesprühten Theismus, der die eine große Wahrheit ersetzen will: »Das Wort ist im Fleisch gekommen.« Auch heute geht der kulturelle Vorschlag, sich in einer egoistisch-individualistischen Dimension auf sich selbst zu konzentrieren, auf Kosten der Rechte der Personen, der Kinder. Das sind Charakterzüge des modernen Herodes.

Die Menschwerdung des Wortes, das ungeborene Jesuskind im Schoß Mariens, ruft uns einmal mehr dazu auf, mutig zu sein. Wir wollen nicht in der Schnell-und-leicht-Kultur aufgehen, die uns auslöscht und die – weil sie nach und nach tötet – am Ende immer Kultur des Todes ist. Wir wollen die Gegenwart Christi schon im Schoß seiner Mutter wieder geltend machen, eine Gegenwart, die die Wirklichkeit des ungeborenen Kindes neu verortet. Hier gründet sich unser Ja zum Leben, ein Ja, das durch das Leben motiviert ist, das er, der unser Weg ist, hat teilen wollen. In Christus gelangt die zentrale Bedeutung des Menschen als des Meisterwerks der Schöpfung zu ihrer Fülle. Indem wir an dieser Fülle teilhaben, werden wir das Geheimnis des Menschen vom Augenblick seiner Empfängnis an tiefer verstehen.

An diesem Tag der Menschwerdung des Wortes möchte ich unsere Mutter, die Jungfrau Maria, bitten, dass sie uns neben Jesus stellt. Dass sie in unseren Herzen die Haltungen der Zärtlichkeit, Hoffnung und Geduld wachsen lässt, damit wir jedes menschliche Leben und insbesondere das zerbrechlichste, das ausgegrenzteste und das wehrloseste behüten.

Predigt zum »Tag des ungeborenen Kindes«,
Buenos Aires, 25. März 2004

Im Lichtkegel der Wahrheit

Im Evangelium, das wir eben gehört haben, gibt es einen Satz, der uns heute helfen kann, zur Botschaft dieses Tages vorzudringen: »Darin aber besteht das Gericht, dass das Licht in die Welt gekommen ist und die Menschen die Finsternis mehr liebten als das Licht; denn ihre Taten waren böse.« (Joh 3,19)

Das Gericht eines Menschen, sein Urteil – über das Leben, über sich selbst, über Gott – fällt er mit folgender Grundentscheidung: Entweder ich habe keine Angst vor dem Licht und zeige mich, wie ich bin, wenn ich mich hinstelle und alle Konsequenzen trage, oder ich stehle mich in die Finsternis davon, um zu vertuschen, in das Halbdunkel der Zweideutigkeiten oder dieser 1001 unbewussten, unterbewussten oder bewussten Ausflüchte, die wir haben, um mit ihnen die Wahrheit zu vertuschen.

Wenn wir uns ins Licht stellen, erscheinen wir, wie wir sind, und das tut manchmal weh, sehr weh. Doch es ist ein fruchtbringender Schmerz, ein Schmerz, der Leben schenkt, ein Schmerz, der wachsen lässt. Die Finsternis beginnt unter entgegengesetzten Vorzeichen, sie ist eine gute Betäubung, sie tut nicht weh, aber sie führt dich in die Orientierungslosigkeit, zum Selbstbetrug und ist letztlich ausweglos.

Es ist befreiend, die Bildung von dieser Antinomie her – Licht und Finsternis – in den Blick zu nehmen, denn das bringt uns auf den Weg der Wahrheit. Die Wahrheit erträgt das Licht, die Finsternis aber verbirgt es, auch die Lüge, die Falschheit und das

Doppelleben verbergen es, all das verbirgt es, was dem Licht nicht standhalten kann.

Ich möchte Sie alle, die im Bildungswesen tätig sind, bitten, ein bisschen darüber nachzudenken, ob unser Weg der pädagogischen Führung das Licht nicht fürchtet, und wenn wir feststellen, dass er es fürchtet, dann: Mut und vorwärts! Aber lassen wir uns nicht von dieser Furcht ergreifen, die uns in die Finsternis führt!

Und welcher Weg ist das, der in den Lichtkegel, in den Wahrheitskegel hineinführt? Worte nutzen nichts, es gibt kein Patentrezept. Man kann sagen, tun Sie das, das, das und das. Regeln sind immer unvollständig, weil sie den Menschen das schrittweise Entdecken vorenthalten ... zu entdecken und verwundert zu sein, zu staunen über die Entdeckungen auf dem Weg der Wahrheit. Regeln können ein bisschen helfen, so, wie die Laufstühlchen den Kindern helfen, doch der Weg zur Wahrheit und zum Wachstum führt über das Licht ... über die Freiheit. Der Weg, das sind also nicht so sehr Worte, nicht so sehr Ideen, sondern Gesten, und die Gesten sind sehr einfach, wir haben es eben im Kolosserbrief gehört: »Bekleidet euch mit Güte« (vgl. Kol 3,12), das heißt, kratzt euch nicht gegenseitig die Augen aus ... Güte. Bekleidet euch mit tiefem Mitleid. Mitleid heißt nicht, dass man herumjammert, sondern dass man wirklich mitfühlt. Offene Herzen, um die Probleme der anderen mitzufühlen. Auf unser Umfeld zu achten und die Probleme der anderen zu einem Teil unseres täglichen Lebens und Gehens werden zu lassen.

Ich betone es noch einmal: Seien Sie gütig, demütig, milde und geduldig. Und als ob dies noch nicht reichen würde, heißt es von der Geduld: »Ertragt und verzeiht einander, wenn einer gegen den anderen eine Beschwerde hat.« (Kol 3,13) Uns ertragen und einander vergeben, demütig und geduldig und verständnisvoll sein – das sind Gesten: Gesten der Nächstheit, Gesten der Nächstenliebe, Gesten der Liebe.

253

Sind sie die Liebe? Nein, sie sind nicht die Liebe. Die Liebe geht weit darüber hinaus, aber es sind Gesten, die aus der Liebe erwachsen. Also sind es nicht so sehr die Argumente und die Ideen, die mir den Weg zur Wahrheit zeigen, als vielmehr solche Lebenseinstellungen, denn diese Lebenseinstellungen werden uns gewissermaßen aus dieser stolzen Härte, diesen unmenschlichen Posen herausschälen, die uns in letzter Konsequenz von einer Haltung der Nächstheit abhalten, uns davon abhalten, uns dem zu nähern, der uns am dringendsten braucht.

Der Weg der Wahrheit ist der Weg des Lichts, er entsteht nur aus einem Herzen, das lieben will. *Pater, ich weiß aber nicht, wie man liebt.* Niemand weiß, wie man liebt, das lernen wir alle Tag für Tag. Fassen Sie Mut! Wie? Mit diesen kindlichen Gesten: Güte, tiefes Mitgefühl, Demut, Milde, Geduld und damit, dass wir einander ertragen und Tag für Tag aushalten.

Großes Gewicht hat bei der Bildungsaufgabe, einander zu ertragen, einander auszuhalten, um gemeinsam weiterzugehen und zu wachsen. Das ist es, worum ich Sie für das diesjährige Programm bitte.

Stellen Sie sich in den Lichtkegel, denn dort ist die Wahrheit. Doch dazu, um sich in den Lichtkegel stellen zu können, brauchen Sie diese Einstellungen, sie werden uns an der Hand führen: Einstellungen der Nächstheit. Möge der Herr Ihnen allen diese Gnade gewähren.

Predigt, Messe für das Bildungswesen,
Buenos Aires, 21. April 2004

Die Weisheit ist das Brot, das uns die Augen öffnet

»Er kam nach Nazaret, wo er aufgewachsen war. Nach seiner Gewohnheit ging er am Sabbat in die Synagoge und stand auf, um vorzulesen. Es wurde ihm das Buch des Propheten Jesaja gereicht. Er öffnete das Buch und fand die Stelle, wo geschrieben stand: Der Geist des Herrn ruht auf mir, weil er mich gesalbt hat. Er hat mich gesandt, den Armen frohe Botschaft zu bringen, den Gefangenen Befreiung zu verkünden und den Blinden das Augenlicht, die Zerschlagenen in Freiheit zu entlassen, auszurufen ein Gnadenjahr des Herrn. Nachdem er das Buch zusammengerollt hatte, gab er es dem Diener zurück und setzte sich. Die Augen aller in der Synagoge waren auf ihn gerichtet. Da begann er, zu ihnen zu sprechen: Heute ist dieses Schriftwort vor eueren Ohren erfüllt worden. Alle stimmten ihm bei und staunten über die Worte voll Anmut, die aus seinem Mund kamen, und sagten: Ist das nicht der Sohn Josefs? Er erwiderte ihnen: Ihr werdet mir sicher dieses Sprichwort entgegenhalten: Arzt, heile dich selbst! Was wir in Kafarnaum geschehen hörten, tu auch hier in deiner Vaterstadt! Und er fügte hinzu: Amen, ich sage euch: Kein Prophet ist in seiner Vaterstadt willkommen. Wahrhaftig, ich sage euch: Viele Witwen gab es in den Tagen des Elija in Israel, als der Himmel drei Jahre und sechs Monate verschlossen war und große Hungersnot über das ganze Land kam. Doch zu keiner von ihnen wurde Elija gesandt, sondern nur zu einer Witwe in Sarepta im Gebiet von Sidon. Ebenso gab es viele Aussätzige in Israel zur Zeit des Propheten Elischa, aber keiner von ihnen wurde rein, sondern nur der Syrer Naaman. Als sie das hörten, gerieten alle in der Synagoge in Zorn, standen auf, stießen ihn zur Stadt hinaus und führten ihn bis zum Abhang des Berges, auf dem ihre Stadt erbaut war, um ihn hinunterzustürzen. Er aber schritt mitten durch sie hindurch und ging weg. Er kam hinunter nach Kafarnaum, einer Stadt in Galiläa, und lehrte sie am Sabbat. Sie staunten über seine Lehre, denn sein Reden geschah in Vollmacht.« (Lk 4,16–32)

In diesen letzten Tagen der Osterzeit, kurz vor dem Kommen des Heiligen Geistes, haben wir uns versammelt, um zu den Quellen des argentinischen Mai[1] zurückzukehren. Wir besinnen uns auf den historischen Kern unserer Anfänge – nicht, um der Form halber Nostalgie zu zelebrieren, sondern weil wir nach der Spur der Hoffnung suchen. Wir gedenken des Weges, der gegangen worden ist, um der Zukunft Räume zu öffnen. Wie unser Glaube uns lehrt: Die Erinnerung an die Fülle macht es möglich, die neuen Wege zu erahnen. Der gründende Schritt Gottes und seine überwältigende Heilsgnade in unserer Geschichte machen es möglich, neu anzufangen, Inspiration und Kraft zu schöpfen, Ziele ins Auge zu fassen. Die Tage vor Pfingsten, der Zeit des Geistes, versammeln die gebeutelten Gläubigen von heute nicht weniger als die erschütterten und zerbrechlichen Apostel von damals zu einem Neubeginn. Dass das Boot so zerbrechlich ist, darf keine Befürchtungen oder Vorsichtsmaßnahmen auslösen, die unermessliche Weite der See des Lebens und der Geschichte wird gemildert durch den Wind, diesen Hauch Gottes, der uns seit dem ersten Tag vorantreibt und führt. Ein echtes, geheimnisvolles und unbeirrbares Vertrauen hat uns Argentinier viele Male im Lauf unserer Geschichte veranlasst, uns wie in jenem Jahr 1810 auf diesem Platz des Mai zu versammeln und den Wind zu suchen, der uns auf den richtigen Kurs bringt.

Auch jene Gläubigen, die Jesus in seiner Heimat Nazaret hörten, waren voller Hoffnung. Man empfand Respekt und Bewunderung für die Autorität, die von seiner Person ausging, und bei seinen Worten schien in der Seele des Volkes ein frischer Wind aufzukommen. Was dieser junge Rabbi aus Nazaret vorbrachte, war etwas lange Erhofftes: eine »Gute Nachricht für die Armen«, eine neue Art, das Leben zu »sehen«, und die so ersehnte Freiheit. Diese gute Nachricht Jesu schließt alle Menschen mit ein. Denselben Menschen, die er befreit und heilt, trägt er auf, andere zu befreien und zu heilen. Als er zu seinem Volk redet, fühlt Jesus selbst sich darin bestätigt, dass die prophetischen Worte genau in dem Moment in Erfüllung gehen, da er sie ausspricht. Erleuchtet und gesalbt, spricht er vom Geist bewegt. Die Erzählung im Evangelium zeigt es klar und deutlich: Dort war der Geist gegenwärtig, eine neue Zeit Gottes, ein sicherer Wind. Und die Leute spürten dasselbe: Es gab Beifall und bewundernde Gesten.

Doch das Ende der Geschichte macht uns ratlos. Irgendeiner ließ eine vielsagende Bemerkung fallen: »Ist das nicht der Sohn Josefs«, des Zimmermanns?, und in diesem Moment kippte die Stimmung unter den Anwesenden: Sie zerrten und stießen ihn hinaus und schleppten ihn an einen Abgrund, um ihn hinabzustürzen oder zu steinigen. Doch Jesus »schritt mitten durch sie hindurch und ging weg«, ging nach Kafarnaum, ein Dorf in Galiläa, um wieder unter freiem Himmel, bei den einfachen Leuten aus dem gläubigen Volk zu predigen. Was anfangs wie der Stapellauf eines großen Schiffes ausgesehen hat, das auf die Meere hinausfährt, um die Freiheit zu erobern, wird zur Suche nach dem bescheidenen Schiff Simons, des Fischers vom See Gennesaret: Der Herr stiehlt sich davon und verliert sich als einer von vielen in der Menge. Er verhält sich auch nicht wie ein Rebell, der bereit ist, seine Brust den Steinen darzubieten.

Getreu dem prophetischen Stil, der seinen Wandel unter den Menschen begleitete, vollführt Jesus symbolische Gesten. Was bedeutet es, dass er seine »Heimat« Nazaret auf diese Weise verlässt? Ich meine darin einen deutlichen Protest gegen die zu sehen, die sich derart integriert fühlen, dass sie die anderen ausgrenzen. Sie halten sich für so scharfsichtig, dass sie blind geworden sind, verwalten die Gesetze mit solcher Selbstzufriedenheit, dass sie ungerecht geworden sind. Deshalb entfernt sich Jesus und entscheidet sich für den kleinen Weg, dafür, mitten durch sein Volk hindurch wegzugehen, für den »dunklen Pfad« (wie Fray Luis de León es später nennen sollte), der eben der Weg der Armen ist; der Armen im Sinne jedweder Armut, die Entblößung der Seele und gleichzeitig vertrauensvolle Hingabe an die anderen und an Gott bedeutet.

Denn wer seiner Habe, seiner Gesundheit beraubt wird und unwiederbringliche Verluste erleidet, die Sicherheiten des Ego verliert und sich – in dieser Armut – von der Erfahrung des Weisen, des Leuchtenden, der geschenkhaften, solidarischen und uneigennützigen Liebe der anderen leiten lässt, der weiß etwas oder viel über die Gute Nachricht.

Wir Argentinier haben alle diese Arten der Armut erlebt, einige erleben und bezeugen sie seit Jahren und Jahrzehnten. Nun also: Jesus stiehlt sich heute wie damals unter die Kleinsten und Ärmsten unseres Volkes.

Warum aber lässt er diese Aufgebrachten alleine mit ihren Steinen und ihren Wünschen, alles in den Abgrund zu stürzen, was ihren Vorstellungen nicht entspricht? Was hindert sie daran, diesen Pfad zu beschreiten, der im Hören auf die Gute Nachricht besteht? Vielleicht der stillschweigende Konflikt zwischen Weisheit und Aufklärung in ihrem Leben. Das Weise ist ein Altern des Lebens, bei dem die Klugheit, das Verständnis, das Gefühl der Zugehörigkeit vorherrscht. Das Aufgeklärte dagegen kann Gefahr laufen, sich von Ideologien – nicht von Ideen –, von Vorurteilen, von Parteilichkeit durchdringen zu lassen. Die Ungeduld der aufgeklärten Eliten versteht weder das mühsame und tägliche Gehen eines Volkes noch die Botschaft des Weisen. Und auch damals gab es aufgeklärte Eliten, die ihr Wissen vom Weg ihres Volkes abtrennten, die ihre Zugehörigkeit und ihren Glauben verhandelten, auch damals gab es die atheistischen Linken und die gottlosen Rechten, die sich hinter ihren abseitigen, jeglichem Volksempfinden fernstehenden Sicherheiten verschanzten. Etwas an jener emotionalen Halsstarrigkeit, an jenen unerfüllten Erwartungen hat Jesus als echte Blindheiten der Seele empfunden. Eine solche Haltung erinnert geradezu an die theatralischen, unmittelbaren Ansprüche: diese extremen oder oberflächlichen Reaktionen und Standpunkte, in die wir so gerne verfallen.

Nicht selten blickt die Welt erstaunt auf ein Land wie das unsere, ein Land voller Möglichkeiten, das sich in Standpunkten und aufkommenden Krisen verzettelt und seinen sozialen, kulturellen und spirituellen Spaltungen nicht auf den Grund geht, nicht versucht, die Ursachen zu verstehen, die Augen vor der Zukunft verschließt. Angesichts dieser Realität müssen wir vielleicht im Hinblick auf die zweite prophetische Verheißung um Licht bitten: Er ist gekommen, um den Blinden das Augenlicht zu geben und uns mit der Tatsache unserer Blindheit zu konfrontieren.

Geben wir es zu. Wir haben es nötig, dass der Herr uns erleuchtet, denn wir scheinen oft blind zu sein und leben von

259

kurzlebigem Blendwerk, das benebelt und kein Licht hindurchlässt. Es ist wie die Laune eines Menschen, der nichts wissen will von dem Leuchten, das aus dem stillen Nachdenken und Abwägen unserer zutreffenden und unserer irrigen Meinungen aufsteigt. Wir suchen nicht das sanfte Licht, das aus der Wahrheit aufsteigt, wir setzen nicht auf die mühsame Erwartung, die sich um das Öl kümmert und die Lampe am Brennen hält.

Die eitle Frucht der Blindheit ist die trügerische Illusion. Wir alle träumen von einer prophetischen und messianischen Kraft, die uns befreien soll, doch wenn der Weg der wahren Freiheit damit beginnt, dass wir unsere Schäbigkeiten und unsere schmerzlichen Wahrheiten akzeptieren müssen, dann verschließen wir die Augen und füllen unsere Hände mit intoleranten Steinen. Wir werden leicht intolerant. Wir fahren uns fest in unseren Reden und Gegenreden und sind eher bereit, den anderen Vorwürfe zu machen, als unseren eigenen Standpunkt zu überdenken. Die blinde Angst stellt Ansprüche und führt oft dazu, dass man das Andersartige verachtet, das Ergänzende nicht sieht; dass man den lächerlich macht und zensiert, der anders denkt – und das ist eine neue Art, Druck auszuüben und Macht zu erringen. Die Tugenden und Größen der anderen nicht anzuerkennen, indem man sie zum Beispiel auf Normalmaß kleinredet, ist eine verbreitete Strategie der kulturellen Mittelmäßigkeit unserer Zeit. Dass sie sich bloß nicht hervortun! Dass sie uns bloß nicht herausfordern … nicht, dass wir am Ende noch aus unserem Schlummer, aus unserer bequemen Friedhofsruhe erwachen müssen! »Sich vorzustellen, dass das der Sohn des Josef ist!«, haben sie gesagt … und damit in Worten vorweggenommen, was dann in Taten geschehen sollte. Und schon hat Jesus den ersten Steinwurf unserer Gemeinheit abbekommen.

Die Diffamierung und der böse Tratsch, der ostentative Gesetzesbruch, die Missachtung von Grenzen, die Unterminierung oder Abschaffung von Institutionen sind Teil einer langen Liste von Strategien, mit denen die Mittelmäßigkeit sich tarnt und schützt – bereit, alles blindlings in den Abgrund zu stürzen, was sie bedroht. Es ist die Epoche des »schwachen Denkens«. Und wenn ein kluges Wort auftaucht, das heißt, wenn jemand die Herausforderung des Außergewöhnlichen auch um den Preis verkörpert, viele unserer Sehnsüchte nicht erfüllen zu können, dann macht unsere Mittelmäßigkeit nicht halt, ehe sie ihn herabgestürzt hat. Herabgestürzt sterben Vordenker, große Persönlichkeiten, Künstler, Wissenschaftler oder einfach jeder, der über das mangelnde Bewusstsein des herrschenden Diskurses hinausdenkt. Wir erkennen sie erst, wenn es zu spät ist. Wir verachten den »Sohn des Zimmermanns« … Doch ohne jedes Unbehagen wird das prahlerische Licht jeder nur vorstellbaren Perversion auf den Leuchter gestellt und uns Tag und Nacht durch das Bild und die Überfülle an Informationen unter die Nase gerieben; eine voyeuristische Verzückung, wo alles erlaubt ist, wo die werbewirksame Lust am Morbiden die Sinne gefangen zu nehmen scheint und sie im Nichts ertränkt. Verboten sind Denken und Schaffen. Verboten sind Wagemut, Heldentum und Heiligkeit. Bei diesen Blinden sind auch das Suggestive und das Subtile nicht gut angesehen, die ganz eigene Harmonie des Schönen, weil sie die bescheidene und demütige Arbeit des Talents voraussetzen.

Erst nach einem langen Weg zeigt sich die Lebendigkeit und Kreativität eines Volkes und jedes Menschen und kann betrachtet werden, einem Weg, der mit Grenzen, mit Versuchen und Fehlschlägen, mit Krise und Wiederaufbau einhergeht … Und die größte Sünde all derer, die die Blindheit kultivieren, ist die Identitätsleere, die sie hervorbringen, diese furchtbare Unzufriedenheit, die sie ausstrahlen, und dass sie nicht zulassen, dass wir uns

in unserer eigenen Heimat wohlfühlen. Das zutiefst Identitäts-
stiftende wird verworfen und stattdessen eine »künstliche« Identität vorgeschlagen, eine Identität »aus Pappe«, eine geschminkte
Identität aus der Requisitenkammer. Das ist der Gegensatz zwischen dem, was die Identität eines Volkes ausmacht und jener
anderen, importierten, konstruierten Identität, die auf die
Zwecke und Bedürfnisse privater Sektoren abgestimmt ist. Jesus
verlässt die Blinden und wählt den demütigen Pfad, der ihn zum
gläubigen Volk führt, das in aller Einfachheit über diese Lehre
staunt, die den Blinden, die sehen wollen, das Augenlicht zurückgibt.

Was sehen wir, wenn uns erlaubt wird, die Augen zu öffnen? Wir
sehen Gott, der sich mitten unter sein Volk gestohlen hat, der mit
seinem Volk unterwegs ist.

Wir sehen einen Jesus, der mit beiden Beinen auf der Erde
steht, der guten Samen aussät, um Herzen wachsen zu lassen, zu
kultivieren (kultivieren hat dieselbe Wurzel wie Kultur), der die
wahre Nahrung des Geistes hervorbringt, jene Nahrung, die die
Gemeinschaft unter den Bewohnern der Nation festigt. Es geht
um diese geistige Nahrung, dieses Brot, das, wenn es geteilt wird,
sehend macht; das man schmeckt, wenn man täglich den Leidenden beisteht, ohne Profit oder Lohn einheimsen zu wollen; das
alle umarmt, auch wenn sie es nicht erkennen.

Das – ohne Beschönigungen oder demagogische Rechtferti-
gungen, ohne Zugeständnisse an Mode und Konvention – in
seiner Barmherzigkeit Armseligkeiten und Bosheiten auf sich
nimmt.

Es ist Weisheit: das Brot, das uns die Augen öffnet und uns vor
der Blindheit der Mittelmäßigkeit schützt, indem es uns keine
minimalistische Ethik und keinen hochgezüchteten Laborethi-
zismus, sondern ein Leben vor Augen führt, das zum Besseren

hinstrebt, und gleichzeitig ist es die Weisheit, die zutiefst versteht und alles vergibt.

Es ist das Brot, das uns den Rückhalt der weisen Beständigkeit spüren lässt, die darin besteht, ohne ideologische Vermittlungen und ohne Ausflüchte oder Interpretationen, die für die öffentliche Meinung gemacht sind, den konkreten menschlichen Schmerz zu durchmessen und zu berühren.

Und es ist die Weisheit, die, weil sie sich als Brot hinschenkt, mit ihrem Zeugnis und ihrem Wort weiß, dass die Seele eines Volkes desto besser gedeiht, je tiefer, sensibler und kreativer geistig gearbeitet wird. Darin besteht ihre unermüdliche erzieherische Herausforderung – die nichts mit einer bloß enzyklopädischen oder technokratischen Informationsvermittlung und schon gar nichts mit der Unterordnung unter Machtstrukturen zu tun hat. Weil ihre wahre Macht die der grenzenlosen und vertrauensvollen Gottesliebe ist, die sich weder von Rassen noch von kulturellen Formen noch von Systemen abhängig macht, sondern diesen ihren letzten Sinn und ihre letzte Bedeutung verleiht: zum Sein und zum Genuss der Seinsfreude zu verhelfen, die Verzicht erfordert und sich weigert, in den eigenen, kleingeistigen Horizonten eingesperrt zu bleiben.

Die Blindheit der Seele hindert uns daran, frei zu sein. In der heutigen Episode aus dem Evangelium haben viele von denen, die sich nach der Freiheit sehnten, ihre intoleranten Steine aufgehoben und damit dieselbe Grausamkeit bewiesen wie die imperiale Besatzungsmacht. Sie wollten sich vom äußeren Feind befreien, ohne den inneren Feind zu akzeptieren. Und wir wissen, dass den Hass und die Gewalt des Tyrannen und des Mörders nachzuahmen der beste Weg ist, sein Erbe anzutreten. Wenn Jesus in Anlehnung an Jesaja die Befreiung aus Gefangenschaft und Unterdrückung in Aussicht stellt, können wir uns also fragen:

Aus welcher Gefangenschaft und aus welcher Unterdrückung? Und antworten: zuerst der Gefangenschaft in uns selbst, in unserer Orientierungslosigkeit und Unreife, damit wir sodann die Freiheit von äußeren Unterdrückungen einfordern können. Wenn die Ketten aus Eisen, wenn die Anwesenheit fremder Streitkräfte unübersehbar wäre, dann stünde auch die Notwendigkeit der Freiheit außer Frage. Doch wenn die Gefangenschaft von unseren blutenden Wunden und inneren Kämpfen herrührt, vom zwanghaften Ehrgeiz, von den Absprachen der Mächtigen, die die Institutionen aushöhlen, dann sind wir Gefangene unserer selbst. Eine Gefangenschaft, die sich – unter anderem – in der Dynamik der Ausgrenzung äußert. Nicht nur der Ausgrenzung, die sich durch die ungerechten Strukturen vollzieht, sondern auch jener Formen, die wir selbst potenzieren: der Ausgrenzung durch Verhaltensweisen wie Gleichgültigkeit, Intoleranz, übersteigerten Individualismus, Fanatismus. Wir schließen aus der Identität aus und sind Gefangene der Maske; wir schließen aus der Identität aus und zerrütten die Zugehörigkeit ... weil »Identifikation« »Zugehörigkeit« voraussetzt. Nur aus der Zugehörigkeit zu einem Volk heraus können wir die tiefe Botschaft seiner Geschichte, die Züge seiner Identität verstehen. Jedes andere äußere Manöver ist bloß ein Glied in der Kette, allenfalls findet ein Machtwechsel statt, doch der Zustand bleibt derselbe.

Der Ausweg, der sich bietet, ist, dass wir uns aus unserer Mittelmäßigkeit befreien: dieser Mittelmäßigkeit, die das beste Betäubungsmittel ist, um die Völker zu versklaven. Unterdrückung braucht keine Armeen. In Anlehnung an unser Nationalepos können wir sagen, dass ein gespaltenes und orientierungsloses Volk schon unterworfen ist.

Eine wirre, vermittelmäßigte Medienkultur hält uns fest in der Unschlüssigkeit von Chaos und Anomie, von permanenten

inneren und »internen« Konflikten und lenkt uns mit aufsehen-
erregenden Meldungen von unserer Unfähigkeit ab, mit den all-
täglichen Problemen umzugehen. Das ist die Welt der falschen
Vorbilder und der einstudierten Texte. Dann besteht die subtilste
Form der Unterdrückung in der Unterdrückung durch Lüge und
Verschleierung, ... allerdings auf der Grundlage einer großen
Menge an Information: undurchsichtiger, das heißt irreführen-
der Information.

Kurioserweise verfügen wir über mehr Information als je
zuvor und wissen doch nicht, was vor sich geht. Verstümmelt,
entstellt und umgedeutet, verstopft der globale Informations-
überfluss die Seele mit Daten und Bildern, ohne jedoch profun-
des Wissen zu generieren. Er verwechselt den Realismus mit der
manipulativen, wuchernden, morbiden Sensationsgier, auf die
niemand vorbereitet ist, die jedoch inmitten einer lähmenden
Unschlüssigkeit Werbeeinnahmen erzielt. Er hinterlässt fleisch-
lose Bilder ohne Hoffnung.

Doch Gott sei Dank kennt unser Volk auch den demütigen Weg
des täglichen Beharrens, den Weg so vieler Jahre eines im Verborgenen gelebten Lebens. Den Weg dessen, der auf das Gute
setzt und trotz ungewissem Ausgang durchhält. Es kennt das
schmerzliche und friedfertige und doch zugleich rebellische
Schweigen so vieler Jahre der Streitereien, falschen Versprechungen, Gewalttaten und ausbeuterischen Ungerechtigkeiten.
Dennoch stellt es sich Tag für Tag unter hohem sozialem Verschleiß und in einer Schneise der Ausgrenzungen seinen Aufgaben. Jahr für Jahr pilgert es an die vielen Orte, wo Gott und seine
Mutter darauf warten, es im Gespräch zu trösten und zu stärken,
und erneuert seine vertrauensvolle Zuversicht.

Dieses Volk glaubt nicht an die verlogenen und mittelmäßigen
Strategien. Es hat Hoffnungen, aber es lässt sich keine magischen

Lösungen vorgaukeln, die das Produkt zwielichtiger Absprachen und Druckausübungen der Mächtigen sind. Es lässt sich nicht durch Reden verwirren; die Betäubung des Taumels, der Konsumsucht, des Exhibitionismus und der grellen Reklame ermüden es. Für sein kollektives Bewusstsein – das aus der tiefen Seele unseres Volkes aufsteigt – sind diese Dinge nur »Steinwürfe«. Unser Volk weiß, es hat eine Seele, und weil wir von der Seele eines Volkes sprechen können, können wir auch von einer Hermeneutik sprechen, einer Art, die Wirklichkeit zu sehen, einem Bewusstsein. Unser argentinisches Volk, das spüre ich, ist sich seiner Würde sehr deutlich bewusst. Dieses Bewusstsein hat sich von einem historischen Meilenstein zum nächsten immer stärker ausgeprägt. Unser Volk weiß, dass der einzige Ausweg der stille, aber beständige und standhafte Weg ist. Der Weg klarer, vorhersehbarer Projekte, die von allen Akteuren der Gesellschaft und von allen Argentiniern Kontinuität und Einsatz verlangen. Unser Volk will den Aufruf Christi leben und verwirklichen, der mit uns auf dem Weg ist, der unseren Herzen, einem nach dem anderen, Mut einflößt, der die Reserven unserer kulturellen Erinnerung wiederbelebt. Unser Volk weiß und will, weil es die Schöpfung des Vaters und das Gemeinschaftliche liebt, wie unsere indigene Bevölkerung es getan hat und nach wie vor tut; weil es sich vehement für seine Ideale einsetzt, wie wir es von den Spaniern geerbt haben, die unser Land besiedelt haben; weil es demütig, fromm und fröhlich ist wie unsere Kreolen; weil es arbeitsam und unermüdlich ist wie unsere eingewanderten Vorfahren.

Wir sehen den Herrn inmitten seines Volkes seine Botschaft verkünden. Wir beobachten, wie die aufgeklärten Eliten den alltäglichen Weg der Demütigen und Einfachen nicht tolerieren und, von ihrer exquisiten Hysterie getrieben, in den Abgrund zu

ing, aber eine tragische. Entweder wir wählen die Vorspiegelung und halten an der Mittelmäßigkeit fest, die uns blind macht und versklavt, oder wir blicken in den Spiegel unserer Geschichte, akzeptieren auch alle ihre dunklen Stellen und Antiwerte und halten mit ganzem Herzen an der Größe jener fest, die alles für die Heimat gegeben haben, ohne die Resultate zu sehen, die den demütigen Weg unseres Volkes gegangen sind und gehen – auf den Spuren jenes Jesus, der mitten durch die Hochmütigen hindurchschreitet, sie in ihre eigenen Widersprüche verstrickt zurücklässt und den Weg sucht, der die Niedrigen erhöht, den Weg, der zum Kreuz führt, an dem unser Volk gekreuzigt wird, der aber der Weg der sicheren Auferstehungshoffnung ist; einer Hoffnung, die ihm noch keine Macht oder Ideologie hat entreißen können.

Predigt, *Te Deum*, Buenos Aires, 25. Mai 2004

1   Gemeint ist der Nationalfeiertag der argentinischen Unabhängigkeit am 25. Mai, an dem das Ende der spanischen Herrschaft und die Bildung der ersten nationalen Regierung im Jahr 1810 begangen werden. (*A. d. R.*)

Brot zur Wegzehrung

Das Wort Gottes handelt heute vom Weg. Vom Weg der Enttäuschung und vom Weg der Hoffnung. Elija, der von König Ahab und Königin Isebel verfolgt wird, macht sich auf den Weg der Flucht und wünscht sich den Tod: »Nun ist es genug, Herr! Nimm meine Seele hin; ich bin ja nicht besser als meine Väter!« (1 Kön 19,4–18). Die Emmausjünger, voller Trauer über den Tod Jesu, verlassen die Gemeinschaft, die in ihrer Trostlosigkeit zusammengeblieben war, um auf den Herrn zu warten, und gehen nach Hause zurück: »Wir aber hofften…«, sagen sie zu dem Unbekannten, der sie auf ihrem Weg begleitet. »Und nun ist zu alldem heute schon der dritte Tag, seit dies geschehen ist« (Lk 24,13–35) – so als wollten sie sagen: »Hier passiert nichts mehr. Wir gehen.«

Und doch wird der Herr auf diesen beiden Wegen der Enttäuschung gegenwärtig und muntert die Mutlosen auf. Der Engel sagt zu Elija: »Steh auf und iss! Denn sonst ist der Weg zu weit für dich!« Jesus stößt zu den Emmausjüngern und tröstet sie als ihr Weggefährte. Die »Herausforderungen« Jesu sind so liebe- und verständnisvoll, dass sie eine Reaktion hervorrufen: »Brannte uns nicht das Herz in der Brust, als er auf dem Weg mit uns redete und uns die Schriften erschloss?«

Der Schlüssel zur Stärkung dieser enttäuschten Menschen aber ist das Brot. Der Herr ernährt sie mit dem Brot der Wandernden. Diesem Brot, das Wegzehrung ist, Brot für den Weg,

Brot, das die Kräfte und die Hoffnungen erneuert. Brot, das sie, gestärkt, wieder in ihre Sendung und in die Gemeinschaft einfügt. Elija stand auf, aß und trank und wanderte mit der Kraft dieser Speise vierzig Tage und vierzig Nächte bis zum Gottesberg, wo ihm der Herr als sanftes Säuseln erschien. Die Emmausjünger erkannten ihren Weggefährten, dem sie Obdach gewährt hatten, ohne zu wissen, dass es Jesus war, als er das gebrochene Brot an sie austeilte, und nachdem sie es gegessen hatten, brachen sie »noch in derselben Stunde« auf »und kehrten nach Jerusalem zurück. Dort fanden sie die Elf und ihre Gefährten versammelt«.

Auch uns, die wir zum heiligen Kajetan[1] kommen, will der Herr aus den Händen des Heiligen dieses Brot geben, das für die Arbeit und für die Gemeinschaft stärkt. Wir kommen wie immer voller Hoffnung, doch zuweilen will diese Hoffnung den Weg unter den Menschen verlassen und sehnt sich nach der endgültigen Ruhe, die allein in Gott gegeben ist. »Nimm meine Seele hin; ich bin ja nicht besser als meine Väter!« (vgl. 1 Kön 19,4). Dieser Satz hat in unseren Herzen einen vertrauten Klang. Zuweilen haben wir das Gefühl, dass uns nichts mehr bleibt außer unserem Gott und dass wir hier auf Erden nichts mehr ausrichten können. So groß sind Unrecht, Not und Gewalt ... Und doch schenkt uns der Herr ein Brot, das uns unseren Weg mit erneuerten Kräften fortsetzen lässt, und schickt uns wieder an die Arbeit, zu unserer Familie, zu unserem Heimatland: Du hast noch einen weiten Weg vor dir. Es gibt noch so viel zu tun! Und mit dem Herrn als Speise fürchten wir nichts. Es gibt keine Entmutigung und kein Hindernis, das dieses Brot nicht in Leben und in die Lust verwandeln würde, zu kämpfen und zu wandern.

Elija aß allein von diesem Brot. In der Einsamkeit des Propheten. Die jungen Emmausjünger aßen es zu zweit, als Freunde, die sich gemeinsam auf den Weg zurück zur Hoffnung machen. Wir essen es mit allen, als Kirche, als Volk Gottes. Und die Kraft dieses Brotes wächst mit unserer Einheit und unserem Zusammenhalt.

Es gibt ein Brot, das Festbrot ist, ein Brot, das Frucht und Lohn der Arbeit, Freude der Tischgemeinschaft ist. Doch Brot ist auch das Brot, das auf dem Weg zur Arbeit verzehrt wird und Kraft gibt für die mühsame Aufgabe. Das ist das Brot, das wir heute suchen: das Brot, das stärkt. Das Brot, das Energie gibt. Das Brot, das uns Lust macht zu arbeiten und zu kämpfen. Das Brot, das man unterwegs mit den Gefährten teilt. Jenes Brötchen, das man während der Arbeit isst und das uns hilft, den Tag bis zu Ende durchzustehen. Das ist das Brot, das wir unseren Jugendlichen hinterlassen wollen, weil sie unsere Hoffnung sind; das Brot der Arbeit, das uns die Würde wiedergibt und uns vorwärtstreibt!

Dieses Brot gibt uns ein schönes Bild für die Eucharistie: das Bild des *Viaticums*, das heißt der »Wegzehrung«. Die Eucharistie ist wie das Brötchen, das man in die Tasche packt, Unterpfand der Liebe der Familie, sie ist die Wärme unseres Zuhauses, die bis an unseren Arbeitsplatz reicht, wenn wir einen haben, oder bis an die Orte, an denen wir nach Arbeit suchen. Es ist ein Brot, das uns treibt, für die Familie zu kämpfen, als würde uns einer sagen: »Auf geht's!« Dieses »Auf geht's« erinnert mich an das neueste Büchlein des Papstes: *Auf, lasst uns gehen!* Und das will ich vor allem den Jüngeren sagen: »Gehen wir im Vertrauen auf Christus. Er wird uns begleiten auf unserem Weg bis zu dem Ziel, das nur er kennt.« Denn er ist das Brot; er ist Eucharistie geworden, um mit uns zu gehen.

Steht auf und esst! Esst von diesem Brot, das uns die Kraft gibt, für unsere Familie zu arbeiten. Steht auf und esst! Esst von diesem Brot, das unsere Würde wiederherstellt und uns wieder Lust macht, weiterzukämpfen und unseren Sendungsauftrag zu erfüllen. Steht auf und esst! Esst von diesem Brot, das man mit dem Weggefährten teilt und das dafür sorgt, dass wir uns als Brüder und Schwestern fühlen, als Volk der Heimat, als Volk Gottes.

Die Jungfrau, unsere Mutter, die es bemerkt, wenn uns dieses Brot fehlt, sie, die durch die Hände unserer Frauen immer ein Brötchen für den Weg in den Ranzen der Kinder und in die Tasche des Ehemanns legt, bitten wir, dass sie uns lehrt, mit sicherer Hoffnung und in der Gewissheit, dass wir dieses Brot für den Weg immer finden werden, in unserem Herzen wieder nach diesem Brot zu suchen, das Jesus ist.

Möge der heilige Kajetan, Patron des Brotes für die Arbeit, uns und insbesondere jenen – Männern und Frauen –, die Oberhaupt einer Familie sind, uns, während wir Arbeit suchen, um das Brot nach Hause zu bringen, dieses andere – einfache und genügende – Brot gewähren, damit wir Tag für Tag aufstehen und voller Energie und Hoffnung auf dem Weg des Herrn gehen. Dann können wir unseren Jugendlichen dieses so kostbare Erbe hinterlassen, das unsere Eltern uns hinterlassen haben: das Brot, das ihnen immer die Kraft gegeben hat, zu arbeiten.

Predigt am Fest des heiligen Kajetan,
Buenos Aires, 7. August 2004

1 Es handelt sich um die Wallfahrtskirche San Cayetano de Thiene (S. Kajetan von Thiene), zu dessen Fest am 7. August Tausende von Gläubigen zusammenströmen. (*A. d. R.*)

»Wo ist dein Bruder?«

Heute kommen wir zusammen, um vor den Herrn hinzutreten.[1] Wir stellen uns die Szene am Beginn des Buches Ijob (1,6) vor: Dort stellt der Herr Fragen, und diese Fragen bewegen das Herz. Wir stehen vor ihm und haben den Wunsch, zuzuhören. Zuzulassen, dass seine Fragen uns bewegen, uns durchsichtig machen. Haben wir keine Angst vor der Wahrheit, wenn wir sie in seinem Angesicht erkennen oder verkünden, denn er »ist barmherzig und gnädig, zögernd im Zorn und reich an Erbarmen. Er hadert nicht immer, nicht ewig währt sein Zürnen« (Ps 103,8–9).

Und wie an jenem sich neigenden Tag des Anfangs fragt er auch heute jeden Einzelnen von uns: »Wo bist du?« (Gen 3,9) Er fragt nach unserer Orientierung. Wissen wir, wo wir sind, wo wir stehen in unserer Beziehung zu ihm und in Bezug auf das, was er von uns erwartet? Oder haben wir vielleicht vom verbotenen Baum gegessen, und versuchen uns zu verstecken? (vgl. Gen 3,11). Die Frage macht uns unsere Grenzen bewusst, unsere Mängel, unsere Blößen. Uns bleiben nur zwei Möglichkeiten: sie zu verheimlichen oder sie anzuerkennen. Wo stehe ich im Hinblick auf Gott? Wo im Hinblick auf mich selbst? Heute ist der »günstige Zeitpunkt«, um uns neu zu verorten. So oft kommen wir vom Weg ab, so oft spielt unser Kompass verrückt, und wir verlieren die Orientierung! Heute müssen wir aufrichtig antworten, in das Innere unseres Herzens blicken; keine Angst haben, sondern die Wahrheit sagen. Wo stehe ich? Und wir dürfen nicht versuchen, die Schuld auf andere abzuwälzen: »Die Frau, die du mir beigesellt hast, gab mir von dem Baum und ich aß.« (Gen 3,12) Mich in mir selbst und im Angesicht Gottes neu verorten. Und mein Herz wieder auf Kurs bringen, indem ich mich zu ihm bekehre.

Er stellt uns heute auch noch eine zweite Frage: »Wo ist dein Bruder?« (Gen 4,9) Zuerst hat er uns nach unserem Standort in Bezug auf uns selbst und auf ihn gefragt, und jetzt in Bezug auf unsere Nächsten. Er hat nicht gewollt, dass wir allein sind, sondern dass wir ein Volk, eine Familie bilden. Wenn wir in Bezug auf uns selbst und auf Gott orientierungslos sind, dann betrifft diese Orientierungslosigkeit auch unsere Beziehung zu unseren Brüdern und Schwestern, und dann antworten wir: »Ich weiß es nicht« (Gen 4,9), oder wir gehen noch weiter und wollen uns rechtfertigen: »Bin ich denn der Hüter meines Bruders?« (ebd.). Mein Bruder: die vielen Männer und Frauen, die mich mein Egoismus vergessen lässt. Der Herr fragt uns nach dem Waisen und der Witwe, nach dem Fremden und dem Sklaven. Lassen wir es still werden in unserem Herzen und beantworten wir die Frage nach unserem Bruder.

Diese beiden Fragen aktualisieren sein Gebot: »Höre, Israel! Der Herr ist unser Gott, der Herr ist einzig! Du sollst den Herrn, deinen Gott, lieben aus deinem ganzen Herzen, aus deiner ganzen Seele und mit aller deiner Kraft!« (Dtn 6, 4–5), und: »...liebe deinen Nächsten wie dich selbst. Ich bin der Herr (Lev 19,18); wir werden aufgefordert, dieses Gebot in unserem Leben und in dem, was wir unsere Kinder lehren, Fleisch werden zu lassen: »Diese Worte, die ich dir heute vorschreibe, sollen in deinem Herzen bleiben! Auch deinen Kindern sollst du sie einschärfen und von ihnen reden, wenn du zu Hause oder auf Reisen bist, wenn du dich hinlegst oder aufstehst.« (Dtn 6, 6–7)

Das ist unsere Erinnerung. Verlieren wir sie nicht. Bemühen wir uns, auch heute diese Erinnerung wiederherzustellen. Im alltäglichen Leben wird unsere Erinnerung durch die Faszination der Idole geschwächt. Neben diesen beiden Fragen sind wir heute auch aufgefordert, die Erinnerung wiederherzustellen: »Auf jeden Fall hüte dich und achte darauf, dass du die Ereignisse, die du mit eigenen Augen gesehen hast, nie vergisst und sie dir zeit deines Lebens nie aus dem Sinn kommen.« (Dtn 4,9) Stellen wir die Erinnerung an unsere persönliche Geschichte und an unsere Geschichte als Volk wieder her: »Ich habe euch vierzig Jahre durch der Wüste geführt; die Kleider an euerem Leib und die Schuhe an deinen Füßen sind nicht zerrissen.« (Dtn 29,4) Wenn wir die Erinnerung an den Weg verlieren, den wir zurückgelegt haben, dann weichen wir auch den beiden vorherigen Fragen aus. Dann wissen wir nicht mehr, was wir auf das »Adam, wo bist du?« und auf das »Wo ist dein Bruder?« antworten sollen – aus dem einfachen Grund, dass wir vergessen haben, woher wir kommen, weil wir die Nordung unserer Zugehörigkeit zu einem Volk verloren haben. Und wenn man diesen inneren Kompass verliert, ist man schon dem Götzendienst verfallen. Auch darüber müssen wir uns heute befragen und uns an das Gebot des Herrn erinnern: »Folge nicht den fremden Göttern der Völker, die rings um euch wohnen.« (Dtn 6,14) Der Götzendienst infiltriert uns auf tausend Arten, auf Schritt und Tritt werden uns die Götzenbilder angeboten, doch der gefährlichste Götze sind wir selbst, wenn wir Gottes Platz einnehmen wollen. Dieser subtile Egoismus, der uns zur einzigen Bezugsgröße des ganzen Daseins macht.

Mit kindlicher Ehrfurcht stellen wir die Erinnerung wieder her und stammeln mit einem Herzen, das sich zum Herrn bekehren will, unsere Geschichte: »Ein heimatloser Aramäer war mein Vater. Mit wenigen Leuten zog er hinauf nach Ägypten und hielt sich dort als Fremder auf. Dort wurde er zu einem großen, starken und zahlreichen Volk. Als uns dann die Ägypter schlecht behandelten und unterdrückten und uns harten Frondienst auferlegten, schrien wir zum Herrn, dem Gott unserer Väter, und der Herr hörte auf unser Rufen und sah unser Elend, unsere Mühsal und Bedrängnis. Und der Herr führte uns aus Ägypten weg mit starker Hand und erhobenem Arm, unter gewaltigem Schrecken, unter Zeichen und Wundertaten. Er brachte uns an diesen Ort und gab uns dieses Land, ein Land, das von Milch und Honig fließt.« (Dtn 26, 5–9) Das ist die Erinnerung, die uns heute zur Umkehr führen muss.

Unsere Erinnerung verweist auch auf die Erinnerung des Herrn: Er wartet auf uns, er erinnert sich an uns und träumt davon, dass wir zu den Anfängen zurückkehren: »Noch denke ich an die Treue deiner Jugend, an die Liebe deiner Brautzeit. Wie du hinter mir herzogst in der Wüste, im Land ohne Saat.« (Jer 2,2) Wir erinnern uns, indem wir fühlen, dass auch wir nicht vergessen sind; wir wollen lieben, wenn wir uns zuvor geliebt fühlen dürfen. Er wartet auf uns, er kommt uns zuvor wie die Mandelblüte. Eine solche Umkehr, die sich in der Betrachtung einer so großen Liebe vollzieht, wird zu einem Fest, und so wollen wir inmitten aller Reue und Umkehrvorsätze brüderlich wiederholen: »Dieser Tag ist heilig für den Herrn, eueren Gott. Seid nicht betrübt und weint nicht … denn die Freude des Herrn, sie ist euer Schutz!« (Neh 8,9–10)

Ansprache in der Synagoge in der Calle Vidal,
Buenos Aires, 11. September 2004

1 Anlass ist die Slichot-Liturgie in Vorbereitung auf Rosch ha-Schana, das jüdische Neujahrsfest. (*A. d. R.*)

Es ist möglich, heilig zu sein

Über zehn Jahre nach der Veröffentlichung der Enzyklika *Veritatis splendor* hat der Lehrstuhl Johannes Paul II. seine Tätigkeiten mit einem Kongress aufgenommen, der in unseren Ortskirchen einen riesigen Reichtum hinterlässt, den es weiterhin auszuloten und auszuteilen gilt. Wie kann diese Arbeit durchgeführt, wie können die Erlebnisse und die Überlegungen, die wir in diesen Tagen miteinander geteilt haben, vertieft und weitergegeben werden?

Ich möchte diese Frage aus drei Perspektiven beantworten, die einander ergänzen: einer, die ich für die grundlegende halte; einer zweiten, die als Werkzeug absolut unerlässlich ist; und einer dritten, die zu den meistgeschätzten und sehnlichst erwarteten Früchten der Enzyklika zählt.

Die erste Perspektive bietet uns die zentrale Bedeutung der Gnade im moralischen Leben so, wie sie im Licht der Offenbarung aufgefasst wird. Die zweite ist die Perspektive der Evangelisierung als unverzichtbarer Wirklichkeit nicht nur, weil ein »Gebot« des Herrn existiert, sondern vor allem, weil er uns an einem neuen Leben hat teilhaben lassen und das Leben zur Mitteilung hin tendiert und sie erfordert. Die dritte ist die Perspektive der Beziehung zwischen dem Evangelium der Gnade und dem kulturellen und politischen Leben der Menschen.

Die zentrale Bedeutung der Gnade
im christlichen Leben

»Bei Gott aber ist alles möglich« (Mt 19,26). Der Ausgang des Gesprächs zwischen Jesus und dem reichen jungen Mann ist in zweifacher Hinsicht enttäuschend: Der junge Mann geht traurig fort, weil er ein großes Vermögen besaß, und die Jünger fragen Jesus erschüttert und ratlos: »Wer kann dann gerettet werden?« (Mt 19,25).

»Für Gott ist alles möglich«, antwortet Jesus klar und fest, womit er uns das *Evangelium der Gnade* verkündet und mitteilt. Für die Menschen ist es unmöglich, in der Nachfolge Christi nach dem heiligen Gesetz Gottes zu leben: unmöglich ohne die Gnade, das heißt ohne das neue Leben des Geistes, ohne sich vom Geist leiten zu lassen. (vgl. Röm 8,14)

Das moralische Leben der Menschen aller Zeiten ist dazu berufen, »Leben nach dem Geist« zu sein (Röm 8,1–12). »Die Liebe Christi nachzuahmen und nachzuleben, ist dem Menschen aus eigener Kraft allein nicht möglich. Er wird zu dieser Liebe *fähig allein kraft einer Gabe, die er empfangen hat*« (VS 22), und: »Die Gabe Christi ist sein Geist, dessen erste ›Frucht‹ (vgl. Gal 5,22) die Liebe ist: ›Die Liebe Gottes ist ausgegossen in unsere Herzen durch den Heiligen Geist, der uns gegeben ist‹ (Röm 5,5)« (VS 22).

Der heilige Augustinus fragt sich scharfsinnig: »Ist es die Liebe, die uns die Gebote befolgen lässt, oder ist es die Befolgung der Gebote, die die Liebe entstehen lässt?« Und er antwortet: »Aber wer kann bezweifeln, dass die Liebe der Befolgung der Gebote vorangeht? Wer nicht liebt, hat nämlich keine Begründung, um die Gebote zu erfüllen.« (*Kommentar zum Johannesevangelium*, 82,3)

Dies führt uns zu einer grundlegenden Schlussfolgerung, die der Papst erläutert: »Die Liebe und das Leben nach dem Evangelium dürfen nicht zuerst in der Gestalt des Gebots gedacht werden, denn das, was sie verlangen, geht über die Kräfte des Menschen hinaus: Sie sind nur möglich als Frucht einer Gabe Gottes, der durch seine Gnade das Herz des Menschen heil und gesund macht und es umgestaltet.« (VS 23)

Die Darstellung der christlichen Moral aus der Perspektive der *Vorschrift*, vom *Gebot* her, erklärt vielleicht zum Teil, weshalb der heutige Mensch insbesondere in unseren traditionell christlichen Bevölkerungen in eine große Versuchung geraten ist: Angesichts der Erfahrung, dass es unmöglich ist, das heilige Gesetz Gottes zu halten, will der Mensch selbst darüber entscheiden, was gut und was böse ist. (vgl. VS 102)

Wir müssen den zerbrechlichen Menschen von heute daran erinnern, ja, mehr noch, wir müssen ihm verkündigen und freudig bezeugen, dass »die Versuchungen [...] besiegt, die Sünden [...] vermieden werden [können], weil uns der Herr zusammen mit den Geboten die Möglichkeit schenkt, sie zu befolgen« (VS 102), und dass »die Befolgung des Gesetzes Gottes [...] in bestimmten Situationen schwer, sehr schwer sein [kann]: Niemals jedoch ist sie unmöglich« (VS 102).

Die christliche Moral von der zentralen Bedeutung der Gnade her darzustellen und zu bezeugen, heißt, sie im Licht der Hoffnung darzustellen und zu bezeugen. Aber hat der heutige Mensch nicht bereits die Hoffnung gegen den Optimismus eingetauscht? Hören wir denn nicht in unserem Umfeld die beklemmenden Schreie so vieler enttäuschter, hoffnungsloser Menschen?

Nur mit der Hilfe der Gnade, der Gabe des Geistes, und der Mitwirkung unserer Freiheit ist es für alle Menschen von heute möglich, ihr Dasein in dieser Welt im Licht der Hoffnung zu leben. Hoffnung darauf, dass es möglich ist, ehrlich zu sein, dass es möglich ist, in der Wahrheit, in der Gerechtigkeit und in der Liebe zu leben. Mit einem Wort: dass es möglich ist, heilig zu sein. Es ist möglich, eine neue Zivilisation aufzubauen, deren Mitte die Liebe und das Leben ist. Es ist möglich, auf die Barmherzigkeit des Vaters zu vertrauen, der uns in der Hoffnung auf ein Leben, das niemals enden wird, die Türen seines ewigen Hauses öffnet. Alles ist möglich mit der Gabe der Gnade Jesu, der gestorben und auferstanden ist.

Die Evangelisierung als Zeugnis des neuen Lebens

Nur wer im liebevollen Gehorsam gegenüber dem Vater aus dem Geist lebt, bezeugt in seinem alltäglichen Tun das neue Leben der Gnade und empfindet die Notwendigkeit, dass dieses Leben allen Menschen mitgeteilt werden muss. Er empfindet die Notwendigkeit, das Evangelium der Gnade freudig zu verkünden. »Wehe mir, wenn ich das Evangelium nicht verkünde!« (1 Kor 9,16), ruft der Apostel nach seiner persönlichen Begegnung mit dem auferstandenen Christus aus, der ihn zum Glauben und zur Umkehr ruft.

»Die Evangelisierung ist die stärkste und aufregendste Herausforderung, der sich die Kirche von ihren Anfängen an zu stellen hat.« (VS 106) Insbesondere heute erleben wir den Moment einer »außerordentliche[n] Herausforderung an die ›Neu-Evangelisierung‹« (VS 106). Was diese begeisternde Herausforderung für uns so akut werden lässt, ist die Realität der »Entchristlichung, die auf ganzen Völkern und Gemeinschaften lastet, die einst von Glauben und christlichem Leben erfüllt waren«, und die nicht nur den Verlust des Glaubens oder seiner Bedeutung für das Leben, »sondern notgedrungen auch *einen Verfall oder eine Trübung des sittlichen Empfindens*« mit sich bringt: »und das zum einen wegen des fehlenden Sinns für die Ursprünglichkeit der Moral des Evangeliums, zum anderen wegen der Verdunkelung fundamentaler sittlicher Grundätze und Werte« (ebd.).

Wir erleben in unseren Bevölkerungen den Einbruch einer *nicht-christlichen oder ent-christlichten Kulturform*. Die subjektivistischen, utilitaristischen und relativistischen Tendenzen geben unserer Welt – nicht nur als pragmatische Standpunkte, sondern als theoretisch untermauerte Anschauungen – ihre Form und stellen uns ernsthaft infrage.

Überdies konfrontieren die großen Migrationsbewegungen unserer Welt und die Gegebenheit einer religiösen Vielfalt hauptsächlich aus dem östlichen Raum die Evangelisation mit der heiklen Herausforderung der Begegnung zwischen unterschiedlichen Kulturen und des interreligiösen Dialogs. Deshalb schließt »die Evangelisierung – und damit die ›Neuevangelisierung‹ – […] *auch die Verkündigung und das Anbieten einer Moral ein*« (VS 107). Jesus hat nicht nur zum Glauben, sondern auch zur Umkehr aufgerufen (vgl. Mk 1,15). Damit der *moralische Entwurf* als *unverzichtbarer Bestandteil* in die Evangelisierung integriert werden kann, braucht es das lebendige Zeugnis heiliger Männer und Frauen, das das glanzvollste Zeichen für die *Heiligkeit der Kirche* ist, die von Jesus Christus stammt. In der Weisheit ihrer moralischen Pädagogik hat die Kirche ihre Kinder schon immer dazu eingeladen, in den heiligen Männern und Frauen und vor allem in Maria und Josef »das Vorbild, die Kraft und die Freude […] zu finden, um ein Leben gemäß den Geboten Gottes und den Seligpreisungen des Evangeliums zu führen« (VS 107).

Im Kontext der Neuevangelisierung, die auch den sittlichen Entwurf Jesu beinhaltet, »öffnet sich dem *Erbarmen Gottes* mit der Sünde des sich bekehrenden Menschen und dem *Verständnis für die menschliche Schwäche* der angemessene Raum« (VS 104).

Dieses Verständnis kann jedoch niemals eine Kompromittierung und Verfälschung des Maßstabs von Gut und Böse bedeuten, zu dem Gott uns in seinem heiligen Gesetz beruft, damit wir ihn auf die existenziellen Umstände der menschlichen Personen und Gruppen anwenden. »Während es menschlich ist, dass der Mensch, nachdem er gesündigt hat, seine Schwäche erkennt und wegen seiner Schuld um Erbarmen bittet, ist hingegen die Haltung eines Menschen, der seine Schwäche zum Kriterium der Wahrheit vom Guten macht, um sich von allein gerechtfertigt fühlen zu können, ohne es nötig zu haben, sich an Gott und seine Barmherzigkeit zu wenden, unannehmbar« (ebd.).

Im Kontext der Neuevangelisierung finden das Nachdenken, das die Theologie im Hinblick auf das sittliche Leben entfalten muss, und ebenso die Ausbildung und das Handeln der verschiedenen pastoralen Akteure und insbesondere der Priester und der Katecheten ihren angestammten Ort.

Die Kirche hat einen großen Bedarf an Moraltheologen, die den sittlichen Entwurf Jesu vertiefen, für den heutigen Menschen verständlich machen und so ihren unersetzlichen Beitrag zur Neuevangelisierung leisten. Die Hingabe, mit der viele Moraltheologie treiben und lehren, stellt ein echtes Charisma des Geistes und einen kirchlichen Dienst dar. Die Moraltheologen sind dazu berufen, ihr Charisma und ihren Dienst in einem »*inneren und lebendigen Zusammenhang mit der Kirche*« zu leben (VS 109).

Dieser Zusammenhang mit der Kirche beinhaltet einerseits den Dienst am Volk Gottes, damit dieses nicht daran gehindert, sondern darin unterstützt wird, den Glauben mit immer größerer Aufrichtigkeit und Tiefe auf sein Leben anzuwenden. Andererseits ist der Moraltheologe aufgerufen, bei der Erfüllung seines Sendungsauftrags die Verbindung mit dem Charisma und dem Dienst des päpstlichen und bischöflichen Lehramts aufrechtzuerhalten.

Weit davon entfernt, die Moraltheologie in ihrer Entfaltung zu behindern, gibt das Charisma des moralischen Lehramts dem Theologen die moralischen Gewissheiten, die er unbedingt benötigt, um in der Erkenntnis der moralischen Wahrheit fortschreiten und sie immer angemessener formulieren zu können. In diesem Sinne muss – in dem Bewusstsein, dass der *Dissens* mit dem moralischen Lehramt »im Widerspruch zur kirchlichen Gemeinschaft« steht (VS 113) – ein Band der innigen *charismatischen Gemeinschaft* zwischen der Moraltheologie und dem moralischen Lehramt geknüpft werden. Die Gläubigen haben ein Recht darauf, dass die kirchliche Sittenlehre völlig unversehrt an sie weitergegeben wird. Zudem muss sich der Moraltheologe notwendigerweise auf die Ergebnisse der Human- und Naturwissenschaften stützen und dabei bedenken, dass selbige nur »ein empirisches und statistisches Konzept von ›Normalität‹« vertreten. Deshalb »können die Humanwissenschaften unbeschadet des großen Wertes der Erkenntnisse, die sie anbieten, nicht als die entscheidenden Wegweiser für das Aufstellen sittlicher Normen angesehen werden« (VS 112).

Die übrigen pastoralen Akteure, die sich tatkräftig an der Evangelisierung beteiligen, und insbesondere die Priester und die Katecheten müssen ihren Dienst mit wahrhaft kirchlichem Bewusstsein, wahrhaft kirchlicher Verantwortung und in dem Wissen ausüben, dass ihre Adressaten von ihnen die Wahrheit erwarten, »die sie frei macht«.

Das Evangelium der Gnade und das kulturelle, soziale und politische Leben

Ein letzter Aspekt, den ich im Hinblick auf die in *Veritatis splendor* enthaltenen Lehren hervorheben möchte, ist die Beziehung zwischen dem Evangelium der Gnade und dem kulturellen, sozialen und politischen Leben der Menschen. Wir können sagen, dass die Enzyklika des Papstes die endgültigen Fundamente einer personalistischen christlichen Moral gelegt hat, die die menschliche Person nicht im Individualismus einsperrt, sondern sie in die notwendigerweise gemeinschaftliche Dimension ihres Daseins einfügt. Jede moralische Frage ist gleichzeitig persönlich und sozial.

Dies macht der Papst mit seiner kategorischen Verteidigung »des absolut unverzichtbaren Erfordernisses der personalen Würde des Menschen« deutlich, die »Weg und sogar Existenzbedingung für die Freiheit genannt werden« muss (VS 96). Diese Verteidigung der personalen Würde ist an *jeden Menschen* und an *alle Menschen* gerichtet: »nicht nur an die Einzelnen, sondern auch an die Gemeinschaft, an die Gesellschaft als solche« (ebd.).

Die absolut unabdingbaren Forderungen der personalen Würde eines jeden Menschen und aller Menschen bilden »das unerschütterliche Fundament und die zuverlässige Gewähr für ein gerechtes und friedliches menschliches Zusammenleben und damit für eine echte Demokratie, die nur auf der Gleichheit aller ihrer in den Rechten und Pflichten vereinten Mitglieder entstehen und wachsen kann. Im Hinblick *auf die sittlichen Normen, die das in sich Schlechte verbieten, gibt es für niemanden Privilegien oder Ausnahmen.* Ob einer der Herr der Welt oder der Letzte, ›Elendeste‹ auf Erden ist, macht keinen Unterschied: Vor den sittlichen Ansprüchen sind wir alle absolut gleich« (ebd.).

Deshalb kann nur eine Moral, die ausnahmslos immer und für alle gültige sittliche Normen anerkennt, das ethische Fundament des sozialen Zusammenlebens auf nationaler wie internationaler Ebene garantieren (vgl. VS 97).

Angesichts der gravierenden Formen sozialer und wirtschaftlicher Ungerechtigkeit, politischer Korruption, ethnischer Konflikte, demografischer Ausrottung und ökologischer Zerstörung, die ganze Völker und Nationen erleiden, ergibt sich die *Notwendigkeit einer grundlegenden* persönlichen und sozialen *Erneuerung*, die die Gerechtigkeit, die Solidarität, die Ehrlichkeit und die Transparenz zu gewährleisten vermag (vgl. VS 98). »Tatsächlich steht im Mittelpunkt der *kulturellen Frage* das *sittliche Empfinden*, das seinerseits auf dem *religiösen Empfinden* beruht und sich in ihm vollendet« (ebd.).

Einzig und allein auf der Grundlage der »Wahrheit, die frei macht«, können die schwerwiegenden Probleme der Völker und Nationen und kann insbesondere das Problem der unterschiedlichsten Formen des *Totalitarismus* gelöst werden: »Der Totalitarismus entsteht aus der Verneinung der Wahrheit im objektiven Sinn: Wenn es keine transzendente Wahrheit gibt, in deren Gefolge der Mensch zu seiner vollen Identität gelangt, gibt es kein sicheres Prinzip, das gerechte Beziehungen zwischen den Menschen gewährleistet. Ihr Klasseninteresse, Gruppeninteresse und nationales Interesse bringt sie unweigerlich in Gegensatz zueinander. Wenn die transzendente Wahrheit nicht anerkannt wird, dann triumphiert die Gewalt der Macht und jeder trachtet bis zum Äußersten von den ihm zur Verfügung stehenden Mitteln Gebrauch zu machen, um ohne Rücksicht auf die Rechte des anderen sein Interesse und seine Meinung durchzusetzen... Die Wurzel des modernen Totalitarismus liegt darum in der Verneinung der transzendenten Würde des Menschen, der sichtbares Abbild des unsichtbaren Gottes ist. Ebendeshalb, aufgrund seiner Natur, ist er Träger von Rechten, die niemand verletzen darf: weder der Einzelne noch die Gruppe, die Klasse, die Nation oder der Staat. Auch die gesellschaftliche Mehrheit darf das nicht tun, indem sie gegen eine Minderheit vorgeht, sie ausgrenzt, unterdrückt, ausbeutet oder sie zu vernichten versucht.« (CA 44; zitiert nach VS 99)

Deshalb, so der Papst in seiner scharfsichtigen Diagnose der Wirklichkeit, stehen wir heute vor einer Herausforderung, die nicht weniger gravierend ist als die der totalitären Ideologien des 20. Jahrhunderts: »Es ist die Gefahr der Verbindung zwischen

Demokratie und ethischem Relativismus, die dem bürgerlichen Zusammenleben jeden sicheren sittlichen Bezugspunkt nimmt, ja mehr noch, es der Anerkennung von Wahrheit beraubt. Denn ›wenn es keine letzte Wahrheit gibt, die das politische Handeln leitet und ihm Orientierung gibt, dann können die Ideen und Überzeugungen leicht für Machtzwecke missbraucht werden. Eine Demokratie ohne Werte verwandelt sich, wie die Geschichte beweist, leicht in einen offenen oder hinterhältigen Totalitarismus‹.« (VS 101 mit Zitat aus CA 46).

Mit dieser weitgefassten Sicht des sittlichen Lebens, die der Papst hier entwirft, können wir sagen, dass die Enzyklika *Veritatis splendor* die Magna Charta der Freiheit der Personen, der Familien, der Völker und der Menschheit ist, die am Ende des zweiten und in Sichtweite des neuen Jahrtausends die Grundlagen für einen ganzheitlichen Humanismus legt, der dazu bestimmt ist, das Herzstück einer neuen, weltumspannenden Zivilisation zu sein: der *Zivilisation der Liebe und des Lebens*.

Maria, Mutter der Barmherzigkeit

Am Ende der Enzyklika kommt der Papst auf die *Barmherzigkeit* des Vaters zu sprechen, die in seinem Sohn Jesus Christus durch die Gabe des Geistes in der Gestalt Marias, der Mutter Gottes und der Mutter der Barmherzigkeit, mitgeteilt wird.

Maria ist Mutter der Barmherzigkeit, weil Jesus, ihr Sohn, vom Vater als Offenbarung und Mitteilung seiner Barmherzigkeit gesandt ist, und sie uns ermutigt und anleitet, ihm nachzufolgen.

Maria ist Mutter der Barmherzigkeit, weil Jesus ihr am Kreuz seine Kirche und die ganze Menschheit anvertraut.

Maria ist Mutter der Barmherzigkeit als Lichtzeichen und leuchtendes Beispiel des sittlichen Lebens, da sie ihre eigene Freiheit in der Hingabe an den Vater und in der Entgegennahme seines Geschenks gelebt hat.

Maria ist Mutter der Barmherzigkeit, weil sie beim Hochzeitsmahl ihres Sohnes durch die Geschichte hindurch jeden von uns Menschen einlädt, *immer zu tun, was er uns sagt* (vgl. Joh 2,5), und so die Wahrheit anzunehmen, »die uns frei macht«.

Wir wollen Maria, der Mutter der Barmherzigkeit, die Lehren dieser Magna Charta der Freiheit, der Enzyklika *Veritatis splendor*, anempfehlen, damit der *Glanz der Wahrheit* unser Leben, das Leben unserer kirchlichen Gemeinschaften und das Leben der ganzen Menschheit erhellt.

Vielen Dank.

Lehrstuhl Johannes Paul II., Ansprache zum Abschluss des Kongresses über die Enzyklika *Veritatis splendor*, Buenos Aires, 25. September 2004